शिवानन्द तिवारी

शिवानन्द तिवारी का जन्म 9 दिसम्बर, 1943 को गाँव रामडिहरा, ज़िला भोजपुर, बिहार में हुआ।

1965 से 'अंग्रेज़ी हटाओ आन्दोलन' के कार्यकर्ता के रूप में राजनीति की शुरुआत हुई। किशन पटनायक के साथ लोहिया विचार मंच से जुड़े। 1980 में बैंगलोर सम्मेलन में समता संगठन के राष्ट्रीय संयोजक बनाए गए। 1965 में पटना के गांधी मैदान में कर्पूरी ठाकुर, रामानन्द तिवारी, का. चंद्रशेखर सिंह, रामअवतार शास्त्री आदि के साथ पहली बार पुलिस की लाठी खाई। 1970 में किसान दिवस के अवसर पर दिल्ली में गिरफ़्तारी और तिहाड़ जेल में लगभग एक सप्ताह; बिहार आन्दोलन में इमरजेंसी सहित तीन बार जेल यात्रा। 1996 में उपचुनाव में पहली बार पीरो विधानसभा से समता पार्टी के विधायक और 2000 में शाहपुर से राजद के विधायक रहे। राबड़ी मंत्रिमंडल के सदस्य। 2008 से 2014 तक समता पार्टी से राज्य सभा के सदस्य।

सम्प्रति : राष्ट्रीय उपाध्यक्ष, राष्ट्रीय जनता दल।

सड़क से संसद तक

राज्यसभा में दिए गए भाषण और दलीलें

शिवानन्द तिवारी

सम्पादक

कुमार मुकुल

राजकमल पेपरबैक्स

राजकमल पेपरबैक्स में
पहला संस्करण : 2023

राजकमल पेपरबैक्स : उत्कृष्ट साहित्य के जनसुलभ संस्करण

राजकमल प्रकाशन प्रा. लि.
1-बी, नेताजी सुभाष मार्ग, दरियागंज
नई दिल्ली-110 002
द्वारा प्रकाशित

शाखाएँ : अशोक राजपथ, साइंस कॉलेज के सामने, पटना-800 006
पहली मंजिल, दरबारी बिल्डिंग, महात्मा गांधी मार्ग, प्रयागराज-211 001
1, अनमोल सोराबजी संतुक लेन, धोबी तलाव, मरीन लाइंस, मुम्बई-400 002

वेबसाइट : www.rajkamalprakashan.com
ई-मेल : info@rajkamalprakashan.com

बी.के. ऑफसेट
नवीन शाहदरा, दिल्ली-110 002
द्वारा मुद्रित

मूल्य : ₹299

SADAK SE SANSAD TAK
Speeches by Shivanand Tiwari
Edited by Kumar Mukul

ISBN : 978-81-19835-83-6

बिमला जी को
जिन्होंने मुझे सहन किया
और मेरी जिन्दगी को मोड़ दिया...

क्रम

नई शुरुआत करती किताब

बड़े भाई शिवानन्द जी ने अपनी इस किताब की भूमिका लिखने का आदेश मुझे ही क्यों दिया, यह समझना थोड़ा मुश्किल है क्योंकि इतना लम्बा राजनीतिक जीवन और पढ़ाई-लिखाई तथा गम्भीर राजनीतिक विमर्श में भागीदार रहनेवाले ऐसे व्यक्ति का नियमित सम्पर्क मुझसे काबिल पचासों लोगों से होगा। पर इतना अन्दाजा जरूर है कि किताब पढ़कर मैंने उन्हें, राजकमल प्रकाशन के अशोक महेश्वरी और किताब के सम्पादक छोटे भाई मुकुल से जरूर कहा था कि अलग-अलग विषय, समय, आकार-प्रकार और वैचारिक तीव्रता वाले भाषणों को सँभालने के लिए एक लम्बी और 'मजबूत' भूमिका की जरूरत बताई थी जिससे चीजें सँभलें और विषयों की स्पष्टता के साथ इसके वक्ता के मन-मस्तिष्क की सोच और जानकारी का थाह लगे। और ऐसा होने पर ही इस किताब के महत्त्व का भी अन्दाजा होगा और प्रकाशन का औचित्य समझ आएगा। वरना संसद में दिये भाषणों ने अपना क्या हाल बना लिया है, किसी से छुपा नहीं है। अपना चैनल बनाने के बाद भी किसी भाषण के सुनने में लोगों की दिलचस्पी घटती ही गई है। कोई बड़ा मुद्दा हो तो समाचार वाले भाव से तो देखा जाता है पर बहस, चर्चा, प्रश्नोत्तर, प्रस्तावों के जरिये बड़ा मसाला उठाने, बड़ी बात कहने, आलोचना या किसी पक्ष में अच्छी दलीलें देने और फिर सरकार के कामकाज पर अंकुश रखने का दौर बीत ही गया है।

पहले यह स्थिति थी। तभी तो डॉ. लोहिया की एक-एक टिप्पणी और दखल समेत हर भाषण से चौदह खंड वाली किताब बनाने और अभी तक पूरे सम्मान के साथ उसे देखने-पढ़ने और उद्धृत करनेवाली संसदीय बहस में उन्हीं की धारा के एक दिग्गज की किताब छापने के पहले इतनी जद्दोजहद की जरूरत नहीं होती। शिवानन्द लोहिया, जेपी, किशन पटनायक, रामानन्द तिवारी, कर्पूरी ठाकुर वाली परम्परा के ही नेता हैं और जितना लम्बा उनका राजनीतिक जीवन है, आज की राजनीति में कम लोगों का है। वे गैर-कांग्रेसी, गैर-भाजपाई राजनीति ही करते रहे हैं और खुद तो सन् पैंसठ के पहले से सक्रिय हैं। अगर उनकी राजनीतिक उम्र में उनके यशस्वी पिता, रामानन्द तिवारी जी की उम्र भी जोड़ ली जाए तो बाबा के नाम से विख्यात शिवानन्द जी के पास अनुभव, किस्सों और प्रत्यक्ष देखी घटनाओं

का सम्भवत: सबसे बड़ा खजाना है। वे खुद साठ के दशक के आखिए में शुरू हुए 'अंग्रेजी हटाओ' आन्दोलन वाले दौर से सक्रिय रहे हैं और चौहत्तर के जेपी आन्दोलन के अगुआ लोगों में रहे हैं। उन्होंने किशन पटनायक के साथ लोहिया विचार मंच और समता संगठन की राजनीति की तो उनसे अलग होकर भी उनकी वैचारिक और व्यावहारिक राजनीति के पाठ से अलग नहीं हुए हैं।

पर शिवानन्द की राजनीति को इन पंक्तियों भर से नहीं समझा जा सकता। वे अपने राजनीतिक जीवन का पूरा समय सवर्ण और ब्राह्मण होकर 'पिछड़े पावें सौ में साठ' के नारे के साथ राजनीति करते रहे हैं और एक अर्थ में लालू यादव और नीतीश कुमार के उस्ताद भी हैं। वे सम्भवत: अकेले राजनेता हैं जो इन दोनों को अभी भी 'तुम' कहते रहे हैं। पर अगड़ा होकर पिछड़ों के लिए खाद बनाने के डाक्टर लोहिया के सिद्धान्त के अनुसार बहुत कष्ट सहनेवाले और एक विलक्षण मार्मिक चिट्ठी लिखनेवाले रामानन्द तिवारी जी की तरह शिवानन्द ने अपना दुख जाहिर नहीं किया है लेकिन मंडल के बाद बिहार और उत्तर भारत में पिछड़ा उभार आने के बाद भी वे मारे-मारे ही फिरे हैं। उनके साथ बड़े तिवारी जी (रामानन्द तिवारी) की तरह न किसी कर्पूरी ठाकुर ने दाँव चला (कर्पूरी जी के राजनीतिक जीवन पर यही एक सबसे बदनुमा धब्बा है जब उन्होंने तिवारी जी को नेता चुने जाने पर भी मुख्यमंत्री नहीं बनाने दिया और खुद उस जनसंघ से हाथ मिलाकर मुख्यमंत्री बन गए जिस नाम पर तिवारी जी रुक गए थे) और न ही किसी मधु लिमये ने जनता सरकार में मंत्री बनाने से रोक दिया। उनकी जगह पुरुषोत्तम कौशिक समाजवादी कोटे से मंत्री बने। पर मंडल के दौर में बिहार में अगड़ा होकर पिछड़ों की राजनीति करने की जो कीमत चुकानी सम्भव है, वह शिवानन्द ने चुकाई है। लेकिन विपरीत हवा में खड़े रहकर भी उन्होंने न तो अपने सिद्धान्त पर शक किया, न अपने राजनीतिक गुरुओं को दोषी माना। हाँ, उन्होंने समय-समय पर दल बदलकर कभी लालू यादव का साथ चाहा तो कभी नीतीश का। फैसला सही और गलत, दोनों हुआ और इसके चलते बड़े तिवारी जी वाली चमक न रही। पर दोनों का वक्त भी अलग था। इस क्रम में वे सांसद और मंत्री भी बने लेकिन दूसरों की 'कृपा' पर ही। पर बड़ी उम्र होने पर भी अभी उनकी सक्रियता और बौद्धिक चुस्ती हैरान करती है।

एक और मामले में बड़े और छोटे तिवारी जी की तुलना करने का मन होता है क्योंकि इन बयानों और भाषणों का सन्दर्भ उससे जुड़ता है। रामानन्द तिवारी जी गरीबी और कम उम्र में मजदूरी शुरू करने के चलते औपचारिक शिक्षा से लगभग वंचित थे। लेकिन बाद में स्वाध्याय से उनका ज्ञान आश्चर्य में डालनेवाला हो गया था। किशोर वय में एक दफे उनके साथ डी.एच. लारेंस के उपन्यासों पर लम्बी चर्चा की याद है और कह सकता हूँ कि अंग्रेजी के अच्छे-अच्छे अध्यापक भी लारेंस को उस तरह नहीं पढ़ा, बता सकते हैं। बाबा भी अपने ज्ञान और समझ से

अचंभित करते हैं जबकि उनकी पढ़ाई बड़े तिवारी जी के लिए निरन्तर सिरदर्द रही। शिवानन्द जी बिहार-झारखंड के किस अच्छे स्कूल में नहीं पढ़े हैं और किस-किस अच्छे अध्यापक से तिवारी जी ने उनकी पढ़ाई का इन्तजाम नहीं किया। पर दादागीरी करनी थी तो शिवानन्द वही करते रहे और एक दौर में पटना विश्वविद्यालय में उनके नाम का खौफ था। जब वे अपनी उम्र के हर बड़े आदमी को अपनी पढ़ाई का दोस्त बताते हैं तो कई बार हँसी छूट जाती है। पर उनमें चौहत्तर के आन्दोलन के समय जो बदलाव दिखा तो खुद जेपी ने उनके बदलने का प्रमाणपत्र दिया और उनके बारे में की अपनी हल्की टिप्पणी के लिए माफी माँगी। सो शिवानाद अगर अज्ञेय को किसी सन्दर्भ में उद्धृत करते हैं, सामयिक वार्ता और युवा संवाद को याद करते हैं तो आश्चर्य नहीं लगता। आज भी शिवानन्द जी बहुत पढ़ते हैं, खरीदकर किताबें पढ़ते हैं, 'इपीडब्ल्यू' जैसी गम्भीर पत्रिका नियमित रूप से पढ़ते हैं। अब कोई और पढ़ाकू राजनेता निकल आ सकता है लेकिन बड़े नामों में उनसे ज्यादा पढ़नेवाला नेता आज के बिहार में शायद ही कोई है। राजनेताओं के पढ़ने-लिखने की परम्परा गायब ही हो गई है।

यह चर्चा कर देना इसलिए भी जरूरी था कि इस किताब में आईं ज्यादातर टिप्पणियों और भाषणों में उनके इस गुण के दर्शन होते हैं। और यहाँ भी एक निजी प्रसंग को लाना अप्रासंगिक नहीं है। कई साल पहले यूपीए-2 के समय की महँगाई के समय इस लेखक ने किशन पटनायक वाली पत्रिका 'सामयिक वार्ता' में महँगाई और वायदा बाजार के रिश्तों पर एक टिप्पणी की थी और महँगाई का एक बड़ा कारण वायदा कारोबार की सट्टेबाजी को बताया था। इस पत्रिका से शिवानन्द जी भी शुरू से जुड़े थे। यह टिप्पणी पढ़कर उन्होंने मुझे फोन किया कि वायदा कारोबार के बारे में और बताओ क्योंकि मुझे यह सब मालूम नहीं है। तुम्हारी टिप्पणी से यह गम्भीर मसला लग रहा है। मुझे जितनी और जैसी समझ थी, मैंने बताई। पर 25 फरवरी, 2010 को राज्य सभा में उन्होंने इस मसले पर जो टिप्पणी की है और जो इस किताब में आई है, उसमें 'वार्ता' की टिप्पणी के ऊपर काफी सारी नई जानकारियाँ जुड़ी हुई हैं। साफ है कि शिवानन्द जी ने इस विषय को समझने के लिए काफी और मेहनत की और इसे संसद के अन्दर पूरी हिम्मत और जानकारियों के बल पर उठाया। मेरा ऐसा अन्दाजा है कि आज भी संसद में कम ही सदस्य होंगे जिन्हें वायदा कारोबार को लेकर किसी भी तरह की समझ होगी और एक बार बन्द करने के बाद इसके शुरू होने का औचित्य समझ आता हो। और यह जानकारी तो शायद ही किसी को होगी कि इसे लाने का श्रेय शरद यादव को है जिन्हें खुद इसके कामकाज की कितनी जानकारी होगी, कहना मुश्किल है। इसी तरह उन्होंने एक भाषण को कृषि अर्थशास्त्री और पत्रकार देवेन्द्र शर्मा के एक आलेख पर आधारित किया है।

यह बताने में हर्ज नहीं है कि जब बाबा ने यह मुद्दा उठाया तो वे उसे जदयू के सांसद थे और तब शरद यादव भी संसद में थे। किताब में आए भाषण तिवारी जी की इसी तरह की दिलेरी के भी प्रमाण हैं, वरना जनता दल और आरजेडी की तरफ से आनेवाले राज्य सभा सांसदों में बोलने, बहस में हिस्सेदारी करने या दिल्ली की राजनीति में किसी तरह की भागीदारी का संस्कार भी नहीं आया। हम जानते हैं कि साठ के दशक में कभी डॉ. लोहिया, मधु लिमये, किशन पटनायक, मनी राम बागड़ी जैसे मुट्ठीभर सांसदों ने नेहरू के प्रताप को कम किया, संसद को जीवन्त बनाया और एक पर एक बड़े मसले उठाकर सरकार को घेरा था। संसद में हिन्दी में बहस का उदाहरण भी तभी दिखा था। बाद में तो जनता दल, आरजेडी और जदयू के बीस-बीस सांसद भी सदन में हुए लेकिन चुप्पी ही साधे रहे। और नेताओं को भी उन्हें भेजने में अपने वोट बैंक की राजनीति और पार्टी कोष के लिए संसाधनों की चिन्ता के अलावा ज्यादा किसी चीज से मतलब न था। बल्कि कई बार यह भी सुनने में आता था कि ज्यादा बोलने या सक्रिय होने पर 'नेताजी' को चिन्ता होने लगती थी। इसलिए उम्मीदवार चुनने में भी इस बात का ध्यान रखा जाता था कि कहीं वह अपनी नेतागीरी तो नहीं चलाने लगेगा? उस हिसाब से ये भाषण सिर्फ शिवानन्द जी के महत्त्व को ही नहीं, उनके दौर में पार्टी से मिली छूट (बढ़ावा तो खैर नहीं ही मिला) को रेखांकित करता है। या यह हो सकता है कि पहले के सांसदों ने शिवानन्द जी की तरह जोखिम नहीं लिया। आज आरजेडी से आए मनोज झा को ऐसी मुश्किलें झेलनी होती हैं जबकि उनके आने से बहस के स्तर और दिल्ली की राजनीतिक सक्रियता में आरजेडी की भागीदारी मजबूत हुई है।

इन कारणों या इस पृष्ठभूमि को समझने के बाद इस किताब का महत्त्व ज्यादा अच्छी तरह समझ आता है। और शिवानन्द की पढ़ाई, चिन्तन या सक्रियता का सामाजिक-राजनीतिक सन्दर्भ भी साफ होता है। इन भाषणों और टिप्पणियों से (जिन्हें छोटे दल का सदस्य होने के चलते हर बार बहुत सीमित समय मिला है) उनके चिन्तन का दायरा और दिशा झलकती है। साफ लगता है कि वे भूमंडलीकरण और साम्प्रदायिक राजनीति उनकी चिन्ता के केन्द्र में हैं। चूँकि इन भाषणों के समय कांग्रेस तथा यूपीए का शासन था, इसलिए शिवानन्द जी के निशाने पर वही सरकार है। लेकिन उसके आगे-पीछे की सरकारों ने इन दोनों मामलों में आगे ही कदम बढ़ाया है जिससे देश की स्थिति खराब हुई है। शिवानन्द जी के इन भाषणों में किसानों की आत्महत्या, बुनकरों की भुखमरी और आत्महत्या, पेटेंट रीजीम से होनेवाली मुश्किलों और उसकी कानूनी लड़ाई, असंगठित क्षेत्र के मजदूरों की स्थिति, अमेरिकी राष्ट्रपति जार्ज बुश द्वारा गरीबों का भोजन बढ़ाने से महँगाई आने के कुतर्क की आलोचना, किसानों के खेती छोड़ने पर टिप्पणी है। और इसमें से काफी चीजों के

लिए नई आर्थिक नीतियों को दोषी बताया गया है। कहना न होगा कि यह आलोचना सही थी और जो आशंकाएँ जाहिर की गई थीं, वे सही साबित हुई हैं। और इन्हीं के चलते उनका बोलना महत्त्व का है और यह किताब का महत्त्व है क्योंकि पूरे भूमंडलीकरण के दौर में कहीं से संसद के अन्दर इन नीतियों की आलोचना नहीं हुई। मंत्री जब अन्तरराष्ट्रीय जलसों में जाते थे तो भूमंडलीकरण की परेशानियाँ, उसके कायदे-कानून की कमियाँ बताते थे लेकिन देश में सिर्फ उसका गुणगान ही हुआ करता था। कारण साफ था कि कांग्रेस और भाजपा तो इसे लानेवाले थे, विपक्ष के लोग भी चुप्पी साधे रहे। बसपा इनके पक्ष में है/थी या विपक्ष में, यह आज तक साफ नहीं हुआ है। इस हिसाब से शिवानन्द ने अपनी राजनीति साथ अपनी पार्टी की नीतियों को भी इन भाषणों में जाहिर किया है।

ये भाषण उस दौर के भी हैं जब कांग्रेसी सरकार के भ्रष्टाचार की गूँज दूर से सुनाई दे रही थी। और फिर इसके खिलाफ लोकपाल के लिए अन्ना आन्दोलन हुआ। शिवानन्द जी के भाषण इस बारे में हैं और आन्दोलनकारियों के पक्ष में हैं। यह स्वाभाविक भी था। लेकिन उन्होंने जिस तरह भ्रष्टाचार के कारणों की पड़ताल की है, वह दिलचस्प है। 'वह अमीरी-गरीबी के बढ़ते फासले से जुड़ी है, तो नई आर्थिक नीतियाँ उसे बढ़ा रही हैं' से लेकर कांग्रेस के भ्रष्टाचार की परम्परा को शिवानन्द रेखांकित करते हैं और इस बारे में कानूनी उपचार भी चाहते हैं। वे भ्रष्टाचार को कांग्रेस की सन्तान कहने से भी नहीं हिचकते। वे पारदर्शी चुनावी फंडिंग व्यवस्था को इस दिशा में एक जरूरी कदम बताते हैं। एक बहस में वे अपने लम्बे अनुभव और अध्ययन के आधार पर यह बात ले आते हैं कि 1962 में चुनाव जीतने के बाद देश का वित्त मंत्री बने सी.डी. देशमुख ने 'ओमबुड्समैन' नियुक्त करने की बात उठाई थी तब पंडित नेहरू ने उसका विरोध किया था। लेकिन राजेन्द्र बाबू बहुत बाद तक यह व्यवस्था बनाए जाने के पक्ष में थे। वे एक बहस में यह भी कहते हैं कि देश का पढ़ा-लिखा समूह ज्यादा बेईमान है, बनिस्बत देहाती और कम पढ़े-लिखे समाज के। इसी क्रम में शिवानन्द द्वारा प्रसिद्ध लेखक गिरिराज किशोर द्वारा पद्मश्री सम्मान लौटाने में भी सरकार की भ्रष्ट छवि का मसला उठाते हैं।

शिवानन्द जी खुले में शौच के खिलाफ चलाई जा रही सरकारी नीतियों में कमी की चर्चा करते हुए यह भी रेखांकित करते हैं कि घर के अन्दर शौचालय और धुआँरहित चूल्हा की वकालत डॉ. लोहिया महिलाओं की आजादी की बुनियादी जरूरत मानते थे। वे प्रसंग देकर बताते हैं कि किस तरह लोहिया ने नेहरू को चुनौती दी थी कि आप इस मामले में पहल करें तो मैं आपसे अपना विरोध भूल जाऊँगा। वे नई आर्थिक नीतियों के दुष्प्रभावों में किसानों की आत्महत्या और बुनकरों की बदहाली के साथ आम आदमी की थाली से दाल गायब होते जाने जैसे मसले

भी उठाते हैं। लेकिन वे इस बात पर प्रसन्नता भी जाहिर करते हैं कि शरद पवार जैसे वरिष्ठ मंत्री हरेक शंका का समाधान करते हैं और संसद का सम्मान करते हैं। पर बात बहस की हो तो वह भी दिखता है। वे लालू जी की तारीफ करते हैं कि उन्होंने राजनीति प्रसाद जैसे सामान्य कार्यकर्ता को राज्य सभा में भेजा लेकिन उसे राजनीति प्रसाद से उलझने में उनको कोई परहेज नहीं है। नेहरू आरक्षण के विरोधी थे, इस बात पर कांग्रेस के नारायण सामी अगर उलझते हैं तो शिवानन्द उन्हें राजनीति छोड़ने की चुनौती भी देते हैं। ऐसी गरमागरमी के अनेक प्रसंग भी इन टिप्पणियों और भाषणों में हैं।

पर हो सकता है, जिन्होंने शिवानन्द जी को बोलते नहीं सुना होगा, वे इन भाषणों से इसके प्रवाह और असर का अन्दाजा नहीं लगा सकते। वे न सिर्फ अच्छे वक्ता हैं बल्कि ज्ञान के साथ अनुभव को जोड़कर ऐसी बातें बताते हैं कि सामनेवाला सुनता ही रह जाता है। इन भाषणों में अपने 1965 में जेल जाने के प्रसंग से लेकर छुआछूत के सवाल पर युवा शिवानन्द द्वारा सुप्रीम कोर्ट में शंकराचार्य के खिलाफ मुकदमा दायर करने का प्रसंग भी वे सुनाते हैं। लालू और नीतीश कुमार को राजनीति में लाने, पहली सदस्यता देने, पहला बयान छपवाने और पहला चुनाव जितवाने में मदद का किस्सा भी वे किसी और प्रसंग में लाते हैं। पंजाब में चले आन्दोलन के पक्ष में पटना में और बिहार में आन्दोलन करने के क्रम में एस.एस. अहलूवालिया से टकराने का प्रसंग हो या पुरानी सोशलिस्ट पार्टी और लोहिया विचार मंच/समता संगठन के, वे सबको एक सन्दर्भ में लाकर न सिर्फ अपनी बातचीत को रोचक बनाते हैं बल्कि अपने तर्क को मजबूत भी करते हैं। उन्होंने आधुनिक भारत के इतिहास की खास पढ़ाई की है। इसलिए जब वे बँटवारे, गांधी, नेहरू, राजेन्द्र बाबू यह तब की राजनीति की चर्चा करते हैं तो खास दिलचस्प बात बनती है। वे यह भी बताते हैं कि कथित हिन्दू राष्ट्रवादी अंग्रेजों का साथ देते थे। लगभग इसी अन्दाज में वे मास्टर जगदीश के नक्सली बनाने की कहानी सुनाते हैं। वे प्रधानमंत्री मनमोहन सिंह के राज्यसभा में आने पर भी टिप्पणी करते हैं और पहले आम चुनाव के बाद तमिलनाडु में राजा जी को बैकडोर से लाकर मुख्यमंत्री बनाने की कांग्रेसी परम्परा को याद करते हैं। वे यह भी बताते हैं कि सीधे जनता से चुनकर आया नेता क्यों बेहतर मंत्री-शासक बनता है।

पर इन सबसे उनका बिहार-प्रेम पीछे नहीं होता। इस किताब में आई दर्जन भर टिप्पणियों, बयानों, भाषणों या बहस में दखल के दौरान वे बिहार का प्रसंग उठाते हैं। इनमें पटना रेलवे स्टेशन पर एस्केलेटर लगाना छोड़ देने और उसे वर्ल्ड क्लास वाली सुविधाओं से वंचित करने का प्रसंग भी है और बिहार के पिछड़ेपन का प्रसंग भी। वे यह माँग भी उठाते हैं कि बिहार को पिछड़ेपन से उबारने और बँटवारे के चलते हुए राजस्व के नुकसान की भरपाई के लिए स्पेशल पैकेज दिया जाए। वे

फ्राइट इक्वलाइजेशन नीति की कमियाँ और इससे बिहार को हो रहे नुकसान का आँकड़ों समेत जिक्र करते हैं तो एनसीटीसी व्यवस्था को केन्द्रीकरण का उपकरण बताते हैं। वे इसे संघीय ढाँचे के लिए नुकसानदेह और गरीब राज्यों के खिलाफ बताते हैं। गरीबी और गाँव के जीवन के अपने अनुभव के प्रसंग में तो वे बार-बार बिहार लौटते हैं।

पर यह सब पढ़ते-विचारते समय यह सवाल बार-बार मन में उठता है कि आखिर ऐसे अच्छे भाषणों और हस्तक्षेपों का भी नोटिस कितना लिया गया। कहा जा सकता है कि कोई खास नहीं। अगर कुमार मुकुल इन्हें एक साथ न जुटाते, हर बारीक चीज को ढूँढ़कर न साफ करते तो शिवानन्द जी की राजनीति का हम लोगों जैसा प्रशंसक ऐसा कुछ नहीं जान सकता था। जाहिर है, इसमें शिवानन्द जी का कोई दोष नहीं है। इसमें कोई समय को दोषी मान सकता है तो कोई संसद के धीरे-धीरे गिरते स्तर को। लेकिन यह भी बहुत कुछ बहाना ही लगेगा। एक बात बहुत साफ लगती है कि राजनीति के बदलने के साथ अच्छे राजनीतिक कार्यकर्ताओं की पूछ कम हुई है और धन, बाहुबल, जाति और सम्प्रदाय जैसी चीजें ज्यादा महत्त्व पाने लगी हैं। लेकिन दूसरी कमी यह भी है कि पार्टियों के अन्दर ही नहीं संसद के अन्दर भी आपसी तालमेल और मेल-मिलाप शून्य होता जा रहा है। जरा कल्पना कीजिए कि शिवानन्द जी के इन्हीं भाषणों और बयानों के जोड़ वाले भाषण और टिप्पणियाँ करनेवाले पाँच-सात लोग उस संसद में होते तो क्या हम इस तरह अनजान बने रह सकते थे और हमें किसी कुमार मुकुल के श्रम और समझ पर निर्भर रहने की मजबूरी होती। इसलिए जरूरी है कि बड़े से लेकर छोटे स्तर तक राजनीति को, विचारों को, राजनीतिक सम्बन्धों को, राजनीतिक कामों और कार्यक्रमों को महत्त्व मिले। यह काम अगर बड़े पैमाने पर न भी हो तो छोटे स्तर पर तो शुरुआत हो। कुमार मुकुल का यह श्रम और शिवानन्द जी की प्रतिभा का यह मेल एक उदाहरण बनेगा, इसी आशा से इसके प्रकाशन की तारीफ बनती है।

18.10.22, दिल्ली

—अरविन्द मोहन

प्रस्तावना

संसद में दिये गए वरिष्ठ राजनेता श्री शिवानन्द तिवारी के वक्तव्यों से गुजरते हुए यह देखकर सुखद आश्चर्य होता है कि अकादमिक और पारम्परिक अध्ययन से दूर रहने के बावजूद वे इस देश के जमीनी मुद्दों से जुड़े रहते हैं और उसको उसके व्यापक सन्दर्भों के साथ पूरी शिद्दत से उठा पाते हैं। ऐसे विकट समय में जब तमाम राजनेता राष्ट्रपिता महात्मा गांधी और डॉ. राममनोहर लोहिया द्वारा देश के अन्तिम आदमी और हाशिये पर पड़ी दलित-पीड़ित जनता के पक्ष में की गई तमाम बहसों को पूरी तरह बिसरा चुके हैं, श्री तिवारी उनके हक में बोलने का कोई मौका नहीं चूकते। ऐसा करते हुए वे जब-तब निराश भी होते हैं कि उन्हें अपनी बिरादरी में अब ऐसे लोग नहीं दिखते जो लोकतंत्र की इस छीजन को पहचान कर उसका समुचित समाधान ढूँढ़ सकें : "...असल में, इस देश का जो रोग है, उस रोग का इलाज हमें कहीं दिखाई नहीं दे रहा है। लक्षण का इलाज होता है, सिम्पटम्स का इलाज होता है, जो रोग है, वह डायग्नोज करनेवाला कोई नेता हमें दिखाई नहीं देता है।"

प्रधानमंत्री श्री नरेन्द्र मोदी के सत्तासीन होने के आरम्भिक वर्षों में खुले में शौच का मुद्दा एक राष्ट्रीय मुद्दा बन गया था। विकास की बारहखड़ी इस मुल्क में जिस तरह बाँची जाती है कि उठाया गया हर कदम हाशिये के लोगों के लिए नई मुसीबतें खड़ी करता है। खुले में शौच के मुद्दे ने भी बहुत बड़ी जमात को प्रभावित किया। हालाँकि इसने साफ-सफाई को लेकर राष्ट्रीय स्तर पर चेतनशीलता को बढ़ाया, इसमें भी शक नहीं।

यह देखकर आश्चर्य होता है कि मोदी जी के सत्तारोहण के तीन साल पहले 15 मार्च, 2012 को राज्य सभा में दिये गए अपने वक्तव्य में श्री तिवारी इस मुद्दे को उठाते हुए लोहिया और नेहरू के बीच हुए संवाद को आधार बनाते हैं : "हमको याद है, एक बार डॉ. लोहिया ने लोक सभा में पंडित जवाहरलाल नेहरू को चुनौती देते हुए कहा था कि महिलाएँ, जो बाहर शौच के लिए जाती हैं, उनके लिए अगर पंडित जवाहरलाल नेहरू की सरकार उनके घर के अन्दर शौच करने की व्यवस्था करा दे, तो मैं इस सरकार से सुलह कर लूँगा, यह शर्त उन्होंने रखी थी। आज देश की हालत यह है कि देश की आजादी के 63-64 वर्षों के बाद

जिस सरकार की राष्ट्रपति जी पीठ थपथपा रही हैं, उस सरकार के राज में आधे से अधिक लोग खुले में शौच करते हैं।"

शिवानन्द जी के जन-सरोकार कितने व्यापक हैं, यह राज्य सभा में दिये गए उनके वक्तव्यों में उठाए गए विषयों से स्पष्ट जाहिर होता है। क्रूरतम गैर-बराबरी पैदा करता विकास और उसके परिणामस्वरूप पैदा कुपोषण जिसे हमारे प्रधानमंत्री खुद राष्ट्रीय शर्म का तमगा प्रदान करते हैं व लगातार विफल होती हमारी प्लांड इकोनॉमी और उसकी उपज आतंकवाद से लेकर खिलाड़ियों के साथ भेदभाव, आजादी के बाद रेल और पुलों का विकास, स्त्रियों के विज्ञापन की अपसंस्कृति और उनके प्रति की जानेवाली हिंसा के तमाम स्वरूप, भूजल-नदियाँ और प्रदूषण व बाढ़ की समस्या, खिलाड़ियों का सट्टा बाजार, नक्सलवाद, पेटेंट तक पचासों प्रासंगिक मुद्दे वे बारहा उठाते हैं।

तमाम जमीनी देसी मुद्दों के अलावा दुनियावी राजनीति पर भी उनकी नजर रहती है। श्रीलंका सरकार की हिंसा हो या भारत की परमाणु ऊर्जा नीति हो, वे सत्ताधारी दल को कठघरे में खड़ा करते हैं।

गोरों की विदाई के बाद देशी अंग्रेजों की गुलामी जिस तरह इस देश का बेड़ा लगातार गर्क कर रही है, यह बात उन्हें बराबर व्यथित करती रहती है : "हमारा देश तो 1947 में आजाद हो गया, लेकिन जो हमारे देश के हुक्मरान हैं, शासन चलानेवाले हैं, उनका दिमाग आजाद नहीं हुआ। उनको इस देश के पुरुषार्थ पर, इस देश की बुद्धि पर कभी भरोसा ही नहीं रहा कि हम अपने पुरुषार्थ की बदौलत, अपनी बुद्धि की बदौलत इस देश की तरक्की कर सकते हैं।"

आत्मालोचना शिवानन्द जी के वक्तव्यों का आधार तत्त्व है। राजनीति और सत्ता से जुड़े होने के बाद भी वे जिस तरह बार-बार सत्ताधारी वर्ग की आलोचना को मुस्तैद दिखते हैं, वह अनोखा है : "हमारे लिए यह राष्ट्रीय शर्म की बात है तथा पूरी राजनीति के लिए भी...की बात है। उधर के लोग भी सत्ता में रहे हैं और हम लोग भी 6 वर्ष तक सत्ता में रहे हैं, लेकिन जो इस देश का रूलिंग क्लास है, उसका चरित्र कैसा है, वह इसी से साबित होता है कि जो इस देश का गरीब आदमी है, आम आदमी है, उसके बारे में इस देश के रूलिंग क्लास को कोई चिन्ता नहीं है।"

पारम्परिक पढ़ाई भले नहीं की हो उन्होंने, पर साहित्य व संस्कृति से जुड़ी पुस्तकें पढ़ना उनकी आदत में शामिल है, यह उनसे हुई मुलाकातों में जाना है मैंने और उनकी आत्म-सजगता के मूल में यह अध्ययन आधार ही है। इसी आधार पर खड़े होकर वे भारतीय मूल्यों की वकालत करते हैं। स्त्रियों के प्रति भारतीय बाजारू नजरिये का विरोध करते हुए वे हिन्दी के लब्धप्रतिष्ठ साहित्यकार अज्ञेय का कथन याद करते हैं : "...मूल्यों की समस्या उठाए बिना केवल अपराधों की चर्चा करना

अपने-आपमें अपराध है। जिस समाज में कोई ऐसा मूल्य नहीं है, जिसके लिए जिया जाता है, जिसके लिए मरा जाता है, वह समाज अपने मन के साथ बलात्कार की स्थिति को कबूल कर चुका है।"

राज्य सभा में दिये गए शिवानन्द जी के इन वक्तव्यों को इस तरह पुस्तक के रूप में लाने में मुख्य भूमिका वरिष्ठ व अग्रज पत्रकार मित्र श्रीकान्त जी की है। पत्रकारिता में मेरे पथ-प्रदर्शक वही हैं और शिवानन्द जी जब राज्य सभा में थे और दिल्ली रहते थे, तब इन्होंने ही उनसे मेरा परिचय कराया था। पहली मुलाकात में मैंने देखा कि वे दोनों हाथों में ढेर सारी किताबें लेकर चले आ रहे। किताबों को सोफे पर रखते उन्होंने अपनी सहज भोजपुरी जबान में हम लोगों से कहा : "देख ल, कुछ तोहरा काम के होखे एह में त रख ल।" बाद की मुलाकातों में मैंने पाया कि पढ़ने-लिखने के मामले में वे लेखकों की तरह अपडेट रहते हैं और साहित्यिक हिन्दी पुस्तकों की ओर उनका सहज झुकाव रहता है।

13.9.2021

—कुमार मुकुल

अंग्रेजी में काम न होगा, फिर से देश गुलाम न होगा

Rajya Sabha
[23 April, 2008]

श्री शिवानन्द तिवारी : उपसभाध्यक्ष महोदय, मैं इस सदन का नया सदस्य हूँ, सबसे नया सदस्य हूँ इसलिए कि मैंने 17 तारीख को शपथ ली है, लेकिन 1964-65 से एक पॉलिटिकल वर्कर के रूप में काम कर रहा हूँ।

महोदय, अभी हमारे साथी माननीय सदस्य **श्री अबू आसिम आज़िम साहब** बोल रहे थे तो उन्होंने समाजवादी आन्दोलन के दो-तीन पुराने नारे यहाँ याद कराए। वे नारे लगाते हुए हम लोग राजनीति में आए थे और उस नारे के साथ-साथ एक और नारा था जो पहला नारा हमने राजनीति में लगाया था कि 'अंग्रेजी में काम न होगा, फिर से देश गुलाम न होगा।' महोदय, यह 1964-65 का जमाना था जब डॉ. लोहिया ने अंग्रेजी के खिलाफ आन्दोलन चलाया था और उसी आन्दोलन के जरिये मैं राजनीति में शरीक हुआ था। महोदय, उन्होंने ठीक कहा कि समाजवादी आन्दोलन का एक जमाने का गौरवपूर्ण इतिहास रहा है और हमको इस बात का फख्र है कि एक जमाने में जो श्रमिक संगठन इस देश में थे, उनकी अगुआई समाजवादी लोग कर रहे थे। आपको स्मरण होगा कि आजादी के बाद इस देश में जो दो बड़ी रेल हड़तालें हुईं, वे समाजवादियों के नेतृत्व में हुईं। पहली हड़ताल जयप्रकाश नारायण जी के नेतृत्व में हुई थी। 1953-54 के जमाने में रेल हड़ताल, पोस्टल डिपार्टमेंट की हड़ताल और दूसरी हड़ताल 1973 में जॉर्ज फर्नांडिस साहब के नेतृत्व में हुई थी। आज ऐसी स्थिति है कि समाजवादी आन्दोलन का प्रभाव श्रमिक आन्दोलन और श्रमिक संगठन पर नहीं रह गया है। आज वामपंथी साथियों के हाथ में श्रमिक संगठनों का नेतृत्व है, श्रमिक आन्दोलन का नेतृत्व है। अभी भी टी.के. रंगराजन साहब का भाषण मैं सुन रहा था और संजीव रेड्डी साहब का भाषण सुन रहा था। रंगराजन साहब ने बहुत मूलभूत सवालों को उठाया कि इस सरकार का दृष्टिकोण क्या है? श्रमिकों के बारे में, श्रम मंत्रालय के बारे में उन्होंने ठीक कहा कि एक कैबिनेट स्तर का मंत्री तक श्रम मंत्रालय में आपने नहीं रखा

है। यही आपका perception श्रमिक आन्दोलन और श्रमिकों की समस्याओं को लेकर है? रंगराजन साहब बोल रहे थे और वह बिलकुल ठीक बोल रहे थे कि यह सरकार कॉर्पोरेट सेक्टर का हित देख रही है, श्रमिकों का हित नहीं देख रही है, कामगारों का हित नहीं देख रही है। आज ऐसी हालत हो गई है कि सैकड़ों वर्षों की लड़ाई के बाद, दुनिया भर के श्रमिक आन्दोलनों के संघर्ष के बाद श्रमिकों को जो अधिकार मिले थे, श्रमिकों को जो सुरक्षा मिली थी, वह आज खतरे में है। महोदय, ठीक ही कहा जा रहा है कि आज से 10-15 साल पहले श्रमिक समस्याओं से सम्बन्धित मामले जो उच्च न्यायालयों और उच्चतम न्यायालय में जाते थे, उन मामलों में अदालतों का क्या रुख होता था, आप उसे देखिए। वहाँ employer के पक्ष में नहीं बल्कि employee के पक्ष में फैसले हुआ करते थे। आज स्थिति बिलकुल उलट गई है, आज हायर एंड फायर का जमाना है। आज जो संगठित क्षेत्र में मजदूर हैं, जो संगठित क्षेत्र में काम करनेवाले श्रमिक हैं, उनको माना जाता है कि असंगठित क्षेत्र में काम करनेवाले श्रमिकों से कहीं ज्यादा सुरक्षा उन्हें मिली हुई है। एक लम्बे संघर्ष के परिणामस्वरूप यह सुरक्षा उनको मिली थी, लेकिन आज वे भी असुरक्षित हैं। अभी बताया जा रहा था, अभी जो सरकार अपनी पीठ खूब थपथपा रही है और जोर-जोर से यह सरकार दावा कर रही है कि हमारे देश का जीडीपी 8 परसेंट बढ़ रहा है, 9 परसेंट बढ़ रहा है, लेकिन दूसरी तरफ यह कहा जा रहा है कि इस इकोनॉमी का जो ग्रोथ हो रहा है, वह जॉबलेस ग्रोथ है। इसके आँकड़े यह साबित करते हैं कि संगठित क्षेत्र में, चाहे वह सार्वजनिक क्षेत्र का मामला हो, या निजी क्षेत्र का मामला हो, वहाँ श्रमिकों की, कामगारों की संख्या घट रही है। यह जॉबलेस ग्रोथ ही नहीं है, बल्कि जॉब निगेटिव करनेवाली ग्रोथ है।

उपसभाध्यक्ष महोदय, अभी मैं जमशेदपुर गया हुआ था। आपको मालूम है कि वहाँ टाटा का लोहे का एक पुराना और बहुत बड़ा कारखाना है। वहाँ हमारे कुछ रिश्तेदार टिस्को में काम करते हैं। उन लोगों ने बताया कि टिस्को का उत्पादन बढ़ा है। वहाँ जो उस स्टील के कारखाने का मॉडर्नाइजेशन हुआ है, आधुनिकीकरण हुआ है, उसके फलस्वरूप उत्पादन बढ़ा है और काफी बढ़ा है, लेकिन जो मजदूरों की, श्रमिकों की, काम करनेवालों की पुरानी संख्या थी, वह संख्या घट गई है। वहाँ जो काम करनेवाले हैं, वे लोग बताते हैं कि हम लोगों के सेक्शन में जहाँ पहले 50 आदमी थे, 60 आदमी थे, वहाँ आज 10 आदमी, 15 आदमी हैं और अब वहाँ बैठने में डर लगता है। ऐसी स्थिति पैदा हो गई है। इस तरह का विकास देश में हो रहा है। हमको आश्चर्य है कि हमारे वामपंथी साथी एक तरफ यह बात तो कह रहे हैं कि यह जो सरकार है, यह कॉरपोरेट सेक्टर के हित को देख रही है, श्रमिकों का हित इसके ध्यान में नहीं है, लेकिन फिर भी उनकी मजबूरी है कि सरकार का समर्थन करें। यह एक अजीब विडम्बना है। अभी संजीव रेड्डी साहब बोल रहे थे,

बहुत पुराने श्रमिक नेता हैं, हमने उनका नाम बहुत पहले से सुना हुआ था, आज हमने उनका भाषण सुना। उन्होंने श्रमिकों की बहुत ही मूलभूत समस्याओं की ओर सदन का ध्यान आकर्षित किया, लेकिन उनकी भी मजबूरी है, क्योंकि सरकार के साथ उनको रहना है। एक तरफ जो श्रम मंत्रालय है, वह उसका उल्लंघन कर रहा है, श्रमिकों के हित के बदले कॉर्पोरेट सेक्टर का हित साध रहा है, लेकिन इनकी मजबूरी है कि ये सरकार का साथ दें।

उपसभाध्यक्ष महोदय, यह सरकार भी बहुत अजीब है। जब मन में आता है, किसी भी सवाल पर आयोग का गठन कर देती है, आयोग रिपोर्ट देता है, लेकिन रिपोर्ट पर कोई कार्रवाई नहीं होती है। संजीव रेड्डी साहब ने कहा कि श्रमिकों की समस्याओं पर वी.वी. गिरी साहब की अध्यक्षता में एक आयोग का गठन हुआ था, एक-दूसरे आयोग का भी उन्होंने जिक्र किया और अभी अर्जुन सेनगुप्त आयोग और उनकी रिपोर्ट का भी बहुत जिक्र हुआ है। कई सदस्यों ने यह उद्धृत किया कि अर्जुन सेनगुप्त ने यह कहा है कि इस देश में 78 फीसदी लोग 20 रुपये और उससे कम मजदूरी पर काम कर जीवन-यापन करते हैं, लेकिन उन्होंने चार श्रेणियों में इसको बाँटा है कि ऐसे भी मजदूर हैं, जो 9 रुपया, 12 रुपया, 15 रुपया और 20 रुपया रोज कमाते हैं। तो ये 270 रुपये से लेकर 600 रुपये महीना पानेवाले और उससे अपना जीवन बसर करनेवाले 78 फीसदी जो मजदूर हैं, असंगठित क्षेत्र में हैं। अब हम और आप कल्पना कर सकते हैं कि कोई आदमी 270 रुपये महीने में कैसे अपनी जिन्दगी गुजार सकता है। आखिर ऐसी हालत क्यों है?

उपसभाध्यक्ष महोदय, मैं 17 तारीख से, जब से मैंने शपथ ली है, तब से मैं लगातार इस सदन में बैठ रहा हूँ, अलग-अलग विषयों पर सदन में जो चर्चा हुई है, उसको ध्यान से मैं सुन रहा हूँ। सारी चर्चा के पीछे चिन्ता रही, वह यह कि देश की हालत खराब है, गाँव की हालत खराब है, किसान की हालत खराब है, मजदूरों की हालत खराब है। आखिर इस सिचुएशन में देश कैसे पहुँचा? जब मैं इसकी ओर देखता हूँ, तो मुझे ऐसा महसूस होता है कि इस देश की समस्याओं के पीछे जो मूल जड़ है, वह जड़ यह है कि आजादी के बाद जितनी भी सरकारें इस देश में बनीं, उन सारी सरकारों ने देश के संविधान की अवहेलना की है। देश के संविधान का जो डायरेक्टिव प्रिंसिपल है, उसको आप देखिए, जो दिशा निर्देशक तत्त्व है, उसको देखिए, उसमें श्रमिकों के बारे में क्या कहा गया है, उसको आप देखिए। हम इस बात को जानते हैं कि जो निर्देशक तत्त्व हैं, संविधान के जो डायरेक्टिव प्रिंसिपल्स का हिस्सा है, इसको लागू कराने के लिए हम अदालत का सहारा नहीं ले सकते हैं, लेकिन यह समाज दर्शन का ऐसा प्रश्न है, जिसको देश ने माना है। और हम, आप और यहाँ बैठे हुए सब लोग उस संविधान के प्रति निष्ठा की शपथ लेकर इसके सदस्य बनते हैं, लेकिन उस संविधान की अवहेलना होती है। उसकी

जो आत्मा है, वह आत्मा डायरेक्टिव प्रिंसिपल्स है। जिस समय संविधान सभा बैठी थी, उस समय इसकी चर्चा हुई थी कि डायरेक्टिव प्रिंसिपल्स के अन्दर जो विषय डाले गए हैं, उनको फंडामेंटल राइट्स के हिस्से में डाला जाए। लेकिन कहा गया कि नहीं, अगर इनको फंडामेंटल राइट्स में डाला जाएगा, देश नया-नया आजाद हुआ है, आजादी के समय जो टर्मआयल हमारे देश में आया था, उसको हम जानते हैं, इससे उलट-पलट वाली स्थिति पैदा हो जाएगी। लेकिन इस देश को यह डायरेक्शन दिया जाता है कि उसकी सामाजिक नीति, उसकी आर्थिक नीति, उसकी श्रमिक किस ढंग की होगी और इन सब चीजों का ही जिक्र है डायरेक्टिव प्रिंसिपल्स के हिस्से में, जो चैप्टर 4 है। उपसभाध्यक्ष महोदय, आप उसमें श्रमिकों के बारे में देखिए, उसमें कहा गया है कि उनको सिर्फ लिविंग वेज नहीं चाहिए, वे किसी तरह से जीवनयापन कर सकें, ऐसा ही उनको वेतन नहीं मिलना चाहिए, श्रम के एवज में मजदूरी नहीं मिलनी चाहिए, बल्कि कहा गया कि ऐसी मजदूरी उनको मिलनी चाहिए जिससे वे अपने आपको शारीरिक और मानसिक दृष्टिकोण से बेहतर बना सकें, पुष्ट बना सकें और सिर्फ यही नहीं, अपने बाल-बच्चों को बढ़िया से खाना खिला सकें, अपने बाल-बच्चों को अच्छी तरह से शिक्षित कर सकें, ताकि उनके बाल-बच्चे पढ़-लिखकर इस देश के उपयोगी नागरिक बन सकें। उसमें कल्पना की गई है कि अपने जीवन के सन्ध्याकाल में जब देश का श्रमिक रिटायर होता है, तो रिटायरमेंट के बाद वह कायदे से, इतमीनान से जीवन व्यतीत कर सके। ऐसी व्यवस्था हो कि जो खालीपन है, उसको सामाजिक और सांस्कृतिक रूप से वह भर सके। यह हमारे संविधान में कहा गया है। लेकिन हो क्या रहा है? हम देख रहे हैं कि आज 270 रुपये महीने पर, 400 रुपये महीने पर या 600 रुपये महीने पर इस देश की अधिकांश आबादी जीवन बसर कर रही है। यही नहीं, उपसभाध्यक्ष महोदय, मैं आपको स्मरण कराना चाहूँगा कि महात्मा गांधी जी ने जब दांडी मार्च शुरू किया था तो उसके आसपास उन्होंने वायसराय को एक चिट्ठी लिखी थी, उस चिट्ठी में उन्होंने वायसराय पर आरोप लगाया गया था और उन्होंने कहा था कि इस देश का जो गरीब आदमी है और उसकी जो आमदनी है, आप जो तनख्वाह पाते हैं, वह उस गरीब आदमी की आमदनी से 5000 गुणा अधिक है। उन्होंने कहा था कि आपको शर्मिन्दगी महसूस नहीं होती है कि इस देश का जो गरीब आदमी है, उससे 5000 गुणा ज्यादा आप अपने ऊपर खर्च कर रहे हैं, आप तनख्वाह ले रहे हैं। आज क्या हालत है? अर्जुन सेन गुप्त की रिपोर्ट को ही सही माना जाए तो एक तरफ तो 270 रुपये महीना और दूसरी तरफ कोई अन्दाजा ही नहीं। उस समय यह माना जाता था कि साधारण आदमी और धनी आदमी की आमदनी के बीच में 5000 गुणा, 7000 गुणा का फर्क था, लेकिन आजा लाख गुणा का फर्क है, डेढ़ लाख गुणा का फर्क है या दो लाख गुणा का फर्क है, यह अन्दाजा नहीं लगाया

गया है। इस देश में एक से एक ऐसी शादियाँ होती हैं जिनमें सौ-सौ, डेढ़-डेढ़ सौ करोड़ रुपये खर्च होते हैं। पुराने जमाने में गाँव-देहात में शादी की शोभा बढ़ाने के लिए घोड़े और हाथी जाते थे, आजकल उस तरह की आलीशान शादियों में हम जैसे लोग जाते हैं, मंत्री जाते हैं, मुख्यमंत्री जाते हैं, एम.पी. जाते हैं, एम.एल.ए. जाते हैं और उनकी शोभा बढ़ती है। आज यह हालत हो गई है।

मैं इस सदन से फिर निवेदन करना चाहूँगा कि संविधान का हम लोगों को फिर से अध्ययन करना चाहिए और आजादी के बाद से जितनी सरकारें बनी हैं, मुझको यह कहने में संकोच नहीं है कि सब लोगों ने संविधान की अवहेलना की है, संविधान की आत्मा को, संविधान के दर्शन को आघात पहुँचाने का काम किया है। मैं आपको बताना चाहता हूँ कि आर्थिक नीति से सम्बन्धित जो अनुच्छेद है, उसके ज़रिये बिलकुल स्पष्ट है कि हमारा देश एक समतावादी देश होगा, समतावादी समाज होगा। कहा गया है कि अर्थसत्ता पर बाजारू शक्तियों या प्रवृत्तियों का नहीं, बल्कि समाज का नियंत्रण और हित साधन होगा, यह कल्पना डायरेक्टिव प्रिंसिपल्स में की गई है। संविधान नीति निर्देशक तत्त्वों को शासन का मूलभूत सिद्धान्त बताते हुए राज्य को निर्देश देता है कि वह कानून बनाते समय इन तत्त्वों को लागू करना अपना कर्तव्य समझे। लेकिन हो क्या रहा है, यह बताने की जरूरत नहीं है। बहुत सारे साथियों ने इस ओर आपका ध्यान और सदन का ध्यान आकृष्ट किया है। मैं यह कहना चाहता हूँ कि यह जो आमदनी में फर्क है, आमदनी में असन्तुलन है, यह भयानक है, यह समाज में तनाव पैदा कर रहा है, समाज में हिंसा पैदा कर रहा है। आप देखिए कि देश का विकास हो रहा है। अर्थव्यवस्था और GDP बढ़ रही है, लेकिन देश की हालत क्या है? मुझे लगता है कि इस देश में जो अर्थव्यवस्था चल रही है, वह अर्थव्यवस्था अनैतिक है, वह अर्थव्यवस्था समाज को पाप की ओर धकेल रही है। आप देखिए कि किस तरह से भीड़, लोगों को पकड़कर, उनकी हत्या कर रही है, छोटी-छोटी बच्चियों के साथ बलात्कार हो रहे हैं। हमारे यहाँ निजी सम्बन्धों में सेक्स को भयंकर अपराध माना गया है, आज वह सीमा भी टूट रही है। यहाँ भ्रष्टाचार की क्या हालत है, यह बताने की जरूरत नहीं है। हम लोगों पर, सदन के सदस्यों पर उँगली उठती है कि इस सदन के सदस्य, सवाल पूछने के लिए पैसे लेते हैं, इस तरह की खबरें अखबारों में आई हैं। तो इस तरह की अर्थव्यवस्था हम चला रहे हैं, जिसने भ्रष्टाचार को बढ़ावा दिया है। आज भ्रष्टाचार का घुन इस देश को खा रहा है।

महोदय, हमने अखबारों में पढ़ा कि वहाँ सियाचीन में हमारे जो सैनिक तैनात हैं, जहाँ माइनस 40 डिग्री टेम्प्रेचर रहता है, उनके शरीर की सुरक्षा के लिए जो सामान उपलब्ध कराया गया था, वह जम्मू-कश्मीर के काला-बाजार में बिक रहा था। वहाँ जो डीजल की सप्लाई हो रही थी, डीजल को निकालकर, उसमें पानी

भर दिया गया। अब बताइए, जहाँ भ्रष्टाचार का ऐसा आलम हो, तो आप कैसे देश को बचा सकते हैं?

श्री अर्जुन सेन गुप्त ने यह कहा है कि जो मजदूर हैं, उनकी बात अगर लोकतांत्रिक ढंग से नहीं सुनी गई, तो वे हथियार उठाने के लिए मजबूर होंगे और वे नक्सलवाद के रास्ते पर जाएँगे। मैं यह मानता हूँ कि यहाँ का राज्य इतना ताकतवर है कि असंगठित हिंसा के जरिये उसको पलटा नहीं जा सकता है, लेकिन एक खतरनाक स्थिति हम लोग पैदा कर रहे हैं। यह एक विचित्र विडम्बना है कि श्री अर्जुन सेन गुप्त की रिपोर्ट में ही एक जगह लिखा गया है कि यहाँ 78 फीसदी से कम लोग 20 रुपये में गुजर कर रहे हैं, लेकिन इस देश में सरकार जो नोट छाप रही है, वे नोट 100 रुपये और उसके ऊपर के हैं। करीब 80 फीसदी नोट, 100 रुपये और उससे ऊपर के छप रहे हैं। आज पाँच रुपये का नोट, दस रुपये का नोट, दो रुपये का नोट, एक रुपये का नोट बाजार में दिखाई नहीं देता है। आज जो 270 रुपये कमानेवाला मजदूर है, उसके लिए बाजार में नोट तक उपलब्ध नहीं है, इस तरह का राज हम चला रहे हैं।

इसलिए हमारा इस सदन से आग्रह है, श्रम मंत्री जी यहाँ बैठे हैं, हम उनसे कहना चाहते हैं कि कम-से-कम वे जो श्रम कानून बनाने जा रहे हैं, हम यह नहीं कह रहे हैं कि जो मार्क्सवादी लोग कह रहे हैं, जो समाजवादी लोग कह रहे हैं या मजदूर संघ के लोग कह रहे हैं, उनके कहने पर बनाइए। हम आपसे सिर्फ इतनी मिन्नत करेंगे कि संविधान जो कह रहा है, जो Directive Principles आपको दिशा-निर्देश दे रहे हैं कि मजदूरों की इस देश में क्या स्थिति होनी चाहिए, कम-से-कम उनके अनुकूल कानून आप बनाइए और सरकार पर यह जो आरोप लग रहा है कि सरकार ने मजदूरों के हितों को देखना छोड़ दिया है, वह Corporate Sector के हित को देख रही है, इस आरोप से कम-से-कम आप बरी होइए। हम इस सरकार से यह जरूर कहना चाहेंगे कि सरकार का मजदूरों के प्रति जो नजरिया है, उसमें वह गम्भीरता लाए। जैसा अभी रंगराजन साहब ने कहा कि कम-से-कम ऑस्कर फर्नांडिस साहब का जो स्टेट मिनिस्टर का दर्जा है, इसको upgrade करके कैबिनेट मिनिस्टर का दर्जा करें, यह माँग भी हम सरकार से करेंगे। आपने मुझे इस विषय पर बोलने का अवसर दिया, इसके लिए आपका धन्यवाद।

आम, चावल, नीम या हल्दी पर भी पेटेंट

Rajya Sabha
[16 Feb, 2009]

श्री शिवानन्द तिवारी : महोदय, मुझे इस विषय में ज्यादा जानकारी नहीं है, लेकिन अभी जब माननीय सदस्य यहाँ बोल रहे थे, तो उनका कहना था कि इस बिल में ऐसा प्रावधान है कि आगे जब इस तरह की चीजों की जरूरत होगी, तो उन्हें पार्लियामेंट में आने की जरूरत नहीं होगी। इस तरह से वे पार्लियामेंट से blank cheque लेना चाहते हैं। मुझे ऐसा लगता है कि हर डिपार्टमेंट में आज यह प्रवृत्ति पैदा हो गई है। मैं Standing Committee on Finance का मेम्बर हूँ, वहाँ भी हमने देखा है कि इस तरह के प्रस्ताव लाए जाते हैं कि सरकार को आज के दिन जो पार्लियामेंट में आने की बाध्यता है, वह बाध्यता खत्म हो जाए और बगैर पार्लियामेंट को इन्फर्म किए, बगैर उसे कांफीडेंस में लिये हुए वे जो करना चाहें, कर लें। इस बिल में वह जो प्रावधान है, हम माननीय मंत्री जी से अनुरोध करते हैं कि उसको हटा दें और भविष्य में भी पार्लियामेंट को कांफीडेंस में लेकर जो भी निर्णय करना हो, करें क्योंकि इस देश में ऐसे कई समझौते हुए हैं, ऐसे कई फैसले हुए हैं जिनमें पार्लियामेंट को अवेयर नहीं रखा गया है और देश को उसकी भारी कीमत चुकानी पड़ी है।

उपसभापति महोदय, यह जो पेटेंट वाला मामला है, उस सम्बन्ध में अहलुवालिया जी का भाषण सुनकर मैं बड़ा आश्चर्यचकित था कि आम पर भी पेटेंट हो सकता है, चावल पर भी पेटेंट हो सकता है, नीम या हल्दी पर भी पेटेंट हो सकता है।

[उपसभाध्यक्ष (प्रो. पी.जे. कुरियन) पीठासीन हुए]

यह मेरे जैसे आदमी के लिए, जिसकी पृष्ठभूमि गाँव से है, जो गाँव के रहनेवाले लोग हैं, हमें आश्चर्य होता है कि आज ऐसी दुनिया बन गई है जिस दुनिया में ऐसे-ऐसे कानून बन गए हैं कि कोई पीपल का पेटेंट करा ले, कोई नीम का पेटेंट

करा ले, कोई हल्दी का पेटेंट करा ले। यह पेटेंटीकरण की पहल दुनिया के उन मुल्कों से हुई है, जिनके बारे में हम जानते हैं कि 500 वर्ष पहले या 800 वर्ष पहले उनके पास कोई ज्ञान नहीं था। अगर ज्ञान को इस तरह से सीमित कर दिया जाता, ज्ञान का इस तरह से पेटेंटीकरण कर दिया गया होता तो दुनिया में आज जो ज्ञान फैला है, वह ज्ञान नहीं फैलता। सब जानते हैं कि ज्ञान अरब से हमारे यहाँ आया, हमारे यहाँ से अरबों के यहाँ गया, वहाँ से ग्रीक गया, वहाँ से फिर यूरोप गया। ज्ञान का फैलाव इस तरह से हुआ है। आज उनके पास ज्ञान आ गया है, टेक्नोलॉजी का ज्ञान आया है, साइंस का ज्ञान आया है तो उनकी यह स्थिति बनी है और आज वे उस ताकत का इस्तेमाल उस ज्ञान को फैलने से रोकने में लगा रहे हैं। और तो और, हमारी दुनिया के, गरीब दुनिया के भी जो प्रकृति के उत्पाद हैं, उनका भी पेटेंटीकरण करने की साजिश की जा रही है। सर, जयराम रमेश जी बहुत ही काबिल मिनिस्टर हैं, बहुत ऊर्जावान मिनिस्टर हैं, हम तो कहेंगे कि हम लोगों को यह वकालत करनी चाहिए कि प्रकृति ने हमें जो दिया है और सदियों से मनुष्य जाति ने, समस्त मानवजाति ने अपने अनुभवों के आधार पर जिन चीजों का विकास किया है, चाहे वह चावल का हो, चाहे वह हल्दी का हो या अन्य मसालों का हो, उसका कम-से-कम पेटेंटीकरण न किया जाए। जो नये ज्ञान आ रहे हैं, नया अनुसन्धान हो रहा है, नई टेक्नोलॉजी के माध्यम से जो कुछ हो रहा है, हालाँकि मैं मानता हूँ कि उसका भी पेटेंटीकरण नहीं होना चाहिए लेकिन फिर भी मैं इतना मानने के लिए तैयार हूँ कि अगर उसका पेटेंट होता है तो बात समझ में आती है, लेकिन हजारों वर्षों से हम जिन चीजों का इस्तेमाल कर रहे हैं, कोई कहे कि हम हवा कर पेटेंट करा लेंगे, हम ऑक्सीजन का पेटेंट करा लेंगे, तो यह बात कुछ जमती नहीं है, इसलिए जयराम रमेश जी से मैं यह अनुरोध करूँगा कि दुनिया के उस मंच पर, जहाँ इन चीजों के बारे में चर्चा होती है, वहाँ इस बात की जोरदार वकालत करनी चाहिए और दुनिया में एक ओपीनियन बनाया जाना चाहिए कि कम-से-कम इन चीजों का पेटेंटीकरण न किया जाए। इसी अनुरोध के साथ मैं अपनी बात समाप्त करता हूँ। धन्यवाद।

वस्त्र उद्योग और बुनकरों की आत्महत्या

63
Rajya Sabha
[25 Feb, 2009]

श्री शिवानन्द तिवारी : सभापति महोदय, आज यह वस्त्र उद्योग का क्षेत्र संकट में है और इस कारण हमें किसानों के बाद बुनकरों की आत्महत्याओं की खबरें अखबारों में पढ़ने को मिल रही हैं। माननीय मंत्री जी ने अपने उत्तर में बताया है कि टेक्नोलॉजी अपग्रेडेशन स्कीम के तहत 2008-09 के सितंबर महीने तक इन्होंने 11,265 करोड़ 13 लाख रुपये खर्च किए हैं, जिसमें इन्होंने बताया कि पावरलूम के क्षेत्र में 408 करोड़ 50 लाख रुपये खर्च किए गए और मिलों तथा अन्य सेक्टर में 10,556 करोड़ 63 लाख रुपये खर्च किए गए। मैं माननीय मंत्री महोदय से जानना चाहता हूँ कि क्या यह सच है कि वर्ष 2007-08 में मिल क्षेत्र में महज 1,781 मिलियन वर्ग मीटर कपड़ा तैयार किया गया था, जबकि पावरलूम क्षेत्र में 34,736 मिलियन वर्ग मीटर कपड़ा तैयार हुआ था और हथकरघा के क्षेत्र में 6,947 मिलियन वर्ग मीटर कपड़ा तैयार हुआ था? मंत्री महोदय से मैं यह जानना चाहता हूँ कि जो क्षेत्र 1,781 मिलियन वर्ग मीटर कपड़ा तैयार करता है, उसको आप टेक्नोलॉजी अपग्रेडेशन के लिए 10,556,63 करोड़ रुपये देते हैं और जो क्षेत्र लगभग सात हजार मिलियन वर्ग मीटर कपड़ा तैयार करता है और 34,736 मिलियन वर्ग मीटर कपड़ा तैयार करता है, उसको आप केवल 408.50 करोड़ रुपये देते हैं, इसका क्या मतलब है? हम आपसे यह जानना चाहते हैं।

श्री शंकर सिंह वाघेला : सभापति महोदय, Technology Upgradation Fund Scheme बड़ी इंडस्ट्रीज, जो मशीन इम्पोर्ट करते हैं, उनके लिए है। मैं समझता हूँ कि 2004 और 2008 में इंडस्ट्री ने इसका काफी लाभ लिया है, जिससे एम्प्लायमेंट भी बढ़ा है। आप जो हैंडलूम की बात करते हैं, वह पावर से नहीं चलता है। एक लूम 8 हजार/10 हजार की होती है।

श्री शिवानन्द तिवारी : मैंने हैंडलूम और पावरलूम, दोनों के बारे में कहा है।

श्री शंकर सिंह वाघेला : पावरलूम के लिए जो भी स्कीम है, उसके तहत वे कई लाभ लेते हैं। लेकिन यह बड़ी स्कीम है, बड़े mill owners इसका उपयोग करते हैं। जो पुरानी मशीनरी इम्पोर्ट होती है, यह स्कीम उसके लिए है। पावरलूम के लिए भी जो सिस्टम है, इसमें लाभ लिया है लेकिन कम लाभ लिया है। लाभ लेना इनके हाथ में है और लाभ देना हमारे हाथ में है। जो प्रपोजल आता है, उसके हिसाब से हम लाभ देते हैं।

श्री शिवानन्द तिवारी : सभापति महोदय, कपड़ा उद्योग क्षेत्र में सबसे ज्यादा रोजगार हथकरघा और पावरलूम सेक्टर में मिलता है और यही दोनों क्षेत्र ऐसे हैं जो सबसे ज्यादा कपड़ा तैयार कर रहे हैं। अगर इनके मुकाबले देखा जाए तो यह जो मिल सेक्टर है, उसमें कपड़े का उत्पादन बहुत ही सीमित है। मैं मंत्री महोदय से जानना चाहता हूँ कि आज जब आर्थिक मन्दी है और कई उद्योग बन्द हो रहे हैं, वैसी हालत में कपड़ा उद्योग के अन्दर जो सबसे ज्यादा रोजगार देनेवाला क्षेत्र है, उसको आप क्यों neglect कर रहे हैं? इस बीच में हैंडलूम और पावरलूम सेक्टर में कितने उद्योग बन्द हुए हैं?

श्री शंकर सिंह वाघेला : सभापति महोदय, उद्योग बन्द हुए हैं, ऐसा नहीं है। स्लोडाउन जरूर है, लेकिन पावरलूम और हैंडलूम के comparison में spinning mills बड़ी इंडस्ट्रीज है और बड़ी मशीनें इम्पोर्ट करते हैं, इसलिए इनको बड़ा लाभ मिलता है। पावरलूम में छोटी मशीनें होती हैं, इसलिए छोटा लाभ मिलता है, जबकि हैंडलूम में मशीन होती ही नहीं है बल्कि अपना हथकरघा होता है। यह जो स्लोडाउन हो रहा है, वह इंटरनेशनल है जिसका इम्पैक्ट इंडिया पर भी आ रहा है, लेकिन इसके कारण कोई फैक्टरी बन्द हो गई, ऐसा हमारे पास कोई भी official figure नहीं आया है।

श्री शिवानन्द तिवारी : क्या आप इसका सर्वे करा कर कोई figure इकट्ठा करेंगे?

श्री शंकर सिंह वाघेला : वह process में है।

आजादी के बाद नई रेल लाइन नहीं

Rajya Sabha
[9 July, 2009]

श्री शिवानन्द तिवारी : धन्यवाद उपसभापति महोदय, जो रेल बजट पेश किया गया है, मुझे यह मानने में कोई संकोच नहीं है कि इसमें कई ऐसी बातें हैं जिनकी मैं सराहना करता हूँ। मुझे जो सबसे अच्छा लगा, वह यह कि 'इज्जत' के नाम से जो गरीबी रेखा के नीचे रहनेवाले लोग हैं, उनको 25 रुपये महीने पर एक सौ किलोमीटर यात्रा करने का मासिक टिकट दिया गया है। उसकी मैं अत्यधिक सराहना करता हूँ। उसी तरह से दिल्ली, चेन्नई और कोलकाता में महिलाओं के लिए जो विशेष ट्रेन चलाने की बात की गई है, उसकी भी मैं बहुत तारीफ करता हूँ। यह जो 25 रुपये वाला टिकट है, यह ईमानदारी के साथ गरीब लोगों को राहत पहुँचाने का काम है। महोदय, पूर्ववर्ती रेल मंत्री जी ने गरीबों के नाम पर air-conditioned ट्रेन चला दी, जिससे कभी गरीब चलते नहीं हैं—भाई राम गोपाल यादव जी ने कहा था। इस तरह से गरीबों का मज़ाक उड़ानेवाली जो बात थी, वह कम-से-कम ममता बनर्जी जी ने अपने रेल बजट में नहीं की, इस बात की मुझे बहुत खुशी है और मैं इसके लिए उनको बधाई देता हूँ। इसके अलावा कई नई रेलगाड़ियाँ चलाई गई हैं, नई रेलगाड़ियों की जरूरत भी है। आबादी बढ़ रही है, लोग ज्यादा संख्या में यात्रा कर रहे हैं इसलिए नई रेलगाड़ियों की जरूरत है। लेकिन मुझे यह समझने में परेशानी होती है कि हमारे यहाँ जो रेल लाइन है, पूरे देश की बात मैं नहीं जानता हूँ, लेकिन हावड़ा से दिल्ली की जो रेल लाइन है, मेन लाइन और grand chord line, इसमें पहले से ही इतनी अधिक गाड़ियाँ हैं कि यह लाइन एक दम chocked है। उसमें अगर आप नई गाड़ियों को चलाएँगे तो उनका टाइम टेबल कैसे मेंटेन करेंगे, यह बात मेरी समझ में नहीं आती है। यह दुर्भाग्य है कि आजादी के बाद हम लोग नई रेल लाइन नहीं बना पाए। जो पुरानी रेल लाइन अंग्रेजों के समय बनी हुई थी, उसी रेल लाइन पर अधिकांशत: हमारा काम चल रहा है। इस प्रकार इसे कैसे मेंटेन करेंगे, यह

रेल मंत्री महोदया के लिए चुनौती है। मुझे आशा है कि रेल मंत्री महोदया इस दिशा में कोशिश करेंगी। मैं एक बात की शिकायत मंत्री महोदया से जरूर करना चाहता हूँ। उन्होंने विश्वस्तरीय रेलवे स्टेशन बनाने की घोषणा की है। उसकी लिस्ट भी बनाई है लेकिन उसमें पटना छूट गया है। पटना क्यों छूटा, यह मैं नहीं जानता। हो सकता है कि पुराने रेल मंत्री और नई रेल मंत्री महोदया के बीच में जो रिश्ता है, उसमें कुछ खट्टापन हो, उसके कारण वह छूट गया है। लेकिन मैं उनसे अनुरोध करूँगा कि पटना मगध की राजधानी रही है और एक ज़माने में इस देश का इतिहास मगध का इतिहास रहा है। वहाँ नालन्दा देश और दुनिया का सबसे पुराना विश्वविद्यालय रहा है, जिसका पुनरुद्धार हम लोग करने जा रहे हैं। अमर्त्य सेन जी जिन्हें नोबल पुरस्कार हासिल है, उनकी अध्यक्षता में एक कमेटी बनी है, जिसमें कई मुल्क के लोग उसके पार्टनर हैं, जिनमें चीन है, जापान है, कोरिया है, बर्मा है। कई देशों ने मिल करके यह संकल्प लिया है कि नालन्दा को फिर से दुनिया के ज्ञान का एक मन्दिर हम लोग बनाएँगे। तो ऐसी महत्त्वपूर्ण जगह को उन्होंने कैसे छोड़ दिया है, मुझको लगता है कि अनजाने में यह छूटा है। तो मैं अनुरोध करूँगा कि इसको भी उस लिस्ट में शामिल करेंगे। बिहार के साथ कोई और पक्षपात की बात मैं नहीं करूँगा। इसलिए नहीं करूँगा, क्योंकि बोलने का अधिकार हमको नहीं है, क्योंकि पूर्ववर्ती रेल मंत्री बिहार के ही रहनेवाले थे। इसके अलावा वहाँ कई महत्त्वपूर्ण योजनाएँ हैं, जैसे पटना में गंगा नदी पर रेल और सड़क पुल बनाने का काम उनसे पहले जो रेलमंत्री नीतीश कुमार जी थे, उन्होंने शुरू किया था। मुंगेर में गंगा नदी पर रेल पुल बनाने का काम शुरू हुआ था। कोसी नदी पर रेल पुल बनाने का काम शुरू हुआ था। पूर्व प्रधानमंत्री श्री अटल बिहारी वाजपेयी ने उस काम का शुभारम्भ किया था। पटना की हालत ऐसी है कि गंगा नदी को पार करने के लिए एक सड़क पुल है जिसकी हालत खराब है, जिसकी वजह से वहाँ घंटों जाम लगा रहता है। बिहार के लोगों की यह अपेक्षा थी कि दीघा और पहलेजा के बीच में नया रेल पुल बन रहा है, जो सड़का का भी काम करेगा, उसके जल्दी बन जाने से असहनीय जाम से निजात मिलेगा। लेकिन कोई काम नहीं हुआ।

रेलवे के कोच की मेंटेनेंस के लिए हरनोत में फैक्टरी बनी थी, तत्कालीन राष्ट्रपति ए.पी.जे. अब्दुल कलाम ने वहाँ जाकर उसका शिलान्यास किया था। परन्तु आगे कोई कार्य नहीं हुआ। इसलिए बिहार के रेलमंत्री होते हुए बिहार में रेल की जो महत्त्वपूर्ण परियोजनाएँ थीं, वे पूरी नहीं हुईं, तो हम ममता जी से किस मुँह से शिकायत करेंगे? इसलिए मैं सिर्फ एक ही अनुरोध उनसे करूँगा कि पटना को भी वर्ल्ड क्लास स्टेशन बनाने की सूची में शामिल करें।

बजट डॉक्यूमेंट को पढ़ने के बाद एक चिन्ता जरूर होती है। ऐसा लगता है

कि रेलवे की जो एफिसिएंसी है, उसमें कमी होनेवाली है, क्योंकि 2009-10 में इन्वेस्टमेंट के लिए बहुत कम राशि रेलवे के पास है। फरवरी में अन्तरिम बजट पेश करते हुए पूर्व रेल मंत्री जी ने जो आँकड़ा दिया था, उसके मुकाबले ऐसा लगता है कि रेलवे की जो वित्तीय हालत है, उसमें बहुत खराबी आई है। हम लोगों को आश्चर्य है कि फरवरी में जो अन्तरिम बजट पेश किया गया था और उस समय रेलवे के फाइनेंसियल स्टेट्स के बारे में तत्कालीन रेलमंत्री ने जो कुछ बताया था, उसके मुकाबले वर्तमान रेलमंत्री जी ने जो बजट पेश किया है, उसमें इस तरह की कमी कैसे आई, यह हम लोगों की समझ में नहीं आता। जैसे रेल बजट में यह कहा गया है कि डिविडेंड देने के बाद सरप्लस की राशि आठ हजार सात सौ बहत्तर करोड़ रुपये बचेगी, जो आगे इन्वेस्टमेंट के लिए है। जबकि पूर्व मंत्री ने तेरह हजार पाँच सौ बयालीस करोड़ कैश सरप्लस की घोषणा की थी जो 2008-09 के मुकाबले कम थी। 2008-09 में यह राशि चौदह हजार छह सौ नौ करोड़ रुपये थी, जबकि अन्तरिम बजट में बताया था कि तेरह हजार पाँच सौ बयालीस करोड़ रुपये है। लेकिन वर्तमान रेलमंत्री जी कह रही हैं सिर्फ आठ हजार सात सौ बहत्तर करोड़ रुपये ही है। डिप्रिसिएशन फंड में भी 23.9 परसेंट यानी पाँच हजार तीन सौ पच्चीस करोड़ रुपये की कमी आई है, उसी तरह से केपिटल फंड में 88 परसेंट की कमी आई है, छह सौ बयालीस करोड़ की कमी आई है। यानी इस वर्ष वियर एंड टियर के लिए तथा इन्वेस्टमेंट के लिए रेलवे के पास कुछ कम राशि बचती है। अब मौजूदा वित्तीय वर्ष में इन्फ्रास्ट्रक्चर के लिए नई रेल लाइन के लिए, अमान परिवर्तन के लिए, लाइनों के दोहरीकरण की राशि में भी 11.55 की कमी आई है। रेल मंत्रालय इन मदों में सिर्फ छह हजार आठ सौ इक्कासी करोड़ रुपये खर्च करेगा, पिछले वर्ष रेलवे ने इस मद में सात हजार सौ नवासी करोड़ रुपया खर्च किया था। उपसभापति महोदय, मैं आपके माध्यम से रेलमंत्री जी से अनुरोध करना चाहूँगा कि जो फरवरी से लेकर इस बीच में फर्क आया है, यह फर्क क्यों आया है? इतनी बड़ी तब्दीली रेल के फाइनेंसियल स्टेटस में कैसे आई है? उन्होंने white paper निकालने की बात कही है, हम चाहेंगे कि रेल की वित्तीय स्थिति में जो अचानक परिवर्तन आया है, उसके बारे में निश्चित रूप से बताया जाए। पिछले पाँच वर्ष के रेल के कामकाज के बारे में white paper प्रस्तुत करने की बात वर्तमान रेल मंत्री जी ने कही है, इस पर काफी हंगामा मचा है। दूसरे सदन में कल यह बात उठाई गई, जो पूर्व रेलमंत्री जी की पार्टी के लोग हैं, उन्होंने कहा जब रेलवे घाटे में चल रही थी, उस काल का भी white paper में जिक्र होना चाहिए और यह बताया जाना चाहिए कि उस समय घाटा क्यों होता था? दो पूर्व रेल मंत्रियों के समय घाटे की बात थी, एक नीतीश कुमार जी और दूसरी ममता बनर्जी। मैं ममता बनर्जी जी

से यह कहूँगा कि वह पिछले रेल मंत्रियों के समय का भी लेखा-जोखा white paper में प्रस्तुत करें। इससे यह पता चलेगा कि यह जो दावा किया जा रहा था कि रेलवे का टर्निंग प्वाइंट है, जब लालू जी रेलमंत्री बने, तब शुरू हुआ, इसकी भी कलई खुल जाएगी।

पूर्व रेलमंत्री जी हमारे मित्र हैं, वह हमारे पुराने साथी हैं। मैं उनको स्कूल के जमाने से जानता हूँ और हम लोगों ने लम्बे अर्से तक साथ में काम किया है। हम लोग एक साथ जेल में रहे हैं, हम लोगों ने एक साथ पुलिस की लाठियाँ खाई हैं। इसलिए हम उनकी नस-नस को पहचानते हैं। हम जानते हैं कि किस तरह से रेलवे में 80 हजार करोड़, 90 हजार करोड़ मुनाफा दिखाया गया। हम इस बात को ग्रहण करने के लिए तैयार नहीं हैं। हम ही नहीं, पूरा देश इस बात को ग्रहण करने के लिए तैयार नहीं है कि कौन-सा चमत्कार हो गया? जिस आदमी के हाथ में बिहार प्रदेश का शासन 15 वर्षों तक रहा और जिसने बिहार का भट्ठा बैठा दिया, बिहार का ग्रोथ रेट पॉजिटिव से निगेटिव में चला गया, वह आदमी रेलवे का कायाकल्प कर ले, वह रेलवे का मुनाफा 90 हजार करोड़ तक पहुँचा दे, उसे हावर्ड यूनिवर्सिटी में लेक्चर देने के लिए बुलाया जाए, ये बात...*(व्यवधान)*...

श्री राजनीति प्रसाद : यह रिपोर्ट उनकी नहीं है, बल्कि सी.ए.जी. की रिपोर्ट है। ऐसा नहीं है कि यह लालू प्रसाद की रिपोर्ट है।

श्री उपसभापति : आप जब बोलेंगे, तब इस बारे में बोलिए।

श्री शिवानन्द तिवारी : इसको देश कबूल करने के लिए तैयार नहीं है। इसलिए मैं ममता बनर्जी जी से अनुरोध करूँगा कि white paper का जो मामला है, उसमें पिछले जो मंत्री रहे हैं, उनका जो कार्यकाल है, उसका समावेश भी उसमें किया जाए। हमारे साथी लीडर ऑफ द अपोजिशन श्री अरुण जेटली जी ने उस दिन कहा था कि जो 17 हजार करोड़ रुपये का सेफ्टी फंड बना था, रेलवे ट्रैक का जो सुदृढ़ीकरण हुआ, उसको जो बदला गया, उसी का नतीज़ा था कि आज एक्सल लोड बढ़ाया गया है। मुझको जो जानकारी है, मैं नहीं कह सकता हूँ कि यह जानकारी कितनी सही है, लेकिन मुझको यह बताया गया है कि रेलवे सेफ्टी कमिश्नर की इजाजत ली गई। रेलवे का जो एक्सल लोड बढ़ाया गया, उस पर रेलवे सेफ्टी कमिश्नर ने इजाजत नहीं दी थी। बगैर उसकी इजाजत के एक्सल लोड बढ़ाया गया। मैं रेलमंत्री जी से यह भी जानना चाहूँगा कि यह जो एक्सल लोड बढ़ाया गया, इसका क्या असर रेल की पटरियों पर पड़ा, रेल के संचालन में पड़ा? मुझे जो जानकारी है, उसके अनुसार रेलवे का वीयर एंड टीयर बढ़ा है।

जो अनुमान लगाया गया था कि रेलवे की पटरियाँ इतने साल तक काम करेंगी, उनकी लाइफ ओवर लोडिंग की वजह से शॉर्ट हो गई है।...(समय की घंटी)... पिछली बार जब रेलवे का इंटेरिम बजट लालू जी ने पेश किया था, उस समय मैंने भाषण के दौरान उदाहरण देकर बताया था कि कहाँ-कहाँ, कितना रेल लाइन क्रैक किया, कहाँ-कहाँ पर कितना नुकसान हुआ। इसके बारे में, मैंने एक विस्तृत जानकारी सदन में तत्कालीन रेलमंत्री जी के सामने दी थी। माननीय मंत्री जी ने इसको डिनाइ नहीं किया था।

उपसभापति महोदय, रेलवे ने लालू जी के समय में जिस तरह से काम किया, यह बहुत चिन्ताजनक बात है। जिस समय लालू यादव जी रेलमंत्री थे, मैंने पटना में प्रेस कॉन्फ्रेंस करके, एक बार नहीं, तीन-तीन बार आरोप लगाया था और सार्वजनिक रूप से आरोप लगाया था। मैंने कुछ पदाधिकारियों के बारे में आरोप लगाया था। ऐसे पदाधिकारी जिन पर भ्रष्टाचार के आरोप हैं, इनको इम्पोर्टेंट कुर्सी पर तत्कालीन रेल मंत्री ने बैठाया था। मैंने चुनौती देकर कहा था कि इसमें रुपये का लेनदेन हुआ है। अगर मेरा आरोप गलत है, तो रेलमंत्री मेरे ऊपर मानहानि का मुकदमा करें, यह मैंने कहा था और उस समय अखबारों में यह खबर छपी थी। यहाँ पर प्रेम चन्द गुप्ता जी जो उस समय के तत्कालीन रेल मंत्री के * मैंने चुनौती देकर कहा था, जिन-जिन लोगों के बारे में कहा था?... *(व्यवधान)*...

*Not recorded.

श्री उपसभापति : तिवारी साहब, आपका समय हो गया है, क्योंकि अभी काफी लोग हैं।

श्री शिवानन्द तिवारी : उपसभापति जी, बस दो मिनट है। एक * साहब हैं। जो Wagon Investment Scheme चली थी, उस समय बगैर Indian Railway Finance से इजाज़त लिए, उन्होंने 10 परसेंट की छूट दी थी।...*(व्यवधान)*...

*Not recorded.

श्री उपसभापति : आप नाम मत लीजिए।

श्री शिवानन्द तिवारी : रेलवे को 185 करोड़ रुपये का नुकसान हुआ था।... *(व्यवधान)*...

श्री उपसभापति : जो डिफेंड नहीं करते, उनका नाम नहीं ले सकते।

श्री शिवानन्द तिवारी : उपसभापति महोदय, उनके ऊपर विजिलेंस का मामला था। इसके बावजूद उनका मेम्बर (स्टाफ) बनाया गया। इसी तरह से मेम्बर (इलेक्ट्रिकल) *...*(व्यवधान)*...उनको बनाया गया।

*Not recorded.

श्री उपसभापति : आप नाम मत लीजिए। जो व्यक्ति यहाँ पर डिफेंड नहीं करते, उनके नाम मत लीजिए।

श्री शिवानन्द तिवारी : उनको मेम्बर (स्टाफ) बनाया गया, जिनके ऊपर विजिलेंस का मामला था।...*(व्यवधान)*...

श्री उपसभापति : जो व्यक्ति यहाँ डिफेंड नहीं करते, उनके नाम मत लीजिए।

श्री शिवानन्द तिवारी : जिन्होंने इनकम टैक्स रिटर्न में अपनी सम्पत्ति छिपाई थी, उनको मेम्बर (इलेक्ट्रिकल) बनाया गया और *...*(व्यवधान)*...बनाया गया।

*Not recorded.

श्री उपसभापति : देखिए, आप बार-बार नाम ले रहे हैं।...*(व्यवधान)*...इनको रिकॉर्ड से निकाल दीजिए।...*(व्यवधान)*...जिन ऑफिशियल के नाम हैं और जो यहाँ डिफेंड नहीं कर सकते, उनके नाम नहीं ले सकते। आप designation बोलिए!...*(व्यवधान)*...जिन ऑफिशियल के नाम हैं और जो यहाँ डिफेंड नहीं कर सकते, उनके नाम नहीं ले सकते। आप designation बोलिए!...*(व्यवधान)*...

श्री शिवानन्द तिवारी : मैं नाम नहीं ले रहा हूँ। मैं नाम वापस लेता हूँ, लेकिन मैं यह कह रहा हूँ कि जो मेम्बर (स्टॉफ) हैं और रेलवे का विजिलेंस डिपार्टमेंट उनके अन्तर्गत आता है। जानबूझकर मेम्बर (स्टाफ) ऐसे आदमी को बनाया गया, जब हम लोगों ने विजिलेंस में मामला दिया, हमारी पार्टी के अध्यक्ष श्री शरद यादव जी, हमारी पार्टी के बिहार प्रदेश के अध्यक्ष और लोकसभा के सदस्य राजीव ललन सिंह और हम लोग प्रधानमंत्री के पास डेलीगेशन लेकर गए और हम लोगों ने प्रधानमंत्री को डॉक्यूमेंट्स के साथ यह कागज दिया,...(समय की घंटी)...रेलवे में ग्रुप-डी की नौकरी के बारे में आप कल्पना भी नहीं कर सकते हैं कि गरीब लोगों से जमीन लिखवाकर नौकरी दी गई।...*(व्यवधान)*...

श्री राजनीति प्रसाद : ये बिना डॉक्युमेंट्स के बातें बोल रहे हैं।...*(व्यवधान)*...

श्री उपसभापति : राजनीति प्रसाद जी, आप जब बोलेंगे, तब बोलिए।...*(व्यवधान)*...

राजनीति प्रसाद जी, आप इधर देखिए।

श्री शिवानन्द तिवारी : प्रधानमंत्री को जाँच करने के लिए दिया और प्रधानमंत्री जी के यहाँ से हमारे पास चिट्ठी आई।...*(व्यवधान)*...उस डॉक्युमेंट को रेलवे विजिलेंस के यहाँ भेजा गया।...*(व्यवधान)*...और ऐसे आदमी को मेम्बर (स्टॉफ) बनाया गया और उसके हाथ में विजिलेंस दिया गया।...*(व्यवधान)*...

श्री उपसभापति : तिवारी जी, आप समाप्त कीजिए क्योंकि समय का अभाव है।

श्री शिवानन्द तिवारी : उपसभापति महोदय, मैं आपके माध्यम से माननीय रेलमंत्री जी से अनुरोध करूँगा कि मैंने जिनके बारे में आरोप लगाया है, उनकी जाँच करवाएँ और अगर मेरा आरोप गलत साबित हुआ, तो इसके लिए मैं कोई भी सजा भुगतने के लिए तैयार हूँ।

श्री उपसभापति : ठीक है, ठीक है। श्री मोती लाल वोरा।

श्री शिवानन्द तिवारी : ये दो, दो मेम्बर (स्टॉफ) और मेम्बर (इलेक्ट्रिकल) दोनों कैसे आदमी हैं, इनकी जाँच कराई जाए। इसी अनुरोध के साथ कि आपने मुझे बोलने का समय दिया, इसके लिए आपका आभार व्यक्त करते हुए, मैं अपनी बात समाप्त करता हूँ। बहुत-बहुत धन्यवाद।

कुपोषण और स्वास्थ्य मंत्रालय का औचित्य

Rajya Sabha
[22 July, 2009]

श्री शिवानन्द तिवारी : उपसभापति जी, श्री डी. राजा ने ठीक कहा कि हमारे मुल्क में जो अनुसूचित जाति और अन्य पिछड़े वर्ग के लोग हैं, उनकी आबादी 68 प्रतिशत है और इस 68 प्रतिशत आबादी के बारे में सरकार का दृष्टिकोण क्या है, यह वित्त मंत्री जी के बजट भाषण से समझा जा सकता है। उन्होंने अपने बजट भाषण में ओ.बी.सी. का एक बार भी नाम नहीं लिया। सिर्फ एक बार उन्होंने अनुसूचित जाति का, दलित शब्द का उच्चारण किया। तो सरकार का दृष्टिकोण पिछड़ी हुई आबादी, शोषित आबादी के बारे में क्या है, यह इसी से समझा जा सकता है। अब अगर पिछड़े वर्ग, दलित समाज के लोग, इस सरकार पर, बजट पर आरोप लगाएँ कि यह सवर्णवादी मानसिकता वाला बजट है, द्विजवादी मानसिकता वाला बजट है, तो मुझे नहीं लगता कि यह बात गलत होगी।

उपसभापति जी, मैं आपको स्मरण कराना चाहूँगा कि वर्ष 2006 में प्रधानमंत्री जी ने घोषणा की थी कि Scheduled Castes, Scheduled Tribes और Minorities में खासकर मुसलमानों को budget allotment में पर्याप्त भागीदारी मिलेगी। महोदय, उन्हें क्या पर्याप्त भागीदारी मिली है, यह बताने की जरूरत नहीं है। देश में पहली दफा 10 लाख करोड़ से ज्यादा का बजट पारित हुआ है। उसमें इतने बड़ी आबादी, 68 प्रतिशत के अतिरिक्त जो disabled लोग हैं, उनका भार भी इसी डिपार्टमेंट पर है। जो बुजुर्ग लोग हैं, उनका भी भार इसी डिपार्टमेंट पर है। सिर्फ 1900 करोड़ रुपये के लगभग इस बजट में allotment मिला है। तो इस डिपार्टमेंट की यह हालत है, फिर कैसे काम चलेगा? महोदय, इतनी बड़ी आबादी जो पिछड़ी है, गरीब है, जो आर्थिक व शैक्षणिक रूप से पिछड़ी है, उसकी तरक्की के लिए यह डिपार्टमेंट कैसे काम कर सकता है? मुझे लगता है कि यह जो इतना महत्त्वपूर्ण डिपार्टमेंट है, लेकिन सरकार ने कभी भी इस डिपार्टमेंट को अहमियत नहीं दी। इस डिपार्टमेंट को हमेशा, शुरू से लेकर आज तक, दोयम दर्जे के रूप में ट्रीट किया गया और

आज भी वही हालत है। मैं माननीय मंत्री जी को ध्यान दिलाना चाहूँगा कि जो Scheduled Castes Population है 53.9 प्रतिशत और ओ.बी.सी. पॉपुलेशन 48.8 परसेंट, उनकी महिलाएँ निपढ़ हैं, निरक्षर हैं, उन्हें कोई ज्ञान नहीं मिला है। इसमें सिर्फ Scheduled Castes की सिर्फ 2.8 प्रतिशत लड़कियाँ ही सेकेंडरी लेवल की एजुकेशन ले पाती हैं। इनकी यह हालत है। तो क्या इनकी हालत के सुधार के लिए माननीय मंत्री श्री मुकुल वासनिक जी ने, जोकि नौजवान और ऊर्जावान व्यक्ति हैं, इन्होंने Human Resource Ministry से बात करके कोई योजना बनाई है?

महोदय, अगर आप इनके स्वास्थ्य के बारे में ध्यान दें तो आपको बहुत चिन्ता होगी। महोदय Scheduled Castes की जो बहुसंख्यक आबादी है, उनमें बच्चे भी हैं, उनकी stunted growth है क्योंकि वे chronic malnutrition के शिकार हैं। उनकी लम्बाई धीरे-धीरे घट रही है। मैं मंत्री जी से पूछना चाहता हूँ कि इसके लिए क्या आपने स्वास्थ्य मंत्रालय से बातचीत करके कोई अलग से इन्तजाम किया है? अगर आपने ऐसा नहीं किया है तो इस मंत्रालय का औचित्य क्या है? महोदय, मैं आपको स्मरण कराना चाहूँगा, Sixth Five Year Plan में कहा गया था कि इस मंत्रालय की Scheduled Castes के लिए जो योजना बनती है, उसमें इस वर्ग के प्रतिनिधियों को involve नहीं किया जा सकता है। आप बजट के लिए corporate sector के लोगों और अलग-अलग लोगों को बुलाते हैं, लेबर डिपार्टमेंट का बजट बनता है, उसमें आप ट्रेंड यूनियंस के लोगों को बुलाते हैं, लेकिन जब Social Justice और Empowerment Ministry का बजट बनता है तो जो ओ.बी.सी. के तबके में काम करनेवाले लोग हैं, Scheduled Castes और Scheduled Tribes तबके में काम करनेवाले लोग हैं, उनके साथ चर्चा क्यों नहीं होती है कि उनके लिए क्या होना चाहिए? साथ ही सरकार जो कार्यक्रम बना रही है, वह उन तक सही ढंग से पहुँचे, इसके लिए सरकार उनके साथ राय-मशविरा क्यों नहीं करती है? महोदय, मैं आपको स्मरण कराना चाहूँगा, यह तय हुआ था कि सारी मिनिस्ट्रीज के अन्दर जो Scheduled Castes, OBC, disabled लोग हैं, उनके लिए Sub-Plan बनाया जाएगा, लेकिन वह भारत सरकार में आज तक कहीं नहीं बन पाया। मैं गुजारिश करना चाहूँगा कि हर विभाग में Sub-Plan बने।

उपसभापति महोदय, मैं चाहूँगा कि हर विभाग, चाहे वह स्वास्थ्य मंत्रालय हो या मानव संसाधन विकास मंत्रालय हो, इस तरह के जितने मंत्रालय हैं, उनमें OBCs और Scheduled Castes के लिए एक अलग से विभाग बने और उसमें इस बात की monitoring की व्यवस्था हो कि सरकार जो योजना बनाती है, उस योजना का लाभ उस तबके तक पहुँच रहा है या नहीं। मैं तो यह गुजारिश करना चाहूँगा कि प्रधानमंत्री जी को खुद यह विभाग अपने हाथ में ले लें। इतनी बड़ी आबादी है और आजादी के इतने दिनों बाद इतनी बड़ी आबादी की आज यह हालत है कि

उसे कुएँ से पानी भरने की इजाज़त भी नहीं मिलती है। हम अखबारों में पढ़ते हैं कि जो सवर्ण लोग हैं और जो अनुसूचित जाति के लोग हैं, उनके बीच में दीवार खड़ी कर दी जाती है, जैसे एक जमाने में बर्लिन में दीवार खड़ी की गई थी। उपसभापति महोदय, यह हालत है। इसलिए मैं चाहूँगा कि अगर सरकार सचमुच इस तबके के उत्थान के लिए, इसकी तालीमी और माली बेहतरी के लिए गम्भीर है तो इसे प्रधानमंत्री जी को अपने हाथ में लेना चाहिए और प्रधानमंत्री जी ने जो वादा किया था कि इस तबके को बजट में पर्याप्त अलॉकेशन मिलेगा, वह उन्हें मिलना चाहिए।

अन्त में, मैं एक और बात कहना चाहूँगा। अभी धर्मान्तरण की चर्चा हुई, जैसा डी. राजा साहब ने कहा। मेरा यह मानना है कि इस देश में आप धर्म बदल सकते हैं, लेकिन इस देश में जाति बदलना सम्भव नहीं है। जिन लोगों ने बराबरी के नारे पर चाहे इस्लाम कबूल किया हो या ईसाइयत कबूल किया हो, वे जिन धर्मों में गए, हिन्दू समाज में जो उनका status था, वहाँ भी उनका वही status रह गया। मैं सरकार से कहूँगा कि जिस तरह से आपने बौद्धों को आरक्षण दिया है, जिस तरह से आपने सिक्खों को आरक्षण दिया है, उसी तरह से श्री रंगनाथ मिश्र कमीशन की जो रिपोर्ट है कि मुस्लिम को अनुसूचित जाति की तरह ही आरक्षण का लाभ मिलना चाहिए। मैं यह कहना चाहूँगा कि यह आयोग सरकार ने बिठाया है, उसी आयोग की यह अनुशंसा है। अगर सकार इसको लागू नहीं करती है तो इसका मतलब सरकार की नीयत में खोट है। इसी के साथ, मैं एक बार फिर अनुरोध करूँगा कि इस तबके के लिए बजट में पर्याप्त allocation मिले और इस तबके की बेहतरी के लिए जो योजना बन रही है, प्रधानमंत्री जी खुद उसकी monitoring करें। इसी के साथ आपको धन्यवाद देते हुए मैं अपनी बात खत्म करता हूँ।

बिहार की विशेष स्थिति

Rajya Sabha
[24 July, 2009]

श्री शिवानन्द तिवारी : उपसभाध्यक्ष जी, सूखे की वजह से पूरे देश की हालत खराब है। अभी जो खाद्यान्न पदार्थों की कीमत बाजार में है, उसको देखते हुए आगे कल्पना करने में भी डर लगता है कि जो सुखाड़ की स्थिति है, उसमें चीजों की कीमत क्या होगी? बिहार के बारे में, इन्होंने बताया है। मैं सिर्फ दो-तीन बातें बिहार के सम्बन्ध में कहना चाहता हूँ। बिहार में बिहार सरकार ने जो सर्वेक्षण कराया है, उसमें गरीबी रेखा के नीचे रहनेवालों की तादाद करीब डेढ़ करोड़ है, लेकिन भारत सरकार के योजना आयोग के अनुसार वह सिर्फ 65 लाख लोगों को ही बीपीएल के हिसाब से पीडीएस के लिए अन्न की आपूर्ति करती है। मैं माननीय कृषि मंत्री जी से अनुरोध करूँगा कि बिहार की विशेष स्थिति को देखते हुए, वहाँ पीडीएस का कोटा, राशन की आपूर्ति का कोटा बढ़ाएँ। मैं दूसरी बात यह कहना चाहता हूँ कि बिहार के मुख्यमंत्री ने भी बिजली की आपूर्ति बढ़ाने के लिए कहा है, बिजली का कंजम्पशन पर केपीटा बिहार में सबसे कम है, इसलिए मैं माननीय मंत्री जी से अनुरोध करूँगा कि for the time being इस सिचुएशन से बाहर निकलने के लिए बिजली का सेंट्रल पूल से कोटा बढ़ाया जाए। इसके लिए बिहार के मुख्यमंत्री ने भी केन्द्र सरकार से अनुरोध किया है। तीसरी और अन्तिम बात मैं यह कहना चाहता हूँ कि fodder का भी भारी संकट उपस्थित होनेवाला है, fodder के बारे में क्या उपाय मंत्री जी करने जा रहे हैं, इसकी भी जानकारी सदन को देने की कृपा करें। धन्यवाद।

अमर्यादित सेक्स और हिंसा

Rajya Sabha
[27 July, 2009]

श्री शिवानन्द तिवारी : उपसभापति जी, यह सदन बहुत गम्भीरता के साथ इस सवाल पर चर्चा कर रहा है और मुझसे पहले बोलनेवाले सदस्यों ने विस्तार से इस पर अपनी बातें रखी हैं, इसलिए इसमें बहुत ज्यादा जोड़ने की गुंजाइश मेरे पास नहीं है। मैं इतना जरूर कहूँगा कि टी.वी. चैनल वालों का यह कहना है कि लोग देखना चाहते हैं, इसलिए हम दिखाते हैं। मैं यह मानता हूँ कि sex and violence—ये दोनों चीजें ऐसी हैं, जिनके प्रति इनसान की उत्सुकता बहुत ज्यादा रहती है, लेकिन जैसे-जैसे सभ्यता का विकास हुआ, वैसे-वैसे मनुष्य ने समझा कि यदि sex and violence को मर्यादित नहीं किया गया, यदि उसको अनुशासित नहीं किया गया, संयमित नहीं किया गया, तो इनसान और समाज चल नहीं सकता है। इसलिए धीरे-धीरे sex and violence को अनुशासित बनाने के लिए समाज ने नियम और कायदे बनाए। सभ्यता के विकास के दौर में जिस ढंग से sex and violence को संयमित करने का प्रयास हुआ है, उसको फिर से अराजक बनाने की आज जो चेष्टा हो रही है, उस पर सदन की चिन्ता बिलकुल जायज़ है। मैं श्याम बेनेगल जी की बात से बिलकुल सहमत हूँ कि एक रेगुलेटरी अथॉरिटी बननी चाहिए, लेकिन सरकार के हाथ में उसको रेगुलेट का अधिकार दिया जाए, मैं इससे बिलकुल असहमत हूँ। हमको याद है कि बिहार में एक बार हमारे यहाँ कांग्रेस पार्टी की सरकार थी और पंडित जगन्नाथ मिश्र जी उसके मुख्यमंत्री हुआ करते थे, वे एक Press Bill लेकर आए थे और यह भ्रम पैदा हुआ था कि उस Press Bill के जरिये, प्रेस की आजादी को नियंत्रित करने की कोशिश होगी और हम सब लोगों ने उसके खिलाफ आन्दोलन किया था। उस आन्दोलन में हमने लाठी खाई थी और हम करीब डेढ़ महीने तक जेल में रहे थे। इसलिए हम प्रेस की आजादी के पक्षधर हैं और यह मानते हैं कि प्रेस को नियंत्रित करने का कोई भी अधिकार सरकार के हाथ में नहीं रहना चाहिए। उस मामले में श्याम बेनेगल जी ने जो सुझाव दिया है, मैं उस सुझाव

के साथ सहमत हूँ कि इसमें सिविल सोसायटी के लोगों को, प्रेस के प्रतिनिधियों को रखा जाना चाहिए और सरकार के प्रतिनिधि भी उसमें रहें।

ऐसी एक Regulatory Body बननी चाहिए, लेकिन वह दंत-विहीन और नख-विहीन नहीं होनी चाहिए। आज जैसे Press Council of India है, आप उसके सामने कोई शिकायत कीजिए, उसको कोई सुननेवाला नहीं है। जैसे वृंदा जी ने जिस अखबार की कतरन आपको दिखाई, आप उसको पढ़िए। उसको पढ़ने के बाद ऐसा लग रहा है कि पूरे दिल्ली शहर के लोगों को उकसाया जा रहा है, भड़काया जा रहा है कि तुम सार्वजनिक जगहों पर औरतों को पीछे से च्यूंटी काटो। अगर काटते हो, तो तुम बहादुर हो या तुमको तमगा मिलेगा। एक राष्ट्रीय अखबार के द्वारा इस तरह से भड़काना, जिसका बहुत सम्मान के साथ नाम लिया जाता है, उस तरह का अखबार इस तरह का विज्ञापन और इस तरह का competition चलाता है और हम लोग इसको चुपचाप देखते रहें? मैं तो अम्बिका जी को कहूँगा कि सबसे पहले यह जो आपके सामने चुनौती है कि जिस तरह के कार्यक्रम का और प्रतियोगिता का विज्ञापन इस अखबार ने निकाला है, इसके खिलाफ मुकदमा चलना चाहिए। इसके Editor और प्रकाशक के खिलाफ आपराधिक मामला दर्ज होना चाहिए। मैं इस बात का समर्थन करते हुए कि एक Regulatory Body बने और उसको ताकत दिया जाए और यह अधिकार दिया जाए कि वह जो फैसला करे, वह फैसला लागू हो। इसी के साथ मैं आपको धन्यवाद देते हुए अपनी बात समाप्त करता हूँ।

बचत पर इंटरेस्ट

Rajya Sabha
[28 July, 2009]

श्री शिवानन्द तिवारी : सभापति महोदय, यह जो घरेलू बचत है, देश में जो कुल बचत है, उसमें सबसे बड़ा हिस्सा इसी का है। 2006-07 में देश का कुल बचत 34.8 परसेंट था, जिसमें घरेलू बचत का अनुपात 23.8 परसेंट था। सरकार ने जो जवाब दिया है, उसके अनुसार सरकार अलग-अलग बचत योजनाओं में जो इंटरेस्ट देती है, वह किसी में 6.5 परसेंट है, किसी में 6.50 परसेंट है तथा वरिष्ठ नागरिक बचत योजना जो पाँच वर्ष की है उसमें सबसे ज्यादा 9 परसेंट का इंटरेस्ट है। दूसरी तरफ सरकार ने अपने जवाब में बताया है कि जो उपभोक्ता मूल्य सूचकांक है, वह 10 परसेंट से ऊपर है। तो इस प्रकार जो बचत योजना में जमा करता है, उनको नुकसान होता है। मैं जानना चाहता हूँ कि क्या सरकार कंज्यूमर प्राइस इंडेक्स के अनुसार बचत पर इंटरेस्ट देने के बारे में विचार कर रही है, ताकि बचत को और आकर्षक बनाया जा सके?

Shri Pranab Mukherjee : Sir, we always encourage the savings through various instrumentalities. As the hon. Member is aware of the fact that the rate of domestic savings, in India, is one bright point of our economy, and if you make a comparison between the rate of investment and the rate of domestic savings, you will find that a substantial quantum of our rate of investment is coming from our domestic savings. For example, in 2007-08, the rate of investment was around 39 per cent of the GDP and the rate of domestic savings was around 36 per cent. That means the gap between our total savings and our total investment was only three per cent, which we manage from other sources. So, there is an important role of the domestic savings, and always, various measures are being taken to encourage to save through banking and various other instruments. Small savings instrument is one such instrument, and we are utilising it, but it would be difficult for me to give any blanket assurance that it will be linked with the consumer price index because in this country itself, there is no one, and uniform consumer price index like many other countries. We have four consumer price indexes – one for the agricultural labour, one for the non-manual urban employees, one for the rural labour and one for the organised labour. Therefore, it is not possible to give any blanket assurance. Surely, we shall have to try and see, as far as possible, the saver's interest is protected.

श्री सभापति : श्री नाच्चीयप्पन।

श्री शिवानन्द तिवारी : सभापति महोदय, दो सवाल तो...।

श्री सभापति : देखिए, कल मैंने हाउस में कहा था कि दो सप्लीमेंट्रीज पहले सवाल पूछनेवाले मेम्बर का हक होता है।

श्री शिवानन्द तिवारी : सर, दोनों के मिलाकर तीन होते हैं।

श्री सभापति : तीन नहीं होते हैं।

श्री शिवानन्द तिवारी : सर, दो सवाल तो कम-से-कम पूछने की इजाजत होनी चाहिए।...*(व्यवधान)*...

Dr. T. Subbarami Reddy : Sir, in the Rajya Sabha, from the beginning, for the last fifteen years, the second Member is also eligible for two supplementary questions. It is being followed. It is a convention.

Mr. Chairman : I will go along with this for the moment, I would inform the House later about certain...

Ms. Mabel Rebello : Sir,...

Dr. T. Subbarami Reddy : It is being followed for the last fifteen years.

Mr. Chairman : You were not present in the General Purpose Committee yesterday. Certain recommendations, have been adopted. But for the time being, please go ahead.

श्री शिवानन्द तिवारी : सभापति महोदय, यह जो कॉरपोरेट सेक्टर है, उसकी बचत की वर्ष 2006-07 की फिगर्स मेरे पास हैं, माननीय मंत्री जी के पास लेटेस्ट फिगर्स होंगी, जो 23.8 परसेंट हाउस होल्ड की बचत है, उसके मुकाबले में कॉरपोरेट

सेक्टर की बचत 7.8 परसेंट है। सरकार की ओर से कॉरपोरेट सेक्टर को तरह-तरह की सुविधाएँ दी जाती हैं, जबकि हाउस होल्ड बचत की बहुत बड़ी भूमिका सरकार की spending में होती है। मैं सरकार से जानना चाहता हूँ कि जो अन-ऑर्गनाइज्ड सेक्टर में काम करनेवाले लोग हैं, जो ग्रामीण क्षेत्र में मजदूरी करनेवाले लोग हैं, उनके हितों को ध्यान में रखते हुए, क्या कंज्यूमर प्राइज इंडेक्स का कोई फार्मूला बनाने पर सरकार विचार कर रही है?

अधिकांश थालियों से दाल गायब

Rajya Sabha
[29 July, 2009]

श्री शिवानन्द तिवारी : उपसभाध्यक्ष जी, धन्यवाद। मैं सबसे पहले यह बता देना चाहूँगा कि मुझे अर्थशास्त्र और फाइनेंशियल सिस्टम की बहुत ज्यादा जानकारी नहीं है, लेकिन लम्बे अरसे से एक पॉलिटिकल वर्कर और सोशल वर्कर के रूप में समाज के बीच में काम करने का जो मौका मिला है, उसके आधार पर ही देश की जो आर्थिक नीति है, जिसकी झलक इस बजट में मिलती है, उसको देखता हूँ। अभी हमारे मित्र रवि शंकर प्रसाद जी ने कहा कि प्रणव बाबू जो बजट पेश कर रहे हैं, देश बहुत उत्सुकता के साथ उसको देख रहा है। मैं इस मामले में उनके साथ सहमत नहीं हूँ। इस देश के आम आदमी को बजट से क्या मतलब है? देश की आर्थिक स्थिति, देश की आजादी के बाद लगातार जो बजट पेश किए जाते रहे हैं, उनसे इस देश के आम आदमी की हालत सुधरी नहीं है। उपसभाध्यक्ष जी, मैं कह सकता हूँ कि उसकी हालत बिगड़ी है। उसे लगता है कि आजादी के इतने बरस बाद हमें अब ठहरकर देखना चाहिए कि आजादी के बाद जिन आर्थिक नीतियों को हम चलाते रहे, उन नीतियों की वजह से देश में गरीबी घटी है, देश में बेरोजगारी घटी है, देश में भ्रष्टाचार घटा है, यह जाँचने-परखने का समय आ गया है। मैं यह मानता हूँ कि ब्रिटिश साम्राज्यवाद के खिलाफ इस देश में जो जंग हुई थी और हमारी आजादी के नायकों ने देश के लोगों के साथ जो वायदा किया था, उसकी वायदाखिलाफी हुई है। माननीय उपसभाध्यक्ष महोदय, आप मानिएगा कि हमारी आजादी के संघर्ष के मुख्य नायक महात्मा गांधी थे। उन्होंने ही आजादी के बाद देश की तस्वीर क्या होगी, आजादी के बाद देश की आर्थिक नीति क्या होगी, इसके बारे में जनता को शिक्षित करने और बताने का काम किया था। आजादी के बाद देश की आर्थिक नीति क्या होगी, इस सम्बन्ध में मैं गांधी जी के शब्दों को आपके सामने रखना चाहूँगा। उन्होंने कहा था कि जिस तरह सच्चे नीति-धर्म में और अच्छे अर्थशास्त्र में कोई विरोध नहीं होता...। "...जो अर्थशास्त्र धन की पूजा

करना सिखाता है और बलवानों को निर्बलों का शोषण करके धन का संग्रह करने की सुविधा देता है, उसे शास्त्र का नाम नहीं दिया जा सकता है।" यह महात्मा गांधी ने कहा है। आगे उनका कहना है, "आर्थिक समानता के लिए वह तो एक झूठी चीज है, जिससे हमें कोई लाभ नहीं हो सकता। उसे अपनाकर हम मृत्यु को न्योता देंगे। सच्चा अर्थशास्त्र तो सामाजिक न्याय की हिमायत करता है, वह समान भाव से सबकी भलाई का, जिनमें कमजोर भी शामिल हैं, प्रयत्न करता है।" यह गांधी जी का कहना है। आज तक हमारे देश में जो आर्थिक नीति चली है, अगर इस कसौटी पर हम उसे जाँचने और परखने का काम करेंगे, तो पता चलेगा कि हम देश में जो आर्थिक नीति चला रहे हैं, वह नैतिक नहीं, अनैतिक है। इसने भ्रष्टाचार को जन्म दिया है। इस देश में एक से बढ़कर एक स्कैंडल्स हो रहे हैं। उपसभाध्यक्ष महोदय, अभी परसों-नरसों यहाँ Information and Technology Ministry के बारे में चर्चा हो रही थी और लीडर ऑफ ऑपोजीशन सहित कई लोगों ने सन्देह जताया, मंत्री से pointed सवाल किया कि इसमें 60-70 हजार करोड़ रुपये की गड़बड़ी हुई है। मैं भी यहाँ बैठा सुन रहा था और मंत्री जी के जवाब से सन्तुष्ट नहीं था। आज के अखबारों में भी खबर छपी है, जिसमें बताया गया है कि कारपोरेट सेक्टर में लड़ाई हो रही है, जिसमें एक पक्ष दूसरे पक्ष पर आरोप लगा रहा है कि सरकार 50 हजार करोड़ रुपये का मुनाफा देने जा रही है। यही आर्थिक नीति इस देश में चल रही है।

उपसभाध्यक्ष महोदय, मैं कोई अन्दाज से नहीं बोल रहा हूँ, आप आँकड़ों के दृष्टिकोण से भी देखेंगे, तो इस देश में गरीबी बढ़ रही है। अभी इसी 24 जुलाई को ज्ञान प्रकाश पिलानिया जी के सवाल के जवाब में खुद सरकार ने माना है और बताया है कि राष्ट्रीय परिवार स्वास्थ्य सर्वेक्षण—3 2007-08 के अनुसार इस देश में 69.5 प्रतिशत बच्चे, जिनमें 71.5 प्रतिशत ग्रामीण बच्चे और 73 प्रतिशत शहरी बच्चे और 15-49 वर्ष की आयु की 55.3 प्रतिशत महिलाएँ रक्त-अल्पता की शिकार हैं, anemic हैं। यह अभी 24 जुलाई को बताया गया है। उपसभाध्यक्ष महोदय, यह हमारे देश की हालत है। हमारे देश की अधिकांश महिलाएँ, अधिकांश बच्चे anemic हैं, उनमें खून की कमी है, उनका वजन घट रहा है। हम गर्भवती महिलाओं को अच्छी खुराक नहीं दे पाते हैं। यह मेडिकल साइंस के जरिये साबित है कि जब गर्भ में बच्चे का formation होता है, आगे चलकर वह किस तरह का आदमी बनेगा, किस तरह का बच्चा बनेगा, यह उसी समय decide हो जाता है। हमारे देश के अधिकांश बच्चे कुपोषण के शिकार हैं। उनकी height नहीं बढ़ रही है, उनका mental development नहीं हो रहा है और हम कह रहे हैं कि हम दुनिया में एक आर्थिक शक्ति बनने जा रहे हैं।

उपसभाध्यक्ष महोदय, मैं आपको बताना चाहूँगा कि हमारे देश में हालत क्या

है। 1956-57 में प्रति व्यक्ति दाल की खपत 72 ग्राम थी। आप जानते हैं कि दाल ही गरीब आदमी के प्रोटीन हासिल करने का जरिया होता है। गरीबों के बीच यह कहावत थी कि हम दाल-रोटी खानेवाले जीव हैं। उस दाल की आज क्या हालत है? 1956-57 में देश के आजाद होने के बाद नई-नई बात थी, उस समय हम 72 ग्राम दाल खाते थे। 1990-91 में दाल की खपत प्रति व्यक्ति 42 ग्राम हो गई और 2005-06 में 33 ग्राम। आज हमें नहीं मालूम है कि 33 ग्राम दाल भी कई थालियों से, जिस ढंग से दाल की कीमत हम अखबारों में पढ़ते हैं, अधिकांश थालियों से दाल गायब हो चुकी है। आजादी के इतने वर्षों के बाद हम जो आर्थिक नीति चला रहे हैं, यह उसकी उपलब्धि है! यही नहीं, जो अनाज है, गेहूँ है, चावल है, उनकी भी प्रति व्यक्ति खपत इस देश में घटी है।

उपसभाध्यक्ष महोदय, हमारे देश के किसानों की क्या हालत है? स्वामीनाथन जी कहते हैं कि जब हम खेती की बात करते हैं, तो इसका मतलब है कि हम 70 करोड़ लोगों की बात करते हैं। उन 70 करोड़ लोगों की क्या हालत है? नमो नारायण मीणा जी ने एक सवाल के जवाब में बताया था कि उनके अनुसार पिछले 30 वर्षों में ग्रामीण परिवार पर कर्ज का बोझ 25 गुना बढ़ गया है। 1971 में प्रति ग्रामीण परिवार औसत कर्ज 487 रुपये था, जो 2003 में 12,585 करोड़ रुपये हो गया।

उपसभाध्यक्ष महोदय, यही हमारे देश की आर्थिक नीति की उपलब्धि है। मैं यह कह रहा था कि जिन आर्थिक नीतियों को हम चला रहे हैं, उनसे हम क्या हासिल कर रहे हैं, यह बात मेरी समझ में नहीं आती है। इस सरकार को बहुमत मिला है, हमको इसमें एक बात अच्छी लगी। जब सरकार ने शपथ ग्रहण किया था, उससे पहले अखबारों में खबर छपती थी कि फाइनांस मिनिस्टर कोई टेक्नोक्रेट होगा। हमें इस बात की खुशी है कि प्रणब दा फाइनांस मिनिस्टर बने हैं, कोई टेक्नोक्रेट नहीं बना है। क्योंकि जो आर्थिक सर्वेक्षण सदन में प्रस्तुत किया गया था, उस आर्थिक सर्वेक्षण को पढ़ने के बाद यह डर लग रहा है कि हमारी जो सार्वजनिक कम्पनियाँ हैं, उनका भी विनिवेश हो जाएगा। और तो और, बैंक भी प्राइवेट सैक्टर में चले जाएँगे। हमें इस बात का डर लग रहा था, लेकिन मैं हमेशा यह पसन्द करता हूँ कि कोई टेक्नोक्रेट आदमी फाइनांस मिनिस्टर बने, उससे बेहतर है कि पब्लिक लाइफ का कोई आदमी इस मंत्रालय का काम सँभाले।

उपसभाध्यक्ष (प्रो. पी.जे. कुरियन) : टाइम खत्म हो गया।

श्री शिवानन्द तिवारी : बस, मैं खत्म कर रहा हूँ। प्रणब मुखर्जी जी ने जो एक आश्वासन दिया है, उससे हमको जरूर खुशी होती है। उन्होंने कहा है कि बैंकों

का विनिवेश नहीं होगा। बैंक हमारे हाथ में मजबूत साधन हैं और उन्हीं के जरिये जिस तबके को भी हम कुछ देना चाहते हैं, उसको हम दे सकते हैं। लेकिन इसमें संतोष करने लायक बात कुछ नहीं है। मैं यह कहूँगा कि जिस तरह से भ्रष्टाचार इस देश में बढ़ रहा है, जिस तरह से समाज में मनुष्य के जीवन की गुणवत्ता खत्म हो रही है, आज आपने आदमी को बिलकुल एक कंज्यूमर बना करके रख दिया है। उसके जीवन का एक ही लक्ष्य रह गया है कि कैसे हम धन हासिल करें और उस धन के जरिये जो बाजार में उत्पाद बिक रहे हैं, जितना विज्ञापन टेलीविज़न और सिनेमा के जरिये हो रहा है, उसको हम कैसे हासिल करें। आज मनुष्य के जीवन का एक मात्र लक्ष्य यही रह गया है, बाकी सारी चीजें खत्म हो गई हैं। कांग्रेस पार्टी गांधी जी का बहुत नाम लेती है, गांधी जी ने कहा था कि जिस आर्थिक नीति को आप चला रहे हैं, वह आर्थिक नीति अनैतिक है...(समय की घंटी)...वह भ्रष्टाचार को जन्म दे रही है, गैर-बराबरी को बढ़ा रही है, भूखमरी को बढ़ा रही है...*(व्यवधान)*...

उपसभाध्यक्ष (प्रो. पी.जे. कुरियन) : तिवारी जी, तिवारी जी, प्लीज, हो गया।

श्री शिवानन्द तिवारी : अंग्रेजों के जमाने में अकाल पड़ता था, लेकिन अंग्रेजों के जमने में हमने कभी यह नहीं सुना कि तब किसान आत्महत्या करता था। आजादी के बाद देश इतना आगे बढ़ा है कि आज इस देश में लाखों किसान आत्महत्या कर रहे हैं...*(व्यवधान)*...

उपसभाध्यक्ष (प्रो. पी.जे. कुरियन) : समाप्त करो, तिवारी जी।

श्री शिवानन्द तिवारी : और आप कह रहे हैं कि आप देश को विकास के रास्ते पर ले जा रहे हैं। नहीं, देश को आप विकास के रास्ते पर नहीं, विनाश के रास्ते पर ले जा रहे हैं...*(व्यवधान)*...

उपसभाध्यक्ष (प्रो. पी.जे. कुरियन) : तिवारी जी, आपका समय समाप्त हो गया।

श्री शिवानन्द तिवारी : इस बजट से भी मैं किसी तरह की उम्मीद नहीं करता हूँ कि देश के गरीब आदमी की बेहतरी होगी अथवा बेरोज़गारों को लाभ मिलेगा। इसकी कहीं से कोई उम्मीद नहीं है...*(व्यवधान)*...

उपसभाध्यक्ष (प्रो. पी.जे. कुरियन) : तिवारी जी, बस, आपका समय हो गया।

श्री शिवानन्द तिवारी : वित्त मंत्री जी को इस पर फिर से सोचना चाहिए और गरीबों के उत्थान के लिए हाउस में वह नये ढंग से बजट लेकर आएँ।...*(व्यवधान)*...

उपसभाध्यक्ष (प्रो. पी.जे. कुरियन) : तिवारी जी, हो गया।

श्री शिवानन्द तिवारी : इसी अनुरोध के साथ, आपको धन्यवाद देते हुए मैं अपनी बात खत्म करता हूँ।

परमाणु ऊर्जा नीति

Rajya Sabha
[30 July, 2009]

श्री शिवानन्द तिवारी : सभापति महोदय, अभी जैसा कि माननीय मंत्री जी ने बताया कि 25000 megawatt nuclear energy से ऊर्जा तैयार करने की योजना है। मैं यह जानना चाहता हूँ कि nuclear energy तैयार करने की जो टेक्नॉलोजी है और जो raw material है तथा जो पूँजी बता रहे हैं, ये सब चीजें बाहर से ही आयातित करनी पड़ेंगी। हम टेक्नॉलोजी भी बाहर से मँगा रहे हैं और हमारा raw material भी बाहर से ही आएगा, तो ऐसी हालत में जो raw material सप्लाई करनेवाले देश हैं, टेक्नॉलोजी सप्लाई करनेवाले देश हैं, क्या वे हमारी नीतियों को प्रभावित नहीं करेंगे?

चालीस परसेंट किसान किसानी छोड़ना चाहते हैं

Rajya Sabha
[25 Nov, 2009]

श्री शिवानन्द तिवारी : सभापति महोदय, सरकार ने अपने उत्तर में बताया है कि ICRIER संगठन से इन लोगों ने संगठित क्षेत्र में जो खुदरा व्यापार है, उसके बारे में अध्ययन करवाया है और उस अध्ययन की रिपोर्ट इसमें जारी की है। यह पूरी की पूरी स्टडी ऑर्गेनाइज्ड सेक्टर के लोगों, संगठित क्षेत्र जो रीटेल में हैं, उनके पक्ष में है। फ्लड गेट खोलने के लिए लगता है कि जैसे जान-बूझकर स्टडी करवाई गई है ताकि और लोगों को भी इस मामले में लाइसेंस दिया जा सके, जबकि इस देश में स्वतंत्र एजेंसियों ने भी, संगठित क्षेत्र के खुदरा व्यापार का असंगठित क्षेत्र पर क्या असर पड़ा है, इसका अध्ययन किया है। उस अध्ययन से यह बात सामने आई है कि इसका रोजगार के मामले में और अन्य मामलों में भी इस देश पर दुष्प्रभाव पड़ा है। हम जानते हैं कि असंगठित क्षेत्र में करीब 3.5 करोड़ से 4 करोड़ लोग एम्प्लॉयड हैं, हम सरकार से जानना चाहते हैं कि यह जो बिलकुल biased report है, इसको खारिज करके क्या दूसरी स्वतंत्र एजेंसी से उसका अध्ययन करवाएँगे?

श्री आनन्द शर्मा : सभापति महोदय, मैं आपके माध्यम से माननीय को बताना चाहता हूँ कि जो ICRIER की रिपोर्ट है, इसके अन्दर संगठित और असंगठित क्षेत्र में जो व्यापार है, उससे क्या प्रभाव पड़ा है, इसके लिए कराई गई थी। सरकार रिपोर्ट को स्वीकार नहीं कर रही थी, लेकिन जनता के सामने रिपोर्ट का ब्योरा दिया गया था। जैसा कि मैंने प्रश्न के उत्तर में बताया है कि हमारे देश के अन्दर जो डोमेस्टिक इन्वेस्टर्स हैं, उनको रिटेल सेक्टर में जाने पर कोई पाबन्दी नहीं है। ऑर्गनाइज्ड और अन-ऑर्गनाइज्ड रिटेल को अगर देखा जाए, तो 96 प्रतिशत रिटेल असंगठित क्षेत्र में हैं और केवल चार प्रतिशत संगठित क्षेत्र में देश के अन्दर हैं। आनेवाले वर्षों में इसमें हर वर्ष 13 प्रतिशत की बढ़ोतरी होगी और

11 प्रतिशत असंगठित क्षेत्र में बढ़ोतरी होगी। यह सही है कि इसमें साढ़े तीन करोड़ से ज्यादा लोगों को रोजगार मिला है और जिस तरह से रिटेल का कारोबार देश में बढ़ रहा है, लोगों की आमदनी को देखते हुए, जहाँ पहले 37 करोड़ लोग 90 हजार औसत आमदनी सालाना रखते थे, अब 62 करोड़ लोग सन् 2011-2012 तक इतनी आमदनी रखेंगे, इसलिए बढ़ोत्तरी होगी। इससे रोजगार भी बढ़ रहा है।

सभापति महोदय, मैं एक बात और कहना चाहता हूँ कि संगठित क्षेत्र में आर्गनाइज्ड रिटेल से किसान को जो लाभ हो रहा है, मैं उसको भी सदन के सामने रखना चाहूँगा। किसान को उसकी उपज की ज्यादा कीमत मिलती है, उसको ज्यादा मुनाफा मिलता है बनिस्पत इसके कि वह मंडी में बेचे। फिर 96 प्रतिशत वहाँ का खुदरा व्यापार असंगठित क्षेत्र में है। असंगठित क्षेत्र में आज भी और आनेवाले वर्षों में भी बढ़ोतरी होगी, कमी नहीं होगी।

श्री शिवानन्द तिवारी : सभापति महोदय, जिस रिपोर्ट की नीयत के बारे में मैंने सन्देह व्यक्त किया है, उसी रिपोर्ट का हवाला देकर संगठित क्षेत्र में खुदरा व्यापार का समर्थन मंत्री जी ने किया है। मंत्री जी ने किसानों के बारे में कहा है कि किसानों को ज्यादा मुनाफा मिल रहा है। नेशनल सेम्पल सर्वे आर्गनाइजेशन ने जो सर्वे किया है, उसमें 40 परसेंट किसानों ने यह कहा है कि अगर हमें कोई दूसरा धंधा मिलेगा तो हम किसान का धंधा छोड़ देंगे। मैंने मंत्री जी से यह सवाल पूछा था कि यह रिपोर्ट संगठित क्षेत्र के पक्ष में है। क्या ऐसी भी स्वतंत्र एजेंसियाँ हैं, जिन्होंने इसके दुष्प्रभाव के बारे में चिन्ता व्यक्त की है कि रोजगार पर क्या प्रभाव पड़ा है और दूसरे क्षेत्रों पर क्या प्रभाव पड़ा है? मैंने स्पेसिफिक ढंग से पूछा है कि क्या इस विषय पर, मंत्री जी, सरकार दूसरा अध्ययन करवाना चाहती है?

श्री आनन्द शर्मा : सभापति महोदय, मैंने पहले भी माननीय सदस्य को बताया है कि असंगठित क्षेत्र में कोई प्रतिकूल प्रभाव नहीं पड़ा है और न ही रोजगार पर पड़ा है। रोजगार भी बढ़ा है और व्यापार भी बढ़ा है।...*(व्यवधान)*... मैं रिपोर्ट के माध्यम से कह रहा हूँ। मैं आपकी जानकारी के लिए दोबारा दोहरा रहा हूँ कि आज भी 96 प्रतिशत खुदरा व्यापार असंगठित क्षेत्र के अन्दर है, केवल चार प्रतिशत संगठित क्षेत्र में है। जो आपका डोमेस्टिक इन्वेस्टर है, उस पर इस देश के कानून में कोई पाबन्दी नहीं है और न ही ऐसी कोई नीति है।...*(व्यवधान)*...जो प्रश्न माननीय सदस्य पूछ रहे हैं, मैं उसी का उत्तर दूँगा।...*(व्यवधान)*...

श्री शिवानन्द तिवारी : जो सवाल पूछा गया है, उसका जवाब नहीं दिया गया है और इसी बात को दोहराया जा रहा है। ये इससे पहले भी यह बात कह चुके हैं।

श्री आनन्द शर्मा : देखिए, जब जवाब एक ही है, तो मैं दो जवाब कैसे दे दूँ? आप नीयत की बात कर रहे हैं, तो मैं आपकी सन्तुष्टि के लिए अपनी सरकार की बदनीयती स्वीकार करूँ और आपकी बात को मान लूँ?...*(व्यवधान)*...मैं ऐसा उत्तर नहीं दे सकता।...*(व्यवधान)*...

श्री शिवानन्द तिवारी : मैंने यह नहीं कहा है।...*(व्यवधान)*...मैंने कहा है कि क्या आप दूसरा अध्ययन करवाएँगे?...*(व्यवधान)*...आप दूसरी स्टडी करवाएँगे, मैं यह जानना चाहता हूँ?...*(व्यवधान)*...क्या सरकार दूसरी स्टडी करवाने के लिए तैयार है?

वायदा बाजार और कीमतों में वृद्धि

Rajya Sabha
[25 February, 2010]

श्री शिवानन्द तिवारी : उपसभापति महोदय, आपने मुझे बोलने का समय दिया, इसके लिए मैं आपका बहुत आभारी हूँ। इस सदन में महँगाई पर हम आठ बार चर्चा कर चुके हैं और नवीं बार चर्चा का कोई नतीजा नहीं निकला, दामों में बेतहाशा इजाफा होता रहा और हमको लगता है कि इस बारे में जो बहस कर रहे हैं, उसका क्या नतीजा निकलेगा, यह कहना कठिन है क्योंकि लगता है कि महँगाई के सामने सरकार ने बिलकुल घुटने टेक दिए हैं, आत्मसमर्पण कर दिया है। हल्दी-चूना बन गई है यह सरकार, यह हालत है। जिस तेजी से चीजों के दाम बढ़ रहे हैं, इसके पीछे क्या कारण है, कौन-सा वर्ग है, यह बात समझ में नहीं आती। हमारे साथी, नेता विरोधी दल अरुण जेटली जी जब बोल रहे थे, तब उन्होंने दालों की कीमतों के बारे में कहा कि दालों की कीमत लगभग सेंचुरी तक पहुँच गई है। वे क्रिकेट के साथ जुड़े हुए हैं, इसलिए उन्होंने क्रिकेट के साथ उसकी तुलना की। हमारे यहाँ एक कहावत है कि 'दाल रोटी खाओ, प्रभु के गुण गाओ।' अब दाल खाए बगैर प्रभु का गुण गाने के लिए इस देश के लोग बाध्य हैं। क्या हालत है दाल की? 1951 में इस देश में प्रति व्यक्ति 60.7 ग्राम दाल उपलब्ध थी। 1959 में यह उपलब्धता 74 ग्राम से ऊपर हो गई और आज 2007 में यह सिर्फ 35.5 ग्राम प्रति व्यक्ति उपलब्ध है। आप जानते हैं कि इस देश का बहुमत शाकाहारी है और शाकाहारियों के लिए प्रोटीन का ज़रिया दाल है। महोदय, अभी कुपोषण की बात हुई और कई सदस्यों ने ज़िक्र किया कि उसका बहुत ही बड़ा कारण है कि दाल की उपलब्धता नहीं है। 1994-95 में जो दाल 34 रुपये किलो बिक रही थी, उसके दाम आज सेंचुरी में पहुँच गए हैं और अरहर की दाल 90 रुपये, 95 रुपये किलो बिकी, यह तो हमारे देश की हालत है।

चीनी के दाम के बारे में अरुण जी बता रहे थे कि कितने परसेंट बढ़ गए। सबसे दुखद बात है, जले पर नमक छिड़कनेवाली बात है, जब यह कहा गया

कि साहब, चीनी मत खाइए, चीनी न खाकर लोग मर नहीं गए हैं। यह कैसी बेशर्मी है? जिन लोगों को दाम पर नियंत्रण रखना है, वे इस तरह से जवाब दे रहे हैं कि आप मत खाइए। हमें याद आया, अमरीका के राष्ट्रपति बुश साहब ने कहा था कि जो अन्न की कीमत बढ़ रही है, उसके पीछे कारण यह है कि चीन और हिन्दुस्तान के लोग ज्यादा भोजन कर रहे हैं, इसलिए चीजों के दाम बढ़ रहे हैं। एक हम लोगों का देश है। हमारे प्रधानमंत्री जी जब अमरीका गए तो उन्होंने बुश साहब को कहा कि आप हमारे देश में बहुत लोकप्रिय हैं। इसलिए लोकप्रिय हैं कि वे कह रहे हैं कि हम लोग ज्यादा खा रहे हैं इसलिए दुनिया में खाद्यान्नों की कीमत बढ़ रही है। यह हम लोगों की हालत है। महोदय, चीनी का दाम इतना कैसे बढ़ा, यह बात समझ में नहीं आती है। यह बात सही है कि गन्ने का उत्पादन 2008-09 में कम हुआ। 2007-08 में अन्तरराष्ट्रीय मंडी में चीनी का दाम बहुत कम था, चीनी मिलों ने गन्ना नहीं खरीदा। किसानों का गन्ना खेत में सूख गया, लोगों को जलाना पड़ा और अगले साल लोगों ने गन्ने की पैदावार कम की इसलिए चीनी मिलें कह रही हैं कि गन्ने का उत्पादन कम हुआ, इसलिए चीनी का उत्पादन कम होगा, चीनी का दाम ऊपर जाएगा। लेकिन मैं आपको स्मरण कराना चाहता हूँ—यहाँ पर शरद पवार जी बैठे हैं—सरकार ने दावा किया था कि हमारे पास 110 लाख टन चीनी का भंडार है, इसलिए चीनी का कितना भी कम उत्पादन होगा, चीनी के दामों में वृद्धि नहीं होगी। इसके बावजूद चीनी के दामों में वृद्धि कैसे हुई, यह बात हमारी समझ में नहीं आती है। महोदय, महाराष्ट्र के एक कांग्रेसी नेता हैं—कन्हैया लाल डिडवानी साहब—वे फूड कॉरपोरेशन ऑफ इंडिया के डायरेक्टर थे। उन्होंने प्रधानमंत्री को चिट्ठी लिखी, कृषि मंत्री को चिट्ठी लिखी कि चीनी में सट्टा बाजार हो रहा है, वायदा बाजार हो रहा है। चीनी का दाम नकली ढंग से मुनाफाखोर और जमाखोर लोग बढ़ा रहे हैं, इस पर आप अंकुश लगाइए। मैं खुद नहीं कहना चाहता हूँ, लेकिन डिडवानी साहब ने देश के कृषि मंत्री पर आरोप लगाया कि ये गरीबों के आदमी नहीं हैं, ये अमीरों के आदमी हैं और इनकी वजह से चीनी का दाम बढ़ रहा है, यह उनका कहना है। यह हालत इस देश की है। उन्होंने वायदा बाजार के बारे में कहा। हमारी समझ में यह नहीं आता कि वायदा बाजार क्या है। लेकिन हमने जब वायदा बाजार के बारे में जानकारी इकट्ठी की तो हमें बहुत आश्चर्य हुआ। यह आर्थिक सर्वेक्षण जो आज हम लोगों को दिया गया है, इस आर्थिक सर्वेक्षण में अगर आप वायदा बाजार का वॉल्यूम देखें तो आश्चर्य होता है। 2005 में जो वायदा बाजार 15-16 लाख करोड़ का था, वह 2007 में 36,54,487 करोड़ रुपये का हो गया है। यह आर्थिक सर्वेक्षण कह रहा है कि वही वायदा बाजार 2008 में 50,33,884 करोड़ का हो गया और 2009 में 70,90,456 करोड़ रुपये

का हो गया। यह वायदा बाजार अद्भुत है और अद्भुत ढंग से इसकी वृद्धि हो रही है। मैंने कहीं पढ़ा कि हिसाब लगाकर बताया गया कि इस वायदा बाजार में जो ट्रांजेक्शन है, उस पर अगर आप 1 परसेंट का टैक्स लगाइए तो जो आपका फिस्कल डेफिसिट है, राजकोषीय घाटा है, वह घाटा पूरा हो जाता है। दूसरे ढंग से अगर आप हिसाब लगाकर देखें कि अगर इसमें 2 परसेंट मुनाफा है, तो इस वायदा बाजार के कारोबार से लगभग 1 लाख करोड़ रुपये का मुनाफा है। वायदा बाजार की यह हालत है और ये लोग बहुत ताकतवर हैं। पिछले बजट में वित्त मंत्री जी ने वायदा बाजार के ट्रांजेक्शन पर टैक्स लगाया था। कितना टैक्स लगाया था—0.013 परसेंट। 0.1 परसेंट भी नहीं, आधा परसेंट भी नहीं, केवल 0.013 परसेंट टैक्स लगाया। आप जानते हैं कि ये कितने ताकतवर लोग हैं। एक आदमी ने भी टैक्स नहीं दिया और सरकार को उसे वापस लेना पड़ा—वायदा बाजार इतना ताकतवर है। यह सही बात है कि 2003-04 में जब एनडीए की सरकार थी, उस समय वायदा बाजार को इजाजत दी गई, 103 जिन्सों में वायदा बाजार को इजाजत दी गई। उस समय तर्क था कि वायदा बाजार कीमतों में स्थिरता लाएगा, दाम में बढ़ोतरी नहीं होगी।

किसानों को फायदा मिलेगा और उनके उत्पादन का उचित मूल्य उनको मिलेगा और उपभोक्ताओं को भी सही भाव में उनके उपभोग की सामग्री मिलेगी, इस तर्क के आधार पर वायदा बाजार को इजाजत मिली थी। अब क्या हालत है? उस इजाजत से पहले भी दामों में वृद्धि होती थी। हमको याद है कि इन्दिरा जी जब प्रधानमंत्री थीं तो उस समय तेलों की कीमतें बढ़ गई थीं। हम समाजवादी लोग, लोहियावादी लोग नारे लगाते थे कि 'यह देखो इन्दिरा के खेल—खा गई राशन, पी गई तेल।' बीच में प्याज का दाम बढ़ा था। प्याज के दाम पर सरकार चली गई थी। उस समय एकाध जिन्स का दाम बढ़ता था। लेकिन जब से वायदा बाजार आया है, तब से एक-एक आइटम में चीजों के दामों में आग लगी हुई है और कोई देखनेवाला नहीं है। वायदा बाजार पर हाथ डालने की हिम्मत इस सरकार में नहीं है। यह हालत हो गई है कि चीजों का उत्पादन कुछ और है और हमने देखा है कि हालत क्या है, वायदा बाजार किस तरह से काम कर रहा है। उसका एक नमूना आप देख लीजिए। 2005-06 में ग्वार की आपूर्ति सिर्फ 6 लाख टन थी। 6 लाख टन ग्वार पैदा हुआ और इसमें कितने का कारोबार हुआ? माने 1692 लाख टन का वायदा बाजार में कारोबार हुआ। यही हाल चने में रहा। आप देख लीजिए कि पैदावार कितनी है? बाजार में चने की आपूर्ति 6 लाख टन हुई और वायदा बाजार में कारोबार 742.55 लाख टन का हुआ। चीजों का पता नहीं है, सिर्फ मार्जन पर व्यापार हो रहा है। जो हमारा उत्पादन है, उसके 6 गुने, 8 गुने, 10 गुने पर वायदा कारोबार हो रहा है। आप जाइए और पूछिए कि जो छोटे-छोटे

दुकानदार हैं, जिनकी किराना की दुकानें हैं, उनसे पूछिए कि भैया, क्यों दाम बढ़ रहा है? अभी तुम दाल इस भाव पर दे रहे थे और आज दस रुपये, पन्द्रह रुपये कैसे बढ़ गया? वह कहता है कि वायदा बाजार है, वायदा बाजार के चलते दाम बढ़ रहा है। आप मुर्गी पोसनेवाले, अंडा बेचनेवाले कारोबारियों से पूछिए कि क्यों दाम बढ़ रहा है? वे लोग कहते हैं कि वायदा बाजार का कमाल है। लेकिन यह सरकार कह रही है, जब हल्ला हुआ तो इन्होंने एक कमेटी बना दी। उस कमेटी ने, मेरा आरोप है कि जाल फरेब के आधार पर उन्होंने ऐसे-ऐसे जिन्सों के बारे में जाँच-पड़ताल की जिनका होलसेल प्राइस इंडेक्स में वजन कम है, वैसे-वैसे जिन्सों का दाम ले करके उन्होंने साबित कर दिया कि नहीं साहब, वायदा बाजार से दामों में बढ़ोतरी नहीं होती है। इस प्रकार खुलेआम वायदा बाजार इसी तरह से चल रहा है, इसी तरह से यह देश चल रहा है। अभी कई माननीय सदस्यों ने भाषण किया और बहुत ईमानदारी के साथ उन्होंने कहा कि देश में गरीबों की जो हालत है, उनको राहत पहुँचाने के लिए पी.डी.एस. में राशन मुहैया कराया जाए, ताकि वे जिन्दा रह सकें, यह सरकार की नीति है। जो खाने-पीने की वस्तुएँ हैं, उनके उत्पादन को बढ़ाने की सरकार की जो कोई नीति है, वह कहीं से नहीं दिखाई देती है। यहाँ कृषि मंत्री जी बैठे हुए हैं। 2004-05 को शरद पवार जी ने 15 हजार करोड़ रुपये के राष्ट्रीय बागबानी मिशन की घोषणा करते हुए सदन में कहा था कि देश में गेहूँ, चावल का उत्पादन कम करो। यह कहा जा रहा है कि गेहूँ, चावल का उत्पादन कम कीजिए और ऐसी चीजों का उत्पादन कीजिए जिनको आप एक्सपोर्ट कर सकें, जिनका आप निर्यात कर सकें। आप फूल पैदा कीजिए, आप झींगा मछली पैदा कीजिए, आप सोयाबीन पैदा कीजिए, ताकि यूरोप और अमरीका के मांस खानेवाले जानवरों को उसकी खल्ली मिल सके। यह जो कहा जा रहा है, यह जो उपदेश दिया जा रहा है और धीरे-धीरे क्या हालत हो रही है? इन लोगों ने एक एडवाइजरी नियुक्त किया था। वह एडवाइजर McKinsey कम्पनी थी। उस कम्पनी ने इनका जो फूड कॉर्पोरेशन ऑफ इंडिया है, उसके बारे में जाँच करके यह बताया कि यह जो आप अनाज का भंडार रखते हैं, इसमें काफी खर्चा है, इस खर्चे को आप धीरे-धीरे घटाइए। फूड कॉर्पोरेशन ऑफ इंडिया ने अपने यहाँ नई बहाली करना छोड़ दिया है। यहाँ से आठ हजार, दस हजार लोगों को निकालने की योजना है। यह क्यों हो रहा है, मैं आपको बतलाना चाहता हूँ कि 1991 में विश्व बैंक ने भारत सम्बन्धी एक दस्तावेज जारी किया। उस दस्तावेज में विश्व बैंक ने क्या कहा कि गेहूँ और चावल के सुरक्षित कार्यशील भडारों के ऊँचे भंडारों के ऊँचे स्तर...।

1991 में क्या ऊँचा स्तर था? 190 लाख टन का हम लोगों ने अपने भंडार में अनाज रखा था। क्या कहा? यह कहा कि ये जो भंडार हैं, ये खर्चीले और

गैर-जरूरी, दोनों हैं। भारतीय खाद्य निगम की नई भूमिका तथा बाजार के हस्तक्षेप के नये उद्देश्यों को देखते हुए ऐसा विशेषकर माना जा सकता है!...*(व्यवधान)*...

श्री उपसभापति : तिवारी जी।

श्री शिवानन्द तिवारी : कम उत्पादन के वर्षों में विश्व बाजार में प्रवेश करके, आपूर्ति बढ़ाकर तथा खरीद के लिए विदेशी मुद्रा की व्यवस्था रखकर भारत कम सुरक्षित भंडारों से भी काम चला सकता है, विश्व बैंक ने हमको यह निर्देश दिया था और उसी निर्देश पर यह काम हो रहा है, लेकिन क्या हालत है? जब हिन्दुस्तान को, हमारे मुल्क को गेहूँ की जरूरत होती है तो विश्व बाजार में दाम बढ़ जाता है। हमारे कृषि मंत्री जी ने एक साल में तीन-तीन दाम देकर गेहूँ का आयात किया था, लेकिन जब हमें विश्व बाजार में पच्चीस लाख बेचना होता है, तो बाजार में क्या होता है? तब विश्व बाजार में दाम घट जाता है। यह साबित करता है कि सरकार यह नहीं चाहती है कि हम खाद्यान्नों के मामले में स्वावलम्बी हों। सरकार यह नहीं चाहती कि इस देश का गरीब आवाम...*(व्यवधान)*...जिसकी तादाद तीन-चौथाई है, सही से खा-पी सके।

उपसभापति महोदय, मुझे यह लगता है कि हम लोग अपना धर्म निभा रहे हैं। देश के जो कमजोर लोग हैं, उनकी आवाज को यहाँ उठा रहे हैं, लेकिन यह सरकार अपना राजधर्म पालन करने में बिलकुल असमर्थ है। यह गरीबों के हित में नहीं, बल्कि पूँजीपतियों, अमीरों, वादा बाजार कारोबारियों के हित में काम करनेवाली सरकार है। अगर इस सरकार को शर्म हो, तो दाम के सवाल पर ही इस्तीफा दे देना चाहिए। इनको बैठे रहने का कोई अधिकार नहीं है।

ऊँची जाति और अति पिछड़ों का प्रतिनिधित्व

Rajya Sabha
[9 March, 2010]

श्री शिवानन्द तिवारी : सभापति महोदय, मैं जनता दल यूनाइटेड की ओर से वूमेन रिजर्वेशन बिल के समर्थन में खड़ा हुआ हूँ। सभापति महोदय, हमको इस बात का फख्र है कि बिहार में नीतीश कुमार जी के नेतृत्व में हमारी जो सरकार है, वह सरकार चल रही है। वह पहले ऐसी सरकार है जिसने औरतों को 50 परसेंट आरक्षण देने का काम किया है। मुझको इस बात की भी खुशी है कि उसका अनुकरण न सिर्फ कई राज्य सरकारें कर रही हैं, बल्कि केन्द्र सरकार ने भी पंचायती राज में 33 परसेंट आरक्षण को 50 परसेंट करने का निर्णय लिया है। हम लोगों को इस बात की खुशी है।

[श्री उपसभापति पीठासीन हुए]

उपसभापति महोदय, हम लोग आरक्षण के भीतर आरक्षण की माँग काफी दिनों से करते आए हैं और उसके पीछे हमारा एक तर्क रहा है। आप जानते हैं कि हमारे देश में जाति व्यवस्था वाला समाज है और पैदाइश के आधार पर गैर-बराबरी की हमारे समाज में लम्बे समय से मान्यता रही है। उसी का परिणाम है कि 1952 में जो पहला चुनाव हुआ, उसमें आपने देखा होगा, लोकसभा में जो ओ.बी.सी. हैं, जो पिछड़ी जातियाँ हैं, उनका प्रतिनिधित्व मात्र 12 प्रतिशत था, ऐसे हिन्दी बेल्ट से 64 प्रतिशत ऊँची जाति के लोग लोकसभा में जीतकर आते थे, यह स्थिति थी। लेकिन वोट की राजनीति ने इस स्थिति को बदला और धीरे-धीरे जो अन्य पिछड़ी जातियाँ जिनकी तादाद ज्यादा थी, जिनकी संख्या ज्यादा थी, उनका प्रतिनिधित्व लोकसभा में बढ़ने लगा। आपको जानकर खुशी होगी कि 1977 में जब पहली दफे कांग्रेस की सरकार दिल्ली से हटी, उसके बाद ऊँची जातियों का प्रतिनिधित्व घटा और पिछड़ी जातियों का प्रतिनिधित्व लोकसभा में बढ़ा। आज यह हालत है कि लोकसभा में 30 प्रतिशत से ज्यादा ओ.बी.सी. के सदस्य उपस्थित हैं। यह वहाँ

स्थिति है। ऊँची जाति के लोग जो वहाँ 64 परसेंट से ऊपर सिर्फ हिन्दी बेल्ट से आते थे, आज उनकी तादाद 33 परसेंट और उससे भी कम हो गई है। यही हाल सारे राज्यों में हुआ है। हमको लगता है कि शायद हिन्दुस्तान में एकमात्र पश्चिम बंगाल ऐसा राज्य है, जो उल्टी दिशा में चल रहा है। 1972 से 1996 के बीच में अगर आप वेस्ट बंगाल असेंबली के सोशल कम्पोजिशन को देखेंगे तो वहाँ 38 परसेंट से 50 परसेंट तक ऊँची जाति के लोगों का रिप्रजेंटेशन हो गया है। बाकी राज्यों में ऊँची जाति का रिप्रजेंटेशन घट रहा है लेकिन पश्चिम बंगाल में जहाँ 30 वर्षों तक क्रांतिकारी सरकार रही है, वहाँ पिछड़ी जातियों की तादाद घटी है और 50 फीसदी ऊँची जातियों का वहाँ प्रतिनिधित्व हो गया है। यही नहीं, उपसभापति महोदय, जो वहाँ का मंत्रिमंडल है, उस मंत्रिमंडल में भी देखिएगा कि 50 परसेंट से अधिक लोग वे सिर्फ एक ही बिरादरी, वैद्य बिरादरी, ब्राह्मण बिरादरी, इन दो-तीन बिरादरियों में से हैं। यह फैक्च्यूअल स्थिति है। आरक्षण के भीतर आरक्षण हम अब भी चाहते हैं, लेकिन किसका? ओ.बी.सी. एक बहुत बड़ा तबका है और ओ.बी.सी. में ऐसी-ऐसी जातियाँ हैं, एक तो जिनका संख्या बल ज्यादा है, जिनको हम मिडिल कॉस्ट कहते हैं और ऐसी भी जातियाँ हैं जो छोटी-छोटी संख्याओं में, अनेक जातियों में बँटी हुई हैं, वे चुनाव लड़ नहीं पाती हैं। हमको इस बात का फख्र है कि बिहार में हमारी सरकार ने पंचायती राज व्यवस्था में नगर निकायों में जिनको एक्स्ट्रीमली बैकवॉर्ड कहा जाता है, अति पिछड़ी जातियाँ कहा जाता है, उनको हम लोगों ने आरक्षण दिया। इस आरक्षण का यह नतीजा निकला कि हमारे यहाँ समाज का लोकतंत्रीकरण हुआ और जो हमारा उग्रवाद है, वह इसकी वजह से कमजोर हुआ। हमारे यहाँ जो उग्रवाद था, हम लोगों ने उसकी रीढ़ को भी कमजोर किया। जो उग्रवाद का सामाजिक आधार था, जहाँ से उनको ताकत मिलती थी, उस ताकत को हम लोगों ने कमजोर किया। हमारे यहाँ ऐसी-ऐसी जातियों के लोग प्रमुख बने हैं, जिला परिषद् के अध्यक्ष बने हैं, जो वार्ड का चुनाव लड़ने की कल्पना भी नहीं कर सकते थे। हम यह चाहते थे कि ऐसी जातियों को चिन्हित किया जाता और उनको इस आरक्षण में जगह दी जाती। मैं एक गम्भीर और महत्त्वपूर्ण बात और कहना चाहता हूँ। यहाँ पर प्रधानमंत्री जी मौजूद हैं, उनके सामने कहना चाहता हूँ। मैंने कई मुसलमान साथियों से बात की है और मैं आपको ईमानदारी के साथ कहना चाहता हूँ कि उनके मन में इस बात की आशंका है कि आज का जो लोकतंत्र है, इस लोकतंत्र में, आबादी के अनुपात में उनको प्रतिनिधित्व नहीं मिल रहा है। लोकसभा में मुस्लिम समाज के 27 या 28 लोग हैं और 2001 की जनगणना के अनुसार उनकी आबादी 13.4 है। उनके 60 या 62 प्रतिनिधि होने चाहिए थे, जबकि वे कुल 27 या 28 हैं। उनको इस बात की आशंका है कि यह जो महिलाओं का आरक्षण होगा, तो उसमें करीब 279 या 280 जनरल सीट लड़ने

के लिए होंगे। उनका यह कहना है कि हमारे मर्द तो जीत नहीं पाते हैं। हमारे यहाँ मुस्लिम महिलाएँ कितनी हैं, तो इससे हमारी तादाद और घट जाएगी। उनमें एक प्रकार से अलगाव की भावना पैदा हो रही है। आपको याद होगा pre independence era में जब यह सवाल उठा था कि इस तरह का लोकतंत्र आएगा, वोट का राज होगा तो बहुमत में हिन्दू हैं, हम मुसलमान माइनोरिटी में हैं, हमको हमारा हिस्सा नहीं मिल पाएगा। यह जो उनके मन में आशंका थी, उस समय उस आशंका को देश का नेतृत्व निर्मूल नहीं कर पाया, उसका नतीजा हुआ कि देश का विभाजन हुआ। देश के विभाजन के बाद भी संविधान सभा बैठी हुई थी, उस संविधान सभा में कुछ मुस्लिम प्रतिनिधियों ने इसको उठाया था कि जिस तरह से अंग्रेजों के समय में एक मुसलमानों का सेपरेट इलेक्ट्रोरल था, वह आजादी के बाद भी उनको मिले। आप उस Constituent Assembly की डिबेट को पढ़िए प्रधानमंत्री जी, आप तो बड़े विद्वान आदमी हैं। आपने पढ़ा होगा कि किस तरह से धमकी देकर मुसलमानों को चुप करा दिया गया। उनके मन में जो आशंका है, उस आशंका को निकालने का इन्तजाम भी आपको करना पड़ेगा, नहीं तो देश का जो वातावरण है, इतनी ज्यादा आबादी, 13.6 प्रतिशत आबादी, इस आबादी के मन में आशंका हो कि हमारे साथ भेदभाव हो रहा है, हमको इंसाफ नहीं मिल रहा है, तो यह देश के स्वास्थ्य के लिए अच्छा नहीं होगा।...(समय की घंटी)...इसलिए मैं आपसे आग्रह करूँगा कि आप इस बात को भी ध्यान में रखेंगे। रंगनाथ मिश्र कमेटी ने, जो मुसलमानों में दलित जातियाँ हैं, उनको भी हिन्दू दलित जातियों के समान आरक्षण देने की बात कही है आज जो शैड्यूल्ड कास्ट का रिजर्वेशन असेम्बली और पार्लियामेंट में है, उसका लाभ मुस्लिम समाज के कुछ तबके को मिल सकता था।...(समय की घंटी)... ये जो आशंकाएँ हैं, इन आशंकाओं को आपने दूर किया होता, इन आशंकाओं को आपने इस बिल में दूर किया होता, तो यह बिल ज्यादा बेहतर बनता। मैं एक अन्तिम बात कहकर अपनी बात समाप्त करूँगा। हमारे साथी विरोधी दल के नेता श्री अरुण जेटली जी ने कहा कि बेहतर है, सबसे बेहतर है कि आप जो आरक्षण देने जा रहे हैं, इस आरक्षण के बारे में ऐसा कानून बनाइए कि पॉलिटिकल पार्टियों के लिए कम्पलसरी हो जाए कि 33 परसेंट उम्मीदवार वे महिलाओं को बनाएँ।... (समय की घंटी)...ये जो आप रोटेशनवाइज सीटें रिजर्व करने जा रहे हैं, पंचायतों में हमने इसको रोटेशनवाइज किया था, उसका परिणाम बहुत अच्छा नहीं आया, उसको हम लोगों को बदलना होगा।

श्री उपसभापति : तिवारी जी, आप समाप्त कीजिए। श्री तारिक अनवर।

श्री शिवानन्द तिवारी : इसलिए बेहतर होगा, ज्यादा उम्मीदवार महिलाएँ बन पाएँगी, अगर आप इलेक्शन लॉ में परिवर्तन करके पार्टियों के ऊपर बन्दिश लगा

दें कि हर पार्टी को 33 प्रतिशत उम्मीदवार महिलाओं को बनाना होगा। मैं उम्मीद करता हूँ कि यह जो सुझाव आया है,...(समय की घंटी)...उस सुझाव को आप इस बिल में इनकॉर्पोरेट करेंगे, ताकि सब लोग उत्साह के साथ इस बिल का समर्थन कर सकें। इसी के साथ इस बिल का समर्थन करते हुए, मैं अपनी बात समाप्त करता हूँ।

जगदीश मास्टर कैसे बने पहले नक्सलवादी नेता

Rajya Sabha
[15 April, 2010]

श्री शिवानन्द तिवारी : धन्यवाद, उपसभापति महोदय। दन्तेवाड़ा में जो कुछ हुआ, हमारी पार्टी उसकी घोर निन्दा करती है और मृतक परिवारों के प्रति हम अपनी सहानुभूति प्रकट करते हैं। मैं अपने उन साथियों से सहमत हूँ, जिन्होंने यह कहा कि दन्तेवाड़ा की घटना कोई अचानक घटित नहीं हुई है। मैं बिहार से आता हूँ और मुझे याद है कि वहाँ पर 1970 में नक्सलवाद की पहली घटना हुई थी। सहार थाने के चौरी पुलिस आउटपोस्ट पर नक्सलवादियों ने हमला किया था और वहाँ से वे हथियार लूट कर ले गए थे। हमारा राज्य पिछले 40 बरसों से नक्सलवाद की आग में झुलसता आ रहा है और हम लोग उसका मुकाबला करते आ रहे हैं।

नक्सलवाद के पीछे कारण क्या है और यह बिहार में कैसे पहुँचा, इसके जन्म के सम्बन्ध में मैं आपको एक घटना बताना चाहूँगा। 1969 में बिहार में असेम्बली का मध्यावधि चुनाव हुआ था। 1967 में बिहार में संयुक्त विधायक दल की सरकार, पहली सरकार के रूप में सत्ता में आई। कुछ ही समय में वह सरकार गिर गई और उसके बाद 1969 में चुनाव हुआ। बिहार विधानसभा की सरकार में हमारे यहाँ सीपीआई (एमएल) के एक मेम्बर हैं, श्री पारसनाथ राम, जो सहार से विधायक हुआ करते हैं। सहार रिज़र्व कांस्टीट्यूएंसी है। वे 1969 के चुनाव के समय सीपीआई (एम) की ओर से चुनाव लड़ रहे थे। एक बूथ पर उनके एक पोलिंग एजेंट थे—जगदीश महतो, श्री जगदीश मास्टर के नाम से जाने जाते थे। एक आदमी जो बोगस वोट डालने का प्रयास कर रहा था, जगदीश महतो ने उसको चैलेंज किया, जिसका नतीजा यह हुआ कि वहाँ पोलिंग बूथ के बाहर पेड़ से बाँध उनको बुरी तरह पीटा गया। उनकी हालत बहुत खराब थी इसलिए उन्हें आरा के अस्पताल में भर्ती किया गया। उस अस्पताल से वह निकल भागे और बंगाल पहुँच गए, जहाँ उन्होंने नक्सलवाद का प्रशिक्षण लिया। जब वह लौट कर बिहार वापिस आए तो पहले नक्सलवादी नेता बने।

बिहार में नक्सलवाद कैसे पैदा हुआ, यह बताने के लिए ही मैंने आपको यह उदाहरण दिया है। नक्सलवाद पैदा हुआ—अन्याय के कारण, जुल्म के कारण। हमें याद है, जगदीश महतो पर महाश्वेता देवी ने एक उपन्यास लिखा है—'मास्टर साहब'। आप उस उपन्यास को पढ़िए। उसमें उन्होंने लिखा है कि किस तरह वहाँ गरीब मज़दूर और खेतों में काम करनेवाले लोग हैं। रात में पत्नी अपने पति के साथ सोई हुई है और कुछ दबंग लोग, मजबूत लोग आए और खटिया पर से उसकी पत्नी को उठाकर ले गए। खेत में एक तरफ कटनी हो रही है और दूसरी तरफ उनकी औरतों के साथ वहीं पर बलात्कार हो रहा है। इसी स्थिति ने बिहार में नक्सलवाद को जन्म दिया।

उपसभापति महोदय, हमें याद है कि जब 1974 में लोकनायक जयप्रकाश नारायण जी का आन्दोलन चल रहा था, उससे पहले मुजफ्फरपुर का मुसहरी इलाका नक्सलवाद से प्रभावित था। वहाँ उन्होंने गरीबों के बीच कुछ काम किया और उनको नक्सलवादी प्रभाव से निकालने की कोशिश की। एक दिन जयप्रकाश जी ने हमें बुलाया और हमसे कहा कि सहार में तुम हमारी मीटिंग अरेंज कराओ। हम लोग सहार गए थे। हमारे साथ 1974 के आन्दोलन के आरा के साथी भी थे। हम लोग एक हफ्ता तक उस इलाके में घूमते रहे और जहाँ-जहाँ हिंसा की घटनाएँ हुई थीं, उन इलाकों में हमने दौरा किया। हमने देखा कि जहाँ-जहाँ हिंसा की घटनाएँ हुईं थीं, उनके पीछे वहाँ गरीबों पर जुल्म था, गरीबों पर अत्याचार था और उसी के प्रतिकार में नक्सलवादियों ने वहाँ पर अपना प्रभाव बढ़ाया और वहाँ हिंसा की घटनाएँ हुई। वहाँ जयप्रकाश जी की एक सभा हुई थी। उस सभा में इंडियन एक्सप्रेस के एक बहुत बड़े पत्रकार और एडिटर अजीत भट्टाचार्या, प्रभाष जोशी जिनका हाल ही में इंतकाल हुआ तथा श्री सुमन दुबे जी, ये तीनों गए थे। हम खुद उनको जीप पर लेकर वहाँ गए थे। वहाँ सोनाटोला हरिजनों का एक टोला था। वे लोग गाँव से निष्कासित कर दिये गए थे और वहाँ पर रह रहे थे।

उपसभापति महोदय, मेरे कहने का मतलब यह है कि हम जानते हैं कि हमारे लोकतंत्र पर, हमारे सिस्टम पर नक्सलवादी लोग यकीन नहीं करते, लेकिन हमें भी अपने भीतर झाँक कर देखना चाहिए कि क्या हमारा लोकतंत्र या हमारी डेमोक्रेसी हमारी समस्याओं का समाधान कर रही है? आज भी इस देश में 46 परसेंट बच्चे कम भार वाले पैदा हो रहे हैं। इसी सदन में सरकार ने एक प्रश्न के जवाब में बताया कि इस देश में 69 परसेंट औरतें Anaemic हैं। हमारे देश की आज यह हालत है। आजादी के 62 वर्षों के बाद हमने यही कुछ हासिल किया है। लोगों को कहीं भी इंसाफ नहीं मिल रहा है, न्याय नहीं मिल रहा है और उनको मानवीय गरिमा के साथ जिन्दगी गुजारने का कोई साधन नहीं मिल रहा है। जब तक आप इस स्थिति

को कायम रखिएगा और आप कहिएगा कि हम नक्सलवाद और माओवाद को मिटाएँगे तो यह मिटनेवाला नहीं है।

अन्याय के ही कारण इस देश में आतंकवाद भी पैदा हो रहा है। आतंकवाद इस देश में कैसे पैदा हुआ? अगर आप उसके इतिहास को देखिएगा तो आपको यही दिखाई देगा कि वहाँ अन्याय हुआ है, जुल्म हुआ है और उसके फलस्वरूप यह आतंकवाद पैदा हुआ है। इसलिए मैं इस बात को मानने के लिए तैयार नहीं हूँ कि मिलिट्रिज्म माओवादियों का है और उसका मिलिट्रिज्म से या स्टेट मिलिट्रिज्म से जवाब देना है। इससे यह मामला निपटनेवाला नहीं है। अगर यह मामला इसी से निपट गया होता तो 40-42 वर्ष पहले 1967 में पहली दफा बंगाल में नक्सलवाड़ी आन्दोलन शुरू हुआ था और इतना बड़ा स्टेट पावर आज तक उसको मिटा नहीं सका। वह उसे क्यों नहीं मिटा सका? वह इसलिए कि जिन परिस्थितियों ने नक्सलवाद को जन्म दिया है, वे परिस्थितियाँ आज भी कायम हैं और जब तक आप उन परिस्थितियों को बनाए रखिएगा, नक्सलवाद को आप नहीं मिटा सकते हैं। इसमें कहीं पर कोई शुबहा नहीं है। इसलिए महोदय, दिग्विजय सिंह जी ने 'इकोनॉमिक टाइम्स' में जो लिखा है और मणिशंकर अय्यर जी ने कुछ कहा है, उसको आप बिलकुल सीधे outright खारिज कर दीजिए। जो हमको जो देश का भविष्य दिखाई दे रहा है, वह बड़ा भयावह है। मैं मानता हूँ कि यह एक गम्भीर समस्या है। इसमें हमारे सिस्टम को चुनौती दी जा रही है, मैं इस बात को भी मानता हूँ। वहाँ स्टेट पावर का इस्तेमाल ऐसे समूह के खिलाफ होगा, जो हमारी सिस्टम को चुनौती देता है, इससे भी मैं सहमत हूँ। लेकिन, सिर्फ एकमात्र स्टेट पावर, एकमात्र पुलिस पावर ही इस समस्या का समाधान करेगा, मैं इस बात को नहीं मानता हूँ। आज जो भाषण सुना, उससे मेरी चिन्ता बहुत बढ़ी है। मुझे डर लगता है कि यह जो संकट है, वह आगे किस तरह का रूप लेगा, यह कहना मुश्किल है।

आदिवासी इलाके की बात हुई। मैं 1964-65 में राँची में एक विद्यार्थी था और समाजवादी आन्दोलन से जुड़े रहने के कारण मुझको आदिवासियों के बीच आने-जाने का मौका मिला था। मैंने देखा है कि किस तरह से आदिवासियों का शोषण हुआ है। उन्हें अचार खिलाकर उनसे जमीन लिखवा ली गई। 50 हजार रुपये में जमीन खरीदने की बात हुई और एक-एक रुपये के नए नोटों की गड्डियाँ उसके गमछे में डाल दी गईं। सारे नोट उसमें फैल गए। वह बेचारा जानता भी नहीं कि वह क्या चीज है। उसको कहा गया—भागो, भागो, नहीं तो लोग तुम्हें लूट लेंगे। वह उस गमछे को पकड़े हुए वहाँ से भागकर चला गया। इस तरह से उनका शोषण हुआ है और इस तरह से उनकी लूट हुई है। विकास के नाम पर वहाँ क्या हुआ है? विकास के नाम पर वहाँ जितनी योजनाएँ गई हैं, चाहे वे पनबिजली की योजनाएँ

हों या माइंस से सम्बन्धित योजनाएँ हों, उनसे उनका जो विस्थापन हुआ है, क्या आज तक उनका सेटलमेंट हो पाया है?

आप दूर की बात छोड़ दीजिए, अभी कुछ दिन पहले नर्मदा घाटी परियोजना के बारे में अखबार में छपा था। सुप्रीम कोर्ट में एफिडेविट देकर जो वादा किया गया था कि इन विस्थापित लोगों को पुनर्स्थापित करने के लिए हम फलाँ-फलाँ काम करने जा रहे हैं, उनमें से कोई काम पूरा नहीं हुआ। एक अन्दाजा यह है कि इस तरह की योजनाओं से इस मुल्क में कम-से-कम पाँच करोड़ लोगों का विस्थापन हुआ होगा। आपने इनमें से कितने लोगों को इज्जत के साथ जिन्दगी गुजारने के लिए पुनर्वासित किया है? क्या आप अपनी ड्यूटी सिर्फ यही मानते हैं कि कोई भी अगर हमारे कानून को नहीं मानेगा, इस MoU में जिसे शामिल किया गया है, अगर उसको कोई काम नहीं देगा तो वहाँ जाकर हम उसको गोली मार देंगे?... (समय की घंटी)...आप देखिए कि उड़ीसा में क्या हो रहा है? अभी तीन-चार दिन पहले The Economic Times में वहाँ के वेदान्ता की पूरी कहानी छपी है। वहाँ एक पहाड़ के ऊपर जो समतल जमीन है, जिसे आदिवासी अपना भगवान मानते हैं, उसको तोड़ने के लिए वेदान्ता लगा हुआ है। इसमें स्टेट तो मदद करेगा ही कि नहीं साहब, ये विकास में बाधा डाल रहे हैं।

महोदय, हमको तो कभी-कभी यह लगता है कि अगर MoU पर इतने दस्तखत नहीं हुए रहते और अगर वहाँ mines and minerals खोजने की बात नहीं होती तो शायद उस ओर हमारा और सरकार का ध्यान नहीं जाता। आज हमारा ध्यान वहाँ इसलिए गया है कि वहाँ लाखों-करोड़ों रुपये के प्रोजेक्ट्स, इस बात की परवाह किये बगैर कि पर्यावरण का क्या होगा और वहाँ के रहनेवाले जो मूल निवासी हैं, उनका क्या होगा, आनेवाले हैं। वहाँ योजनाएँ चल रही हैं, उन योजनाओं से विस्थापन हो रहा है और उस विस्थापन के विरोध में जो लोग खड़े हैं, उन्हीं को आज माओवादी अपना सिपाही बना रहे हैं। इसलिए महोदय, मैं बहुत ईमानदारी और शिद्दत के साथ आपसे कहना चाहूँगा कि आज यह समस्या कोई हल्की समस्या नहीं है।

यहाँ अभी बृजभाषा तिवारी जी ने ठीक कहा। गृह मंत्री जी, आप पुलिस के दरोगा नहीं हैं, बल्कि आप एक राजनीतिक व्यक्ति हैं। जो समस्या है, उसे आपको समग्रता के साथ देखना पड़ेगा। आप पुलिस के एक दरोगा की तरह नहीं देख सकते हैं कि नहीं साहब, यह law and order की समस्या है और उसके पास बन्दूक है, इसलिए हम भी बन्दूक उठाकर चला देंगे। यह approach किसी पॉलिटिकल आदमी का approach नहीं हो सकता है। एक शब्द 'strong headed' कहा जाता है। मुझे नहीं लगता कि यह कोई पॉजिटिव शब्द है। Strong Headed का यह मतलब होता है कि ऐसा व्यक्ति, जो कोई नई चीज या बात ग्रहण करने या समझने

के लिए तैयार नहीं हो। मुझे तो यह लगता है कि आज के जमाने में होम मिनिस्टर की कुर्सी पर Strong Headed आदमी की जरूरत नहीं है। Strong Heart का क्या मतलब जब खून की नदी बह जाए और हमारे दिल में दर्द न हो, कसक पैदा न हो? क्या हमें इस तरह का Strong Heart चाहिए? नहीं, यह पॉलिटिकल आदमी का, डेमोक्रेसी में यकीन रखनेवाले आदमी का, जिसके बारे में सीताराम येचुरी जी ने कहा कि हमारे संविधान के निर्माता अम्बेडकर साहब ने संविधान को पेश करते समय कहा था, उन्होंने भविष्यवाणी की थी कि हम 'एक आदमी एक वोट'... *(व्यवधान)*...(समय की घंटी)...

श्री उपसभापति : समाप्त कीजिए।

श्री शिवानन्द तिवारी : लेकिन, हमारे समाज में जो आर्थिक और सामाजिक गैर-बराबरी है, अगर उसको हमने नहीं पाटा तो हमारा लोकतंत्र नहीं चल पाएगा, हमारे लोकतंत्र पर खतरा है। आज उस आदमी की भविष्यवाणी सही दिखाई देने जा रही है। हमने कल ही उनका जन्मदिन मनाया है। महोदय, हम आपको कहेंगे कि इस मामले में सरकार इस समस्या के पूरे इतिहास और कारण को समग्रता और सम्पूर्णता से जाने और उसका निदान करे।

मैं एक अन्तिम बात कहना चाहूँगा। अभी हमारे साथियों की ओर से कहा गया, सीताराम येचुरी जी ने भी कहा कि बंगाल में एक चुनी हुई सरकार है। मैंने यह देखा है कि इस सरकार के जो मंत्री हैं, वे यूपीए-I में भी थे और यूपीए-II में भी हैं। Federalism जो इस संविधान की आत्मा है, उसका ध्यान नहीं है। हम यह मानते हैं कि हमारे देश में खास परिस्थितियों में संविधान का निर्माण हुआ। सन् 1935 का जो एक्ट था, अगर उसके आधार पर संविधान बना होता तो भारत सरकार के पास वे अधिकार नहीं होते जो आज हैं, लेकिन देश का विभाजन हुआ और उस समय हमने जो देखा, उसके चलते संविधान की आत्मा unitary बन गई। महोदय, Federalism आज भी है, लेकिन आज की हालत यह है कि दिल्ली में किसी और पार्टी की सरकार है, पटना में किसी और पार्टी की सरकार है और बंगाल में किसी दूसरी पार्टी की सरकार है। यहाँ जो दिल्ली में बैठे हुए मंत्री हैं, अगर ये संयम और अनुशासन नहीं रखेंगे तो क्या होगा?

हमारे होम मिनिस्टर कोलकाता गए थे। वहाँ उन्होंने मीटिंग बुलाई थी, लेकिन वहाँ हमारे मुख्यमंत्री नहीं जा पाए। किसी काम में उनकी व्यस्तता थी और उसके लिए इसी मंत्रिमंडल के एक सदस्य हैं, खाद्य प्रसंस्करण उद्योग मंत्री, मुझे यह नहीं मालूम कि वे स्टेट मिनिस्टर हैं या कैबिनेट मिनिस्टर हैं, लेकिन वे हमारे साथी हैं, बिहार के रहनेवाले हैं, '74 के आन्दोलन में वे भी जेल गए थे। उन्होंने चीफ मिनिस्टर के खिलाफ ऐसा कसकर भाषण दिया जैसे कि वे मास्टर हों और चीफ

मिनिस्टर उनके disciple हों! तो इस तरह का व्यवहार राज्य सरकारों के प्रति ठीक नहीं है। कैसी सरकार आप चला रहे हैं, मैं गृह मंत्री जी से पूछना चाहूँगा?

इसलिए, उपसभापति महोदय, मैं अपनी बात खत्म करने से पहले सरकार से बहुत नम्रता से गुज़ारिश करूँगा कि जिन कारणों ने नक्सलवाद को या माओवाद को पैदा किया है, आप उन कारणों को दूर कीजिए। आप बुखार को दवा से ठीक कीजिए, लेकिन बुखार का कारण क्या है अगर आप उसको ठीक नहीं करेंगे तो रोग का निदान नहीं होगा। आप Calpol खिला-खिलाकर, हथियार का इस्तेमाल इसी तरह से है, बुखार को दबाते रहेंगे और एक दिन जान पर आफत आ जाएगी। इसलिए धीरज के साथ, लेकिन बुद्धिमानी के साथ, बड़ा हृदय रखकर इस समस्या का समाधान कीजिए, देश आपके साथ है, हम आपके साथ हैं। बहुत-बहुत धन्यवाद।

आइपीएल, बीसीसीआई और खिलाड़ियों का सट्टा बाजार

Rajya Sabha
[19 April, 2010]

Need to Ban IPL and undertaken inquiry by CBI and Income Tax Department into the Affairs of BCCI and IPL

श्री शिवानन्द तिवारी : उपसभापति महोदय, आज के 'इकोनॉमिक टाइम्स' में... *(व्यवधान)*...

श्री उपसभापति : नहीं, आप पेपर मत दिखाइए, अखबार मत दिखाइए।

श्री शिवानन्द तिवारी : आज के 'इकोनॉमिक टाइम्स' में पहली खबर के रूप में आईपीएल के बारे में छापा गया है। आईपीएल के जो कमिश्नर हैं, श्री ललित मोदी साहब, उनके बारे में यह बताया गया है कि चार साल पहले तक जो भी उन्होंने काम किया, सबमें वह फेल रहे और साथ ही बैंक के डिफॉल्टर रहे। लेकिन पिछले तीन बरसों में अचानक वह अरबपति बन गए। उनके पास प्राइवेट जेट प्लेन है, लग्ज़री याच है, एक सीरीज़ की कई मर्सिडीज़ गाड़ियाँ हैं, बीएमडब्ल्यू गाड़ी है। उनकी सम्पत्ति देश में ही नहीं बल्कि विदेश में भी जमा है। इनके बारे में Income Tax Department ने investigate किया। उसका investigation छह महीने तक चला। उसने उनका email account देखा, उनके टेलीफोन को watch किया और इंग्लैंड में उनका जो registered telephone था, उसको भी सुना। उसके बाद वह इस नतीजे पर पहुँचा कि उन्होंने IPL के जरिये black money generate की है, वहाँ सट्टा लगवाने में मदद की है और यहाँ तक कि IPL के मैच के रिजल्ट को फिक्स कराने में भी भूमिका अदा की है। ये आरोप उनपर लगाए गए हैं। हम यह जानना चाहते हैं कि यह रिपोर्ट सरकार के पास छह महीने से पेंडिंग है और अभी तक इस पर कोई कार्रवाई नहीं हुई। आज क्या हाल है हम लोगों के देश का! पुराने

जमाने में जैसे गुलामों का बाजार लगता था और डाक बोला जाता था, आज उसी तरह से IPL के जरिये खिलाड़ियों का डाक बोला जा रहा है कि इस खिलाड़ी की कीमत इतनी और उस खिलाड़ी की कीमत इतनी। यही इस खेल की संस्कृति है कि Cricket को prostitution बनाया जा रहा है। मैं सरकार से यह माँग करता हूँ कि IPL को तत्काल भंग किया जाए। BCCI के पास अकूत सम्पत्ति जमा है जबकि हमारे अन्य सारे खेल मर रहे हैं, खत्म हो रहे हैं। एक तरफ हमारे हॉकी के खिलाड़ी हैं और मुक्केबाज हैं जिनको अपने शरीर के लिए जो खुराक चाहिए, उसके लिए भी उनको पैसा नहीं मिल रहा है। हॉकी के खिलाड़ियों को लाख-दो लाख रुपये के लिए हड़ताल करनी पड़ती है और दूसरी तरफ black money, सट्टा, betting हो रही है और मैच के रिजल्ट को प्रभावित किया जा रहा है। हमारे देश में आज किस ढंग का काम हो रहा है, उसका यह एक नमूना है। मैं यह माँग करता हूँ कि IPL और BCCI, दोनों का जो पैसा है, उसको जब्त किया जाए और सी.बी.आई. तथा Income Tax Department से इसकी जाँच कराई जाए। इसके साथ ही उस जब्त किए हुए पैसे को Ministry of Sports को, डॉ. गिल साहब को, दे दिया जाए ताकि देश के जो दूसरे खेल हैं, उनको प्रोमोट करने में, उनको आगे बढ़ाने में उस पैसे का इस्तेमाल हो सके।...(समय की घंटी)...हमारे देश के अन्दर स्पोर्ट्स के नाम पर गन्दा काम हो रहा है, उसको तत्काल बन्द करके इन सारे अपराधियों को जेल में बन्द किया जाए।

श्री उपसभापति : धन्यवाद।

आर्थिक मन्दी और आपदा में अवसर

Rajya Sabha
[29 April, 2010]

श्री शिवानन्द तिवारी : धन्यवाद, उपसभाध्यक्ष महोदय। मेरा समय सिर्फ पाँच मिनट का है, लेकिन मेरी गुजारिश होगी कि आप मुझे एक-आध मिनट उस सीमा के बाहर जाने की इजाजत दें। महोदय, मैं सरकार का और वित्त मंत्री जी का ध्यान, जो पैसा खर्च हो रहा है, उसमें एक बिन्दु की ओर दिलाना चाहूँगा और वह यह है कि हमारा संविधान जो दिशा निर्देश दे रहा है, उसके मुताबिक हम पैसा खर्च कर पा रहे हैं या नहीं, यह हमें देखना चाहिए। 1951 से 1956 के बीच में हम लोगों ने पहली पंचवर्षीय योजना पेश की। हमारा संविधान एक मामले में दुनिया के बाकी मुल्कों से अलग है। किस मामले में अलग है? दुनिया के बाकी संविधान यह बताते हैं कि शासन की प्रणाली कैसी होगी, किस ढंग से शासन चलेगा, लेकिन हमारा संविधान हमें एक दर्शन भी देता है। वह दर्शन, संविधान के जो Directive Principles हैं, दिशा निर्देशक तत्त्व हैं, उनसे हम हासिल करते हैं। महोदय, मैं सिर्फ एक बात की ओर ध्यान दिलाना चाहूँगा। संविधान की जो धारा 38 है, उस धारा का जो दूसरा भाग है, वह मैं आपको पढ़कर सुनाना चाहता हूँ। वह भाग यह कह रहा है कि राज्य विशेष तौर पर आय की असमानताओं को कम करने का प्रयास करेगा। इन्कम में यह जो गैर-बराबरी है गरीब और अमीर आदमी के बीच में, उस गैप को कम करने की कोशिश करेगा और न केवल व्यक्तियों के बीच बल्कि विभिन्न क्षेत्रों में रहनेवाले लोगों के समूह के बीच में प्रतिष्ठा, सुविधाओं और अवसर की असमानता को समाप्त करने का प्रयास करेगा। संविधान ने यह दिशा निर्देश हमको दिया था। और इस संविधान सभा में जब इस चैप्टर पर बहस हो रही थी, जब उस बहस को आप पढ़ेंगे, तब आप देखेंगे कि हमारे संविधान निर्माताओं ने आजादी के बाद किस तरह का सपना देखा था। लेकिन आज जो देश की स्थिति है, उस स्थिति को देखकर आप अन्दाजा लगाइए कि हम कहाँ से कहाँ तक पहुँचे हैं। आज व्यक्ति और व्यक्ति के बीच में जो गैर-बराबरी है,

उसकी बात कहाँ तक की जाए? हमको याद है कि जब महात्मा गांधी ने दांडी मार्च किया था, उस समय उन्होंने जो माँग पत्र बनाया था, उस माँग पत्र में यह बात लिखी गई थी कि इस देश के जो वॉयसराय और सामान्य आदमी हैं, उनके बीच आमदनी में क्या फर्क है, इसकी उन्होंने घोर निन्दा की थी। कांग्रेस पार्टी ने 1930 में लाहौर में जब सम्पूर्ण आजादी की घोषणा की थी, उस सम्पूर्ण आजादी के घोषणा पत्र को आप पढ़िए, उसमें भी कहा गया था कि हम इस असमानता को दूर करेंगे और हम वेतन को, खर्च को घटाने का प्रयास करेंगे। क्या हमने उस लक्ष्य को हासिल किया है? आदमी और आदमी के बीच में गैर-बराबरी कितनी बढ़ गई है, इसका तो अनुमान ही नहीं लगाया जा सकता है। इस देश में 7 हजार, 8 हजार करोड़ का मकान बन रहा है, लोग अपनी बीवियों को अपने बच्चों को उनके बर्थ-डे पर तीन-तीन सौ, चार-चार सौ करोड़ रुपये का गिफ्ट दे रहे हैं, तो उस देश में गरीबी और अमीरी के बीच क्या खाई है, यह बताने की जरूरत नहीं है। क्षेत्रों के बीच में क्या हालत है, सब को पता है?

उपसभापति महोदय, मैं बिहार से आता हूँ। यह जो 11वीं पंचवर्षीय योजना का बजट पेपर है, उसके पेज 198 पर प्रति व्यक्ति GSDP में असमानता इंगित है कि 1993-94 से 2004-05 तक बिहार न्यूनतम प्रति व्यक्ति GSDP वाला राज्य है। और उसमें जो दूसरे हैं, इसको भी आप देख लीजिए। दोनों के बीच में कितना फर्क है, यह आपका बजट पेपर ही बता रहा है। बजट पेपर में जो आपने आँकड़ा दिया है, उसको मैं आपके सामने रखना चाहता हूँ। GSDP में प्रति व्यक्ति क्या हिस्सा है और आबादी क्या है? बिहार के पास 7 हजार 486 लाख रुपये हैं और उसके ऊपर आन्ध्र प्रदेश का आँकड़ा है 26 हजार 655, आन्ध्र प्रदेश की आबादी 8.03 परसेंट, बिहार की आबादी 8.75 परसेंट है। यह हालत है और इसलिए आप देख लीजिए कि बिहार का 7,486 है, छत्तीसगढ़ का 20,363 है, हरियाणा का 35,893 है, इसी तरह का आँकड़ा है। अब आप बताइए कि जहाँ आज 8.75 आबादी रहती है, वह आबादी इसलिए पीछे है क्योंकि उसका आमदनी का जो जरिया है, वह इतना कम हो तो इसको आप कैसे आगे बढ़ाइएगा, जो विकसित राज्य है कैसे उनके बराबर आएगा यह और क्या आप मानते हैं कि अगर बिहार की तरक्की नहीं होगी और वहाँ की 8.75 परसेंट की जो आबादी है, वह उसी तरह से पिछड़ी रहेगी, तो क्या यह देश आगे बढ़ जाएगा? मैं यही सवाल आपसे पूछना चाहता हूँ। जो सामान्य बजट प्रक्रिया है जिसके तहत आप राज्यों को सहायता देते हैं या उस तरीके से जो दबे हुए राज्य हैं, पिछड़े राज्य हैं, क्या आप उनको ऊपर उठा पाएँगे? आप उनके लिए क्या कह रहे हैं, यह हम जानना चाहेंगे?

उपसभाध्यक्ष महोदय, मैं एक दूसरी बात की ओर भी आपका ध्यान आकृष्ट करना चाहता हूँ। यह आर्थिक मन्दी का दौर रहा, महँगाई बेतहाशा बढ़ रही है।

ऐसी हालत में वित्त मंत्री जी ने तीन किस्तों में लगभग साढ़े तीन लाख करोड़ रुपये का लाभ कॉर्पोरेट सेक्टर को दिया। लेकिन सचमुच आर्थिक मन्दी का प्रभाव जो देश के धनी लोग हैं, क्या उनके ऊपर पड़ा है? यह जो एक पत्रिका Forbes है, जो दुनिया भर के अरबपतियों की संख्या के बारे में बताया करती है, उसने कहा है कि इस बीच में जो आर्थिक मन्दी का दौर रहा है, इस दौर में हमारे देश में अरबपतियों की संख्या दोगुनी हो गई है। पिछले साल जो आर्थिक मन्दी का दौर था, उसमें हमारे देश में 25 प्रतिशत ज्यादा कारें बिकी हैं, पिछले सालों के मुकाबले में करीब 15 लाख कारें ज्यादा बिकी हैं। यही नहीं, वित्त मंत्री जी, आप यह भी देखेंगे कि पिछले साल जितनी नई मोटर गाड़ियाँ देश में लांच हुई हैं, उतनी कभी लांच नहीं हुई थी। देश में गरीबी है, देश में महँगाई है और उसके बावजूद हमारे देश में अरबपतियों की संख्या बढ़ रही है। अरबपतियों को और कॉर्पोरेट सेक्टर को मन्दी से निपटने के लिए सरकार साढ़े तीन लाख करोड़ रुपये की रिबेट दे रही है, इसका क्या मतलब है?

उपसभाध्यक्ष (प्रो. पी. जे. कुरियन) : तिवारी जी, दो मिनट ज्यादा हो गया है। आपने एक मिनट का समय माँगा था, लेकिन दो मिनट का समय ज्यादा हो गया है।

श्री शिवानन्द तिवारी : सर, मैं खत्म कर रहा हूँ। यह जो स्थिति है, इस स्थिति के बारे में, एक देवेन्द्र शर्मा जी हैं, मैं उनका लेख पढ़ रहा था। उन्होंने बहुत बढ़िया जुमला इस्तेमाल किया है। उन्होंने कहा कि लागत का समाजीकरण, जो इन्वेस्टमेंट है, उसका तो समाजीकरण हो, लेकिन मुनाफे का निजीकरण होना चाहिए। फिक्की की एक रिपोर्ट है जिसमें बताया गया है कि कार्पोरेट सेक्टर की आमदनी 130 से 150 प्रतिशत तक बढ़ी है, लेकिन आप उस पर टैक्स नहीं लगा रहे हैं। जो गरीबों को राशन मिल रहा है, जो गरीबों को सब्सिडी मिल रही है, उसके ऊपर बहुत लोगों की नजर है कि इससे बहुत बड़ा घाटा हो रहा है। सरकार बहुत अच्छा काम करने जा रही है, वह फूड सेक्योरिटी एक्ट को लेकर आ रही है, 25 किलो अनाज तीन रुपये के हिसाब से बीपीएल वालों को देने में करीब 28860 रुपये का खर्च होगा, अगर 35 किलो दिया जाए तो 40400 करोड़ रुपये का खर्च होगा और मैक्सिमम 56000 करोड़ रुपये खर्च का अनुमान है।...(समय की घंटी)...गरीबों को 40400 करोड़ रुपया देने में आपकी छाती फटती है और दूसरी तरफ साढ़े तीन लाख करोड़ रुपये आपने कार्पोरेट सेक्टर को दान में दे दिए।...(समय की घंटी)... यह जनता का पैसा है, यह गरीब देश का पैसा है। इस देश में लोग भूख से मर रहे हैं।...(समय की घंटी)...उनके पेट पर लात मार कर अमीर लोगों को मुनाफा पहुँचा रहे हैं।...(समय की घंटी)...

उपसभाध्यक्ष (प्रो. पी.जे. कुरियन) : तिवारी जी, आप समाप्त करिए। आप इधर देखिए।

श्री शिवानन्द तिवारी : सर, मैं खत्म कर रहा हूँ। यहाँ पर वित्त राज्य मंत्री जी मौजूद हैं। आप संविधान को सामने रखिए, संविधान के जो डायरेक्टिव प्रिंसिपल्स हैं, उनको सामने रखिए और उसके जो दिशा-निर्देश हैं, उनके हिसाब से आप खर्च कर रहे हैं कि नहीं, यह देखिए।...(समय की घंटी)...इसी कसौटी पर आप अपने बजट को देखिए, इससे ही कई समस्याओं का समाधान हो जाएगा। बहुत-बहुत धन्यवाद।

...(अन्य लोगों का भाषण)

श्री शिवानन्द तिवारी : उपसभापति महोदय, अभी जो माहौल पैदा हुआ, उसके बाद मुझे ही बोलने का मौका मिला है। मैं समझता हूँ कि the Leader of the Opposition, Shri Arun Jaitley, श्री सीताराम येचुरी और बाकी सदस्यों ने फोन टेपिंग के मामले में जितना कुछ कहा है, उसमें सारी बातें आ गई हैं। मैं केवल दो बातों की ओर सदन का ध्यान और माननीय गृह मंत्री जी का ध्यान आकर्षित करना चाहता हूँ। 1885 में टेलीग्राफ एक्ट बना और 1885 का साल कांग्रेस के जन्म का साल है। कांग्रेस का पहला सम्मेलन भी 1885 में हुआ था। मैं यह कहना चाहता हूँ कि 1885 में अंग्रेजों ने यह टेलीग्राफ एक्ट बनाया और गुलाम देश में जो गुलाम लोग थे, उनके भी privacy का अधिकार अंग्रेजों ने हमको दिया। ये जो सारे प्रकरण सामने आए हैं, उनसे साबित होता है कि जो privacy का अधिकार अंग्रेजों ने हमको दिया था, आज उस अधिकार का हनन हो रहा है। मैं यह मानता हूँ कि आज जो नई-नई technologies आ रही हैं, उनसे दुनिया को और समाज को बहुत सारे फायदे हो रहे हैं, लेकिन उनसे नुकसान भी है। जिस ढंग से आदमी के privacy के मौलिक अधिकार में हस्तक्षेप हो रहा है, यह बहुत ही चिन्ता का विषय है। The Leader of the Opposition ने ठीक कहा है कि संविधान में हमको जो अधिकार दिए गए हैं, उनके साथ, यह जो नई technology आई है, उसका mismatch हो रहा है। हम इसको कैसे ठीक करेंगे, ताकि आज के जमाने के सारे privacy का अधिकार सुरक्षित रहे, इसके लिए पूरे सदन की एक कमेटी बनाकर निश्चित रूप से इस पर विचार किया जाना चाहिए। यह किसी एक पार्टी का सवाल नहीं है। इधर वाले आज सत्ता में हैं, इधर वाले कल उधर जा सकते हैं और उधर वाले इधर आ सकते हैं, इसलिए यह किसी particular party का सवाल नहीं है। यह हर आदमी के individual right का सवाल है। यह आज एक चुनौती है, यह बात मैं कहना चाहूँगा। दूसरे, फोन टेपिंग के बारे में जो मैत्रेयन साहब कह

रहे थे, जिसके बारे में कल एक अखबार में लीड खबर छपी थी, उससे हमारी राजनीति, हमारे सार्वजनिक जीवन और हमारी सरकार की ईमानदारी पर एक बहुत बड़ा गम्भीर चिन्ह खड़ा हो गया है। कोई भी आम आदमी यह विश्वास करने के लिए तैयार नहीं है कि पब्लिक लाइफ में कहीं भी probity बाकी है। महोदय, जो तथ्य सामने आया है, 2G spectrum के बारे में जो दो-तीन दिन तक इस सदन में हंगामा हुआ...श्री ए. राजा, जो उसके मंत्री हैं, आज सुबह जब वे जवाब दे रहे थे, तो मैंने मैत्रेयन साहब से कहा कि राजा साहब इतने तेज़ दिमाग के हैं कि बगैर कागज़ देखे वे कठिन से कठिन सवाल का जवाब दे देते हैं। महोदय, जो यह 2G spectrum का सवाल है, इसमें जितनी बातें सामने आई हैं, उनका मंत्री जी ने जवाब भी दिया है। Prima facie बिलकुल यह लगता है कि इस मामले में गड़बड़ी हुई है और Pioneer ने भी कल जो समाचार छापा, जिस तरह से फोन टेपिंग हुई, मैत्रेयन साहब ने जो कागज़ दिखाया—जिसको इन्होंने authenticate किया—ये सदन के जवाबदेह मेम्बर हैं, उसके बाद हमको लगता है कि सत्ता बचाने के लिए इस तरह के स्कैम पर अगर सरकार पर्दा डालती है, तब तो कुछ भी बचता नहीं है, इसलिए उपसभापति जी, मैं यह कहना चाहूँगा कि ये जो दोनों पक्ष हैं, एक हमारा निजता का अधिकार है, privacy का जो अधिकार है, उस अधिकार का जो उल्लंघन हो रहा है, उसकी रक्षा कैसे हो, इसके बारे में विचार करने के लिए आप एक संसदीय समिति बनाने की कृपा करें और जो तथ्य सामने आए हैं 2G spectrum के मामले में, अधिकृत फोन टेपिंग के द्वारा, उसमें हम सरकार से अपेक्षा करेंगे...हालाँकि गृह मंत्री जी उसके बारे में competent नहीं हैं, लेकिन हम गृह मंत्री जी के माध्यम से सरकार से और प्रधानमंत्री जी से अपेक्षा करेंगे कि निश्चित रूप से वे इस मामले पर कार्यवाही करें, अन्यथा जनता यह मानकर चलेगी कि सरकार में भ्रष्टाचार को संरक्षण मिलता है, भ्रष्टाचार को ताकत मिलती है और देश की डेमोक्रेसी के लिए अच्छा नहीं होगा। इसी के साथ मैं अपनी बात समाप्त करता हूँ।

सत्ताधारी वर्ग का चरित्र और देश की गरीबी

Rajya Sabha
[11 Aug, 2010]

श्री शिवानन्द तिवारी : उपसभापति महोदय, मैं अपनी बात शुरू करने के पहले एक बात कहना चाहता हूँ। अभी वृंदा जी ने* शब्द का इस्तेमाल किया, उस पर अश्वनी जी ने एतराज किया, लेकिन जो उन्होंने* शब्द का इस्तेमाल किया, उस पर उन्होंने एतराज नहीं किया, यह बात मेरी समझ में नहीं आई।

*Expunged as ordered by the Chair.

श्री उपसभापति : यह निकाल दिया जाए।

श्री शिवानन्द तिवारी : सर, हमको ऐसा लगता है कि* से कहीं ज्यादा कठोर शब्द है, जिसे उन्होंने ग्रहण कर लिया, क्योंकि वह अंग्रेजी में कहा गया था। यही हमारे देश की रूलिंग क्लास की मानसिकता है और इसी के चलते जो भोपाल का मामला है, उसमें भी हमारा यही दिमाग काम कर रहा है। अगर यह जजमेंट नहीं आया होता, इतना बड़ा डिजास्टर, इतनी बड़ी तादाद में लोग मरे और सजा मिली सिर्फ दो साल की और इससे देश में एक गुस्सा पैदा हुआ। उस गुस्से से डर के सारी बहस और चर्चा हम लोग कर रहे हैं। हमारे मित्र रवि शंकर प्रसाद जी ने सीबीआई को दोषी ठहराया। मैं सी.बी.आई. को दोषी नहीं मानता हूँ। इसलिए नहीं मानता हूँ क्योंकि सीबीआई हमारी स्टेट का ही एक अंग है, सरकार के अधीन है और हमारी स्टेट का attitude क्या है, सरकार का attitude यह है कि जो सबसे बड़ी अपराधी है, उसको बीआईपी ट्रीटमेंट मिलता है।

*Expunged as ordered by the Chair.

उस समय जो भोपाल के कलेक्टर थे, उन्होंने बयान दिया है, रिटायर्ड कलेक्टर ने बयान दिया है कि किस तरह से हमारे यहाँ चीफ सेक्रेटरी का फोन आया, और

किस तरह से जहाज में एक प्राइवेट आदमी, व्यापारी उनके साथ दिल्ली आया, उसने बताया कि किस तरह VIP ट्रीटमेंट के साथ उनको दिल्ली पहुँचाया गया। यह तर्क दिया गया कि भोपाल में अंडर्सन के रहते लोगों में इतना क्रोध था, इतना गुस्सा था कि उनकी सुरक्षा के लिए उनको हटाया गया। आपने उनको फिर दिल्ली से अमरीका कैसे पहुँचा दिया? दिल्ली में तो वह खतरा नहीं था, जो भोपाल में था। हमारी राजनीति की संवेदन शून्यता के कारण ही यह पूरा मामला पैदा हुआ है। आप जूडिशरी की हालत देख लीजिए। यह बिलकुल सही है कि जिस धारा में दस साल तक की सजा हो सकती थी, उसको बदलकर उन्होंने दो साल कर दिया। हमारी जुडिशरी का यही चरित्र है। हमें यह बात कहने में बिलकुल संकोच नहीं है कि जिन्होंने उस धारा को बदल दिया, हमें उनके बारे में तजुर्बा है। हमने फोडर स्कैम में भी देखा था कि एक मामले में पूरी hearing हो जाने के बाद, जजमेंट चार साल के बाद हुआ। पता नहीं, अरुण जेटली जी को याद है या नहीं है, फोडर स्कैम का मामला था। हमारी राजनीति, हमारी जुडिशरी किस प्रकार की है, उसके चरित्र का खुलासा इस पूरे कांड से होता है। अभी वृंदा जी ने कम्पन्सेशन के बारे में कहा है। मैं उनकी बात से पूरी तरह से सहमत हूँ। हमारे लिए यह राष्ट्रीय शर्म की बात है तथा पूरी राजनीति के लिए भी* की बात है। उधर के लोग भी सत्ता में रहे हैं और हम लोग भी 6 वर्ष तक सत्ता में रहे हैं, लेकिन जो इस देश का रूलिंग क्लास है, उसका चरित्र कैसा है, वह इसी से साबित होता है कि जो इस देश का गरीब आदमी है, आम आदमी है, उसके बारे में इस देश के रूलिंग क्लास को कोई चिन्ता नहीं है। उसके बारे में कोई संवेदनशीलता नहीं है। इसलिए मैं यह कहूँगा कि मुझे लगता है कि कम्पनसेशन कोई जरूरी चीज नहीं है या शायद यह ज्यादा जरूरी चीज है कि अगर अभी भी हमारे पास कोई गुंजाइश हो, तो जो इस मुकदमे का मुख्य अभियुक्त है, उस कम्पनी का मालिक है, उसको कम-से-कम सज़ा तो दिलवाने की कोशिश की जानी चाहिए। जो पीड़ित लोग हैं, इससे उनके घावों पर मरहम लगाने का काम होगा। अगर सरकार सचमुच संवेदनशील है और लोग पीड़ित हैं, उनके प्रति यदि संवेदना है, तो जिस प्रकार के सुझाव वृंदा कारत जी ने दिए हैं, मैं उन सुझावों का समर्थन करता हूँ। अस्पताल ने उसको जिस ढंग से साधारण रोग डिक्लेयर किया गया, उसे देखकर तो हमें डर लगता है। अभी मायापुरी में सब कुछ पढ़ने को मिला।

*Expunged as ordered by the Chair.

[उपसभाध्यक्ष (श्री प्रशान्त चटर्जी) पीठासीन हुए]

हम एटोमिक पावर जनरेट करने जा रहे हैं, अभी तक देश में कोई दुर्घटना नहीं हुई है, लेकिन जिस लार्ज स्केल पर उसका उत्पादन करने जा रहे हैं, उसमें अगर इस

तरह से नेग्लिजेंस हुआ, दुर्घटना हुई, उसका परिणाम क्या होगा, वह सोचकर डर लगता है। इसलिए हम सरकार से कहेंगे कि यह जागे, जो पीड़ित लोग हैं, उनको पर्याप्त मुआवजा दे। जो लोग स्थायी रूप से अपंग हो गए हैं, काम करने की स्थिति में नहीं हैं, उनको स्थायी रूप से सहायता देने का कोई न कोई काम करें। जो पीड़ित लोग हैं, बरसों से अस्पताल का चक्कर लगा रहे हैं, उनके लिए विशेष इन्तजाम हो। यह जो रिपोर्ट आ रही है कि पीने का पानी contaminated हो गया है, उसको ठीक करने का सरकार उपाय करे। जो कुछ हो रहा है, सरकार उसका जवाब दे देगी और हम लोग भी सुन लेंगे, लेकिन यह इतिहास में दर्ज हो गया है कि यह कितनी असंवेदनशील सरकार है और यही इस देश की राजनीति है, यही कहकर मैं अपनी बात समाप्त करता हूँ।

खिलाड़ियों और खेलों के प्रति रुख

Rajya Sabha
[12 Aug, 2010]

श्री शिवानन्द तिवारी : सभापति महोदय, माया जी का जो सवाल है...*(व्यवधान)*...

श्रीमती माया सिंह : सभापति महोदय...*(व्यवधान)*...

श्री सभापति : शिवानन्द जी, आप अपना सवाल पूछिए।

श्री शिवानन्द तिवारी : सभापति महोदय, माया जी का जो सवाल है, वह हमारे देश के खेल प्रशासन का खिलाड़ियों के प्रति और खेलों के प्रति क्या रुख है, वही बताता है। पिछला जो ओलम्पिक हुआ था, उसमें rifle shooting में जिन्होंने गोल्ड मेडल हासिल किया, उनको आपने फाइव स्टार में ठहराया और जो मुक्केबाज थे, जिन्होंने सिल्वर या तांबा मेडल हासिल किया, उनको आपने एक साधारण होटल में ठहराया था। इसको इलेक्ट्रॉनिक मीडिया के लोगों ने दिखाया था। उन खिलाड़ियों ने प्रेस कॉन्फ्रेंस करके कहा। यही नहीं, बल्कि ये भी खबरें आती हैं कि हमारे यहाँ जो क्लास-वन खिलाड़ी हैं, उनसे चाय सर्व करवाई जाती है, उनसे फर्श पोंछवाया जाता है। अभी एक खबर आई...*(व्यवधान)*...

Mr. Chairman : Supplementaries must relate to the question.... *(Interruptions)*...

श्री शिवानन्द तिवारी : महोदय, मैं यह कह रहा हूँ कि खेलों के प्रति और खिलाड़ियों के प्रति खेल प्रशासन का जो दृष्टिकोण है, वही हमारे यहाँ खेलों को बढ़ावा नहीं दे पा रहा है।...*(व्यवधान)*...

Mr. Chairman : Please....*(Interruptions)*... This is not related to it.... *(Interruptions)*...

श्री शिवानन्द तिवारी : सर, मैं आपके माध्यम से माननीय मंत्री जी से यह जानना चाहता हूँ कि जितनी भी Federations हैं, वे वार्षिक रिपोर्ट केन्द्र सरकार को देते हैं या नहीं देते हैं? प्रत्येक साल जितने भी programmes होते हैं या World Cup खेलने जाते हैं या कहीं भी खेलने जाते हैं, उनसे सम्बन्धित रिपोर्ट केन्द्र सरकार के पास आती है या नहीं आती है? केन्द्र सरकार और Federations के बीच कोई तालमेल है या नहीं है? कहीं ऐसा तो नहीं है कि Federations अपनी चला रही है और मंत्री अपनी चला रहे हैं?

लोकपाल के गठन की माँग

Rajya Sabha
[1 March, 2011]

Demand to take immediate steps to set up the institution of Lokpal in the country

श्री शिवानन्द तिवारी : महोदय, देश के ख्यातिप्राप्त सामाजिक कार्यकर्ता श्री अन्ना हजारे 5 अप्रैल से अनिश्चितकालीन उपवास करने जा रहे हैं। देश में व्याप्त भ्रष्टाचार के सन्दर्भ में उनकी माँग है कि लोकपाल नामक संस्था का गठन किया जाए। यह संस्था प्रधानमंत्री सहित तमाम लोकसेवकों के विरुद्ध भ्रष्टाचार के आरोपी की जाँच के लिए अधिकृत हो।

आजादी पूर्व 1937 में बनी पहली सरकार के विरुद्ध भ्रष्टाचार के आरोप लगे थे। भ्रष्टाचार की उन गम्भीर शिकायतों को सुनकर महात्मा गांधी ने कहा था, "I will go to the length of giving the whole congress a decent burial rather than put up with corruption that is rampant."

आजादी के बाद कश्मीर पर पाकिस्तान के आक्रमण के समय जीप की खरीद मामले में स्कैंडल हुआ था। 1956-57 में भारतीय जीवन बीमा निगम द्वारा मधुड़ा शेयर घोटाला हुआ था और तत्कालीन वित्त मंत्री को इस्तीफा देना पड़ा था। इस प्रकार प्रारम्भ से लोकपाल जैसी संस्था की जरूरत महसूस की जा रही थी। सन् 1962 में तत्कालीन गृह मंत्री लाल बहादुर शास्त्री जी की पहल पर गठित संथानम समिति ने भी इसके लिए अनुशंसा की थी। संसद में भी एक से अधिक बार इसके गठन का प्रस्ताव पेश किया जा चुका है।

उपरोक्त तथा आज के मौजूदा सन्दर्भ में देश की जनता के मन में भरोसा पैदा करने के लिए लोकपाल नामक संस्था के गठन की गम्भीर जरूरत महसूस की जा रही है। सरकार इस दिशा में तत्काल कदम उठाए, मैं इसकी माँग करता हूँ।

Demand to give adequate compensation to land providers of Neyveli Lignite Corporation

श्री शिवानन्द तिवारी : उपसभाध्यक्ष जी, मैं इस मोशन के समर्थन में बोलने के लिए खड़ा हुआ हूँ, और मुझे एक गीत की पंक्तियाँ याद आ रही हैं—'सब कुछ लूटा के होश में आए तो क्या हुआ।' प्रधानमंत्री जी ने इस सदन में JPC के बारे में घोषणा की थी और आज विभागीय मंत्री जी ने इसके बारे में मोशन पेश करते हुए जो कहा...*(व्यवधान)*...

कई माननीय सदस्य : आप कृपया माइक पर बोलिए।

श्री शिवानन्द तिवारी : उपसभाध्यक्ष जी, मैं कह रहा था कि पहले माननीय प्रधानमंत्री जी और आज विभाग के मंत्री जी ने इस प्रस्ताव में JPC के गठन के पक्ष में जो कुछ कहा, उससे ऐसा लग रहा है कि जो नुकसान हुआ, उसकी भरपाई करने की कोशिश की गई है। पहले तो सरकार जिद पर अड़ी रही कि हम JPC को नहीं मानेंगे और इससे जनता के बीच में सन्देश गया कि जरूर कोई बात है, जिसको सरकार छिपाना चाहती है, इसलिए वह JPC का गठन नहीं कर रही है। इससे जो नुकसान हुआ, उस नुकसान की भरपाई करने के लिए प्रधानमंत्री और विभागीय मंत्री इस ढंग से JPC के गठन का प्रस्ताव सदन में लाए हैं, ताकि कहीं विपक्ष के दबाव में जिस तरह से शीतकालीन सत्र बर्बाद हुआ, उस तरह से बजट सत्र बर्बाद न हो। इससे बचने के लिए वे विपक्ष के दबाव में आकर JPC की माँग को मान रहे हैं।

उपसभाध्यक्ष जी, बार-बार CAG की रिपोर्ट के बारे में कहा जा रहा है। खुद कपिल सिब्बल जी एक नामी वकील हैं और उन्होंने कहा कि यह केवल national नुकसान है। CBI इस मामले की जाँच कर रही है और CBI के लोगों का कहना है कि CAG ने अपनी रिपोर्ट में जितने नुकसान का अनुमान लगाया है, यह नुकसान उससे ज्यादा भी हो सकता है। यह खुद CBI ने कहा है। JPC के पक्ष में माननीय नेता, विरोधी दल ने बहुत ही विस्तार से और तार्किक ढंग से अपनी बातों को यहाँ रखा, मैं उन बातों में नहीं जाना चाहता हूँ। अभी माननीय राशिद अल्वी जी बोल रहे थे और उन्होंने कहा कि ये पॉलिटिकल लोग एक-दूसरे पर आरोप लगाते हैं, एक-दूसरे का उघाड़ करते हैं, यह अच्छी बात नहीं है। मैं उनको बताना चाहूँगा कि ये आरोप आज से नहीं लग रहे हैं। अभी सुबह के समय मैंने लोकपाल विधेयक के सम्बन्ध में एक विशेष उल्लेख किया था और उसमें मैंने महात्मा गांधी जी का उद्धरण दिया था। राशिद अल्वी साहब को याद होगा कि 1937 में 1935 ऐक्ट के अनुसार चुनाव हुआ था और देश के 6 राज्यों में कांग्रेस पार्टी की सरकार बनी थी

और उस सरकार में भ्रष्टाचार के मामले उजागर होने लगे।

भाई-भतीजावाद का मामला सामने आया। राशिद साहब, दूसरे की बात छोड़ दीजिए, महात्मा गांधी ने 1937 में सरकार के भ्रष्टाचार की बात को सुनकर जो कहा था, मैं उसे फिर दोहराना चाहता हूँ। उन्होंने कहा था, "I will go to the length of giving the whole Congress a decent burial rather than put up with corruption, that is rampant."

राशिद साहब ने उदाहरण दिया, जब पहली लोक सभा बनी थी, उस समय मुम्बई के एक सांसद के ऊपर आरोप लगा था और उनकी सदस्यता समाप्त हो गई थी।

दूसरी तरफ मैं आपको स्मरण कराना चाहूँगा कि जब देश आजाद हुआ था, उसी समय देश के बँटवारे के बाद पाकिस्तान की ओर से कश्मीर के ऊपर हमला हुआ था। पाकिस्तानी फौज कबाइलियों के भेष में कश्मीर पर कब्जा करने के लिए आई थी। चूँकि उस समय देश तुरन्त आजाद हुआ था, हमारे पास पर्याप्त साधन नहीं थे, इसलिए उस समय यह निर्णय लिया गया कि second hand जीप ब्रिटिश आर्मी और अमेरिकन आर्मी से खरीदी जाएगी। उस समय श्री वी.के. कृष्ण मेनन जैसे ब्रिटिश हाई कमिश्नर थे, जो बाद में देश के रक्षा मंत्री बने। इस काम की जवाबदेही उन्हीं को दी गई। ब्रिटिश आर्मी और अमेरिकन आर्मी से दो हजार second hand जीप खरीदनी थीं। इस खरीद के लिए डील हुई और जिस कम्पनी से इसकी डील हुई, उसने स्वीकार किया कि हम इतनी तारीख तक आपके यहाँ सारी जीप्स पहुँचा देंगे। जब लड़ाई खत्म हो गई, तब दो सौ पुरानी जीप आईं, लेकिन फौज ने इन जीपों को यह कह कर रिजेक्ट कर दिया कि कोई जीप चलने लायक नहीं है। उस समय पीएसपी ने recommend किया कि इसकी जाँच कराई जाए, इस पर आयोग बैठाया जाए, लेकिन उस समय पीएसी की रिपोर्ट को नहीं माना गया। उन्हीं पंडित जवाहरलाल नेहरू जी ने, जिन्हें हम आधुनिक भारत का निर्माता कहते हैं, श्री वी.के. कृष्ण मेनन साहब को डिफेंस मिनिस्टर बनाया था। यही नहीं, जब 1962 में हिन्दुस्तान की चीन से बुरी तरह हार हुई, उसके बाद यह दबाव पड़ रहा था कि उनको हटाया जाए। उन्होंने उनको बहुत अन्यमनस्क ढंग से हटाया और बाद में फिर शामिल भी कर लिया।

आप 1957 की लोकसभा में फिरोज गांधी द्वारा दिए गए भाषण को पढ़िए। जब श्री टी.टी. कृष्णमाचारी वित्त मंत्री थे, उस समय जीवन बीमा निगम की ओर से 1 करोड़ 56 लाख रुपये की मुद्रा का शेयर खरीदा गया था। उसकी खरीददारी किस ढंग से हुई थी? दूसरे की बात को छोड़ दीजिए, पूर्व प्रधानमंत्री स्वर्गीय श्रीमती इन्दिरा गांधी जी के पति फिरोज गांधी भी रायबरेली से चुनाव लड़ते थे। उन्होंने 1957 के शीतकालीन सत्र में एक भाषण दिया था। मैंने अभी दो दिन पहले उस भाषण को पढ़ा है। उस भाषण को पढ़ने से यह पता चलता है कि किस तरह से

उन्होंने छीछालेदार किया था और उस मामले में किस तरह से सरकार और मंत्री involve थे, इसका उसमें जिक्र है। उस पर मोहम्मद **करीम छागला** की अध्यक्षता में न्यायिक जाँच आयोग बना था और उस आयोग ने मात्र 23 दिन में अपनी रिपोर्ट दी थी। आज तक किसी आयोग ने इतनी जल्दी अपनी रिपोर्ट नहीं दी है। उस रिपोर्ट के आधार पर श्री टी.टी. कृष्णमाचारी को हटाना पड़ा था।

पंडित जवाहरलाल नेहरू जी देश के बहुत बड़े नेता थे, इसमें कहीं कोई सन्देह नहीं है। उसके इस्तीफे के बाद उन्होंने चिट्ठी लिखी और उस चिट्ठी में यह लिखा कि आपको तो मालूम ही नहीं हुआ होगा कि Life Insurance ने इस तरह का घपला किया है। आखिर accountability भी कोई चीज होती है। छागला साहब ने कहा था कि कोई मंत्री यह कहकर नहीं बच सकता है कि उसके विभाग का कोई पदाधिकारी या कोई कर्मचारी उसकी जानकारी के बगैर कुछ कर रहा है। कोई भी काम होता है, तो उसकी जवाबदेही विभाग के मंत्री को लेनी होगी और इसी आधार पर श्री टी.टी. कृष्णमाचारी जी को इस्तीफा देना पड़ा था। यह आरोप आज से नहीं लग रहा है।

आपके Economic Survey को देख कर मुझे खुशी भी हुई और आश्चर्य भी हुआ कि पता नहीं कौन-कौन से लोग इसको तैयार करते हैं। हमने सुना है कि देश के बहुत नामी-गिरामी अर्थशास्त्री इसकी रिपोर्ट को तैयार करते हैं। उन्होंने क्या लिखा है? ये लोग बड़े अद्‌भुत हैं। हमको तो कभी-कभी लगता है कि इन लोगों को नॉर्थ ब्लॉक या साउथ ब्लॉक में नहीं बल्कि museum में रखना चाहिए।

उपसभाध्यक्ष (श्री तारिक अनवर) : कृपया आप समाप्त कीजिए।

श्री शिवानन्द तिवारी : इन्होंने लिखा है, "The foregoing analysis emphasised that in crafting good economic policy, it is important to treat the various players on the market—the policeman, the ration-shop owner and the ordinary citizen—as reasonably self-seeking, rational agents. If these agents get the opportunity to earn some extra money with little effort, they will seize the opportunity." यह उन्होंने कहा है।

उपसभाध्यक्ष (श्री तारिक अनवर) : शिवानन्द जी, कृपया आप समाप्त कीजिए।

श्री शिवानन्द तिवारी : सर, मैं दो मिनट में समाप्त कर रहा हूँ।

फौज में पॉलिटिक्स

Rajya Sabha

श्री शिवानन्द तिवारी : उपसभापति महोदय, हम सब लोग देश की सुरक्षा के बारे में गम्भीरता के साथ चिन्तित हैं और इस मामले में हमारा कहीं कोई विवाद नहीं है, लेकिन जिस ढंग से यह प्रकरण शुरू हुआ, उससे एक गलत नजीर बन रही है। हमको इस बात का फख्र है कि हमारे देश की फौज में पॉलिटिक्स का मामला कभी नहीं गया। हमारी फौज बिलकुल न्यूट्रल रही है, पॉलिटिक्स से बिलकुल अलग रही है, लेकिन इधर कुछ दिनों से हम लोग देख रहे हैं कि मीडिया के अन्दर फौज को लेकर जिस तरह से विवाद हो रहा है, उस पर अगर हम लोगों ने या सरकार ने कोई कार्रवाई नहीं की, तो कहीं आगे यह एक नजीर न बन जाए, इस बात का खतरा है। हमको लगता है कि अगर हम लोगों ने और सरकार ने इसको चुपचाप कबूल कर लिया, तो यह गलत परम्परा बनेगी, एक गलत नजीर बनेगी। इसलिए सरकार को कुछ सख्त कदम उठा कर मैसेज देना चाहिए कि इस तरह की बातों को वह बर्दाश्त नहीं करेगी।

कांग्रेस कमाल की पार्टी

Rajya Sabha
[23 March, 2011]

श्री शिवानन्द तिवारी : उपसभापति महोदय, अभी तक की बहस में यह साबित नहीं हुआ कि लेफ्ट फ्रंट के समर्थन वापस लेने के बाद सदन में डॉ. मनमोहन सिंह जी की सरकार ने जो विश्वास मत हासिल किया, वह acquired था या सचमुच था, अभी तक बहस से मुझे समझ में नहीं आया है। एक बात बिलकुल साफ है कि आज से बीस-इक्कीस वर्ष पहले कांग्रेस पार्टी की सरकार बनी थी, लेकिन वह सरकार अल्पमत में थी। मैं कहना चाहता हूँ कि कांग्रेस पार्टी कमाल की पार्टी है, उसने उस अल्पमत की सरकार को पाँच वर्षों तक चलाया। वह अल्पमत की सरकार पाँच वर्ष तक कैसे चली, यह भी सारा देश जानता है। झारखंड मुक्ति मोर्चा ब्राइबरी केस के सहारे वह अल्पमत की सरकार बहुमत में बनी रही। वे बेचारे झारखंड आदिवासी इलाके के सीधे-सादे लोग थे। उनको यह मालूम नहीं था कि हम जो पैसा ले रहे हैं, वह पैसा दो नम्बर का है। उन्होंने तो सारे पैसे को एक समान ही समझा और बैंक में जमा करा दिया। इस मामले में कोई इस तरह का खेल हुआ होगा, तो ये आदिवासी लोग नहीं थे। ये समझदार लोग थे और ऐसे पैसे को कैसे ठिकाने लगाया जाता है, इसके बारे में उनको जानकारी थी।...*(व्यवधान)*...

श्री उपसभापति : आप वहाँ से बात नहीं कर सकते हैं।

श्री शिवानन्द तिवारी : महोदय, कांग्रेस पार्टी इस देश की सबसे बूढ़ी पार्टी है। यह पार्टी कोई 125 वर्ष, 126 वर्ष पुरानी पार्टी है और यह बहुत ही* पार्टी है। इसने इस देश में बहुत खेल खेला है और खिलाया है। तभी अरुण जेटली जी ने महात्मा गांधी का नाम लिया, तो कांग्रेस पार्टी के लोग बहुत गर्म हो गए। मैं कहना चाहता हूँ कि महात्मा गांधी कांग्रेस पार्टी से कितने परेशान थे, इस बारे में मैंने एक बार इसी सदन में कहा था कि सन् 1937 में 6 राज्यों में कांग्रेस की सरकार बनी थी, उस सरकार के बारे में जो भ्रष्टाचार की खबरें आ रही थीं, महात्मा गांधी उनसे

ऊब गए और उन्होंने कह दिया कि कांग्रेस पार्टी को दफना देना चाहिए। मुझे पता नहीं कि यह बात कांग्रेस पार्टी के आज की पीढ़ी के लोगों को मालूम है या नहीं है। गांधी जी 125 बरस तक जीना चाहते थे। अन्त में उनकी ऐसी हालत हो गई कि उनको लगा कि अब भारत की जो स्थिति है, मैं उसको देख नहीं सकता हूँ। आज अगर वे 125 बरस तक जिन्दा होते, तो साल-दो साल तक वे हमारे बीच में होते और यह जो कुछ हो रहा है, सबको देखते तो पता नहीं वे आत्महत्या करते या कुछ और करते। सीताराम येचुरी जी ने ठीक कहा कि विकिलीक्स में सिर्फ यही मामला नहीं आया है, हमारे देश में जो लोकतंत्र है, उसके बारे में भी विकिलीक्स जो कह रहा है, वह चिन्ताजनक है। जिस राज्य से हमारे गृह मंत्री जी आते हैं, वहाँ के बारे में कहा कि पाँच-पाँच हजार रुपये में एक-एक वोट खरीदा गया। आज हमारा लोकतंत्र कहाँ जा रहा है? आप पाँच-पाँच हजार रुपये में एक-एक वोट खरीदकर चुनाव जीतते हैं और आप कहते हैं कि हमें जनता का समर्थन प्राप्त है। सही बात है, आप टेक्निकली कह सकते हैं कि आपको जनता का समर्थन प्राप्त है, लेकिन आपने वह समर्थन कैसे हासिल किया? आपने वह समर्थन खरीदा है, तो महोदय, यह स्थिति है। यह जो बहस हो रही है, सरकार ने कैसे बहुमत acquir किया, केवल यही नहीं है, बल्कि जिस अमेरिकन राजदूत का नाम लिया गया, करण थापर एक टेलीविजन चैनल में उनका इंटरव्यू ले रहे थे। उसने कहा, उसने deny नहीं किया, विकिलीक्स ने जो-जो खुलासे किए, उसने किसी भी चीज को deny नहीं किया और उसने कहा कि हमारे दूतावास जो जानकारी देते हैं, वह जानकारी लगभग सही होती है। उसने यह दावा किया है। क्या हालत है? हमारे देश का जो रूलिंग क्लास है, वह इतने लम्बे समय तक गुलाम रही है कि आजादी के 63 वर्षों के बाद भी उसका दिमाग आजाद नहीं हुआ है। हमारे देश का शरीर आजाद हुआ है, लेकिन हमारे देश का मन आजाद नहीं हुआ है। आज क्या हालत है, गोरे लोगों के सामने कैसे व्यवहार करते हैं? जिस बड़े नेता का नाम लिया गया है, उनके घर में सूटकेस में रुपये दिखाए गए, 10-10 करोड़ रुपये देने की बात हुई, ये कौन लोग हैं?

उपसभापति महोदय, यह बात पहली दफा नहीं हो रही है। इसके पहले भी कई बार ऐसा हुआ है। हमको याद है, बिल क्लिंटन साहब इसी सेंट्रल हॉल में आए थे, उस समय हम सदन के सदस्य नहीं थे। हमने अखबारों में पढ़ा कि एक सदस्य ने उनसे हाथ मिलाया और कहा कि वह अमरीका के राष्ट्रपति से हाथ मिलाता है और कहता है कि उसके स्पर्श की अनुभूति हमारे हाथ में बनी रहे, इसलिए तीन महीने तक हम हाथ नहीं धोएँगे। इस तरह से अमरीका के इशारे पर, गोरे लोगों के इशारे पर हमारा देश चल रहा है। यह विकिलीक्स इस बात का उदाहरण है। इसलिए हमको लगता है कि आज देश में जो राजनीति है, जिस ढंग से राजनीति चल रही

है, कांग्रेस ने इस देश की राजनीति को प्रभावित किया है। हमारी पार्टी में या और दूसरी पार्टियों में कहीं-न-कहीं जो उँगली उठानेवाली बात होती है, उसका कारण कांग्रेस पार्टी है। हमारे नेता डॉ. राममनोहर लोहिया कांग्रेस के बारे में बराबर बोला करते थे। लोगों ने लोहिया जी से पूछा कि कांग्रेस पार्टी तो आपकी पार्टी नहीं है, आप कांग्रेस पार्टी के बारे में क्यों बोलते हैं? डॉ. लोहिया ने कहा था कि कांग्रेस पार्टी इस देश की शासक पार्टी है। कांग्रेस पार्टी इस देश में सबसे बड़ी पार्टी है। वह पार्टी अपने आपको कैसे conduct करती है, उसका प्रभाव देश की राजनीति पर पड़ता है।...(समय की घंटी)...आज देश में हम जो भ्रष्टाचार देख रहे हैं, जो हिंसा देख रहे हैं, आज ऐसी हालत है कि कोई औरत सुरक्षित नहीं है। बाप के सामने बेटी के साथ कोई दुर्व्यवहार करता है, अगर बाप उसे रोकता है, तो उसको मार दिया जाता है। आज समाज की हालत इतनी खराब हो गई है। क्या हालत है? जाट लोग आपकी बगल में बैठे हुए हैं, हफ्तों-पन्द्रह दिनों से गाड़ियाँ रोकी जा रही हैं, लेकिन आपमें हिम्मत नहीं है, सरकार हाथ पर हाथ धर कर बैठी हुई है।

उपसभापति महोदय, देश की दुर्दशा हो गई है। दुर्दशा का कारण है कि कांग्रेस पार्टी ने आजादी के बाद 63 वर्षों में 50 वर्ष से अधिक समय तक इस देश पर शासन किया है। आजादी के बाद आजाद भारत की जो नींव पड़ी, उसकी जो दीवार खड़ी हुई, उसकी जो छत बनी, वह कांग्रेस पार्टी ने तैयार की है।...*(व्यवधान)*...

*Expunged as ordered by the Chair.

श्री उपसभापति : तिवारी जी, आप समाप्त कीजिए।

श्री शिवानन्द तिवारी : आज देश की जो हालत है, उसकी जवाबदेह कांग्रेस पार्टी है। इसलिए अगर आप सचमुच चाहते हैं कि आप पर जो आरोप लगा है, उससे आपका निबटारा हो, तो सिर्फ आपने जो बहुमत हासिल किया है, उसी के बारे में जाँच होनी चाहिए, बल्कि विकिलीक्स ने जो कुछ भी उजागर किया है, उन सारे मामलों की जाँच होनी चाहिए, मैं यह माँग करता हूँ। बहुत-बहुत धन्यवाद।

पॉलिटिकल डेमोक्रेसी ही नहीं, इकोनॉमिक डेमोक्रेसी भी

Rajya Sabha
[24 March, 2011]

THE APPROPRIATION (NO. 2) BILL, 2011
and
THE FINANCE BILL, 2011 — (contd.)

श्री शिवानन्द तिवारी : धन्यवाद उपसभाध्यक्ष महोदय। अभी-अभी तपन कुमार सेन जी ने इस फाइनांस बिल पर बहुत ही अच्छा भाषण किया और काफी कायदे से इसका विश्लेषण किया। उपसभाध्यक्ष महोदय, मैं यह कबूल करता हूँ कि यह जो बजट और फाइनांस बिल है, मैं इसको कायदे से समझ नहीं पाता हूँ। इसकी जो बारीकियाँ हैं, इसकी जो पेचीदगियाँ हैं, वे मेरी समझ में नहीं आतीं। प्रणब दा बहुत ही सीनियर राजनेता हैं, मैं अपनी कुछ शंकाएँ उनके सामने रखना चाहता हूँ और मैं उम्मीद करूँगा कि वे मेरी शंकाओं का समाधान करेंगे।

उपसभाध्यक्ष महोदय, मैं बहुत ही पुराना, 45-46 वर्षों से सक्रिय एक राजनीतिक-सामाजिक कार्यकर्ता हूँ और समाजवादी आन्दोलन की धारा से जुड़ा रहा। मैंने हमेशा गरीबों के हक में, बेरोजगारों के हक में बातें कीं और ये जो इनसान-इनसान के बीच, इलाके-इलाके के बीच गैर-बराबरी है, उसके खिलाफ राजनीति की। इसके लिए मुझे काफी कुछ सहना भी पड़ा। मुझे याद है कि 1965 में बिहार में कांग्रेस पार्टी की सरकार थी, कृष्ण बल्लभ सहाय मुख्यमंत्री थे। पुलिस की लाठी का स्वाद क्या होता है, पहली दफा मैंने 1965 में चखा। 9 अगस्त को डॉ. लोहिया गिरफ्तार हुए थे और पटना के गांधी मैदान में कर्पूरी ठाकुर, रामानन्द तिवारी, चंद्रशेखर सिंह, रामावतार शास्त्री, कम्यूनिस्ट पार्टी के उस समय के एम.पी. उन्हें पुलिस ने बुरी तरह पीटा। उसी में पहली दफा हमको भी चोट लगी। मुझे एक बात कभी भी समझ में नहीं आई कि यह कांग्रेस पार्टी

आखिर है क्या चीज़! मुझे याद है कि आजादी के पहले पंडित जवाहरलाल नेहरू की अध्यक्षता में एक प्लानिंग कमेटी बनी थी। मैंने कहीं उसकी रिपोर्ट काफी पहले पढ़ी थी। उनका वादा था कि आजादी के बाद हम एक ऐसी आर्थिक नीति बनाएँगे कि देश के अन्दर जो गरीबी है, वह गरीबी दूर होगी और लोग इज्जत के साथ अपना जीवन गुजारा करेंगे। यह उस कमेटी का लब्बोलुबाब था। आजादी के बाद यह तय हुआ और वे एकमात्र नेता बचे। 1948 में गांधी जी चले गए, 1950 में सरदार पटेल चले गए। पंडित जवाहरलाल नेहरू इस देश के एकच्छत्र नेता थे। वह प्रगतिशील नेता, वामपंथी, उदारवादी नेता माने जाते थे। जब हमारे देश में प्लांड इकोनॉमी की बात शुरू हुई, उस विषय में हम उनकी भाषा पढ़ रहे थे। इससे पहले संविधान सभा में गैर-बराबरी का सवाल उठा था। इनसान-इनसान के बीच गैर-बराबरी और इलाके-इलाके के बीच गैर-बराबरी को मिटाने की बात हुई थी और इसको फंडामेंटल राइट्स में शामिल किए जाने की बात हुई थी। हमने माननीय अम्बेडकर साहब के उस भाषण को पढ़ा, जिसमें उन्होंने आश्वासन दिया था कि तत्काल हम इन चीजों को फंडामेंटल राइट्स में शामिल नहीं कर सकते हैं, देश की स्थिति ठीक नहीं है, लेकिन साथ ही उन्होंने कहा कि हम सिर्फ पॉलिटिकल डेमोक्रेसी नहीं चाहते हैं, हम इकोनॉमिक डेमोक्रेसी भी चाहते हैं। यही बात, यहीं लोकसभा में पंडित जवाहरलाल नेहरू ने 1952 के शीतकालीन सत्र में अपने भाषण में कही थी कि हम पॉलिटिकल डेमोक्रेसी ही नहीं चाहते, हम इकोनॉमिक डेमोक्रेसी भी चाहते हैं। उन्होंने यह भी कहा था कि प्लांड इकॉनमी से ही यह सम्भव है कि हम इस देश में क्लासलेस सोसाइटी की स्थापना कर सकें। उस समय वह वायदा हुआ था, लेकिन उसके बाद आज भी क्या हालत है? यूपीए की यह दूसरी सरकार भी दावा कर रही है और हमारे वित्त मंत्री जी भी बराबर दावा करते हैं, प्रधानमंत्री जी भी दावा करते हैं कि हमारा जो ग्रोथ रेट है, आजादी के बाद इतना बड़ा ग्रोथ रेट नहीं हुआ।

यह बिलकुल ठीक है, 8%-9% का ग्रोथ रेट कभी नहीं हुआ। लेकिन इस ग्रोथ रे का नतीजा किसे मिला? जब आपने सरकार सँभाली थी और यूपीए की पहली सरकार बनी थी, उस समय इस देश में 6 खरबपति थे और सिर्फ तीन-चार साल के अन्दर हमारे देश में 36 खरबपति हो गए थे। कोई एक पत्रिका निकलती है, जो खरबपतियों की सूची छापती है, उसमें छपा कि हमारे देश में खरबपतियों की तादाद बढ़ गई है। उन्होंने इसकी बहुत तारीफ भी की और सरकार की पीठ थपथपाई। वाह! विकास इसी को कहते हैं। साथ-साथ हमको याद है, Journal of Contemporary Asia में कोई James Petras नाम के लेखक हैं, हमारे यहाँ पर उसकी पुरानी कॉपी पड़ी हुई थी और हम उसे देख रहे थे। उसमें उन्होंने लिखा था कि दुनिया में अगर कहीं पर सबसे ज्यादा गैर-बराबरी है, तो वह हमारे मुल्क में है।

ये जो 35-36 खरबपति लोग हैं, देश की 80% आबादी के पास जो पूँजी है, उससे ज्यादा पूँजी ये लोग रखते हैं। हमारे देश के जो किसान हैं, गरीब भूमिहीन हैं, झुग्गी-झोंपड़ियों में और मलिन बस्तियों में रहनेवाले लोग हैं, उनके पास जो सम्पत्ति है उससे ज्यादा सम्पत्ति इन 35-36 लोगों के पास है। यही हमने हासिल किया है।

1952 में जो सपना देखा गया था, आधुनिक भारत के निर्माता पंडित जवाहरलाल नेहरू जी ने जो सपना देखा था कि हम क्लासलेस सोसाइटी की स्थापना करेंगे, आप उनका भाषण पढ़ लीजिए, लाइब्रेरी में पड़ा हुआ है। मैंने स्वयं एक दिन उनका भाषण पढ़ा, उनका वह सपना कहाँ गया और कहाँ गई वह कांग्रेस पार्टी? यह अदभुत पार्टी है।

कहा जाता है कि साहब, यह जो इन्फ्लेशन है, यह जो महँगाई है, जब देश का ग्रोथ होता है, जब इकोनमी तेजी से आगे बढ़ती है, यह उसके साथ जुड़ी हुई है। ठीक है, भाई। वित्त मंत्री के रूप में माननीय मनमोहन सिंह जी ने जो पहला बजट पेश किया था, उस बजट को मैं पढ़ रहा था, उस समय भी महँगाई थी। उन्होंने उस समय देश की जो माली हालत थी, बहुत बुरी हालत थी, उसकी विवेचना की थी। हमारे पास विदेशी मुद्रा भंडार इतना कम था कि 15 दिन या 1 महीने से ज्यादा का सामान खरीदने लायक क्षमता भी हमारे पास नहीं थी। जब देश की वित्तीय हालत बहुत खराब थी, उस समय भी महँगाई की वही हालत थी और आज जब देश इतनी तेजी से विकास कर रहा है, ग्रोथ रेट इतनी तेजी से बढ़ रही है, उसके बावजूद भी आज महँगाई की वही हालत है। भइया, इस महँगाई से छुटकारा कैसे मिलेगा?

हमारे प्रधानमंत्री जी अर्थशास्त्री हैं, लेकिन हमको यह लगता है कि हमारे देश के अर्थशास्त्री नहीं हैं, देश की आम आवाम के अर्थशास्त्री नहीं हैं, ये कॉर्पोरेट सेक्टर के अर्थशास्त्री हैं, देश के पूँजीपतियों के अर्थशास्त्री हैं। इस देश के 46% बच्चे कुपोषण के शिकार हैं, आदिवासी समाज के 50% बच्चे कुपोषण के शिकार हैं, जो इस देश के मूल निवासी भी हैं, शैड्यूल्ड कास्ट्स के 48% बच्चे कुपोषण के शिकार हैं, माइनॉरिटी के बच्चे कुपोषण के शिकार हैं, उनके काम इनका यह अर्थशास्त्र नहीं आता है। इनका अर्थशास्त्र काम आता है, उन बड़े-बड़े लोगों के लिए, जो पाँच-पाँच या छह-छह हजार करोड़ का घर बनाते हैं और जहाँ चार आदमियों के परिवार में तीन-तीन सौ आदमी सेवक रखे जाते हैं। यह अर्थव्यवस्था, यह अर्थनीति और यह अर्थशास्त्र उन्हीं के लिए है।

असल में, मैं मानता हूँ कि अर्थशास्त्र जो है, वह मूल शास्त्र नहीं है। आजकल यह बहस चलती है कि विकास के बारे में राजनीति नहीं होनी चाहिए। विकास ही तो असली राजनीति है और कहा जाता है कि विकास के बारे में कोई राजनीति नहीं होनी चाहिए! विकास विकास है और राजनीति राजनीति है। नहीं, राजनीति से ही विकास का रास्ता तय होगा। हमारे प्रधानमंत्री जी राजनीति में कभी नहीं रहे। वे

दो-दो बार प्रधानमंत्री बने, लेकिन लोकसभा का चुनाव नहीं लड़े। पिछला भी जो चुनाव हुआ, इसके पहले भी जो लोकसभा का चुनाव हुआ, उसमें वोट माँगते हुए वे कहीं दिखाई नहीं दिए। वोट मिला किसके नाम पर और राज कर रहा है कौन? इस देश की राजनीति में पहली दफा ऐसी घटना हुई है।...(समय की घंटी)...लोकतंत्र में वही प्रधानमंत्री होता है, वही मुख्यमंत्री होता है, जिसके नाम पर वोट मिलता है।

उपसभाध्यक्ष (प्रो. पी.जे. कुरियन) : तिवारी जी, आपने तीन मिनट ज्यादा ले लिए।

श्री शिवानन्द तिवारी : सर, बस खत्म कर रहा हूँ।

सर, मैं प्रणब दा से यह जानना चाहता हूँ, ये बहुत सीनियर हैं, कई सरकारों को इन्होंने देखा है। मैं 56 वर्ष की उम्र में पहली दफा विधायक बना। हमने सड़क पर राजनीति की है, मार खाई है, कई दफा जेल गए हैं। यह राजनीति जो है, हम लोग 1970 में यहाँ के तिहाड़ जेल में साथ रहे हैं, पटना जेल में। मार खाई, जेल गए और हम लोग यह सपना देखते रहे कि गैर-बराबरी मिटेगी, भुखमरी मिटेगी, बेरोजगारी दूर होगी और इस देश से भ्रष्टाचार जाएगा, लेकिन ये सारी चीज़ें और बढ़ती जा रही हैं। भ्रष्टाचार का तो कहना ही क्या है? अभी तो हम लोगों ने देखा कि प्रधानमंत्री जी ने एक ऐसे आदमी को सी.वी.सी. बना दिया, जिस पर भ्रष्टाचार का केस है और वह भ्रष्टाचारियों पर निगरानी रखेगा। भला बताइए, ऐसे आदमी को राज करने का क्या अधिकार है? मैं प्रणब दा से सिर्फ यह विनती करूँगा कि वे बताएँ कि कांग्रेस पार्टी ने वादा किया था, आजादी के पहले भी और आजादी के बाद भी, कि हम गैर-बराबरी दूर करेंगे और हम भूख दूर करेंगे, तो आज 63 वर्षों के बाद भी क्या कारण है कि गरीबों की दशा में, आप आँकड़ों से, प्रतिशत से दिखा सकते हैं कि...(समय की घंटी)...आज भी इस देश में 46 परसेंट बच्चे कुपोषण के शिकार क्यों हैं?...*(व्यवधान)*...

उपसभाध्यक्ष (प्रो. पी.जे. कुरियन) : तिवारी जी, हो गया।...*(व्यवधान)*...

श्री शिवानन्द तिवारी : यह जो पूँजी है, उसका एकत्रीकरण, इस तरह से एकत्रीकरण कैसे हो रहा है?...*(व्यवधान)*...इसका रहस्य आप हमें समझाने की कोशिश कीजिएगा,...*(व्यवधान)*...यह हमारी आपसे अपील है।

उपसभाध्यक्ष (प्रो. पी.जे. कुरियन) : ठीक है तिवारी जी। हो गया। Over... *(व्यवधान)*...

श्री शिवानन्द तिवारी : इसी के साथ अपनी बात खत्म करता हूँ। सर, मैं आपको भी धन्यवाद देता हूँ कि आपने मुझे इतनी लिबर्टी दी।

संविधान, गैर-बराबरी और अम्बेडकर

46
Rajya Sabha
[27 Aug, 2011]

श्री शिवानन्द तिवारी : उपसभापति महोदय, धन्यवाद। अभी हमें जानकारी दी गई कि लोकपाल का मामला 42 वर्षों से पेंडिंग हैं, लेकिन हमें लगता है कि इस बार लोकपाल का बिल जरूर पास होगा, एक ठीक-ठाक बिल पास होगा। अभी सीताराम येचुरी जी बोल रहे थे तो इन्होंने कहा कि...*(व्यवधान)*...अरे भाई, बोलने दो, निश्चिन्त रहो, लोकपाल पास होगा। तुम तो एम.ए. पास हो, हम तो बी.ए. पास भी नहीं हैं। मैट्रिक भी ठेल-ठालकर पास की है...*(व्यवधान)*...बाहर लोग जो बोल रहे हैं कि अनपढ़ लोग चले गए हैं, उसमें भी हम हैं। तुम तो पढ़े-लिखे आदमी हो...*(व्यवधान)*...

मैं यह कह रहा था, सीताराम येचुरी जी ने कहा कि यह बिल पास हो, लोकपाल बने, ताकि नॉर्मेलिसी स्थापित हो सके। हम लोगों ने 42 वर्षों तक, और 42 वर्ष ही क्यों, 1946 में पहली दफा हिन्दुस्तानियों की सरकार बनी और पंडित जवाहरलाल नेहरू प्रधानमंत्री बने। 65 वर्षों तक हम लोगों ने इन्तजार किया। किस चीज का इन्तजार किया? नॉर्मेलिसी का इन्तजार किया। ऐसा नहीं है कि अन्ना हजारे साहब की जान बचाने के लिए हम लोग इतने बेचैन हैं या सरकारी इतनी बेचैन है और सरकार रात भर जाग रही है, कोई रास्ता खोजने का प्रयास कर रही है। नहीं, ऐसा नहीं है। इस देश में अगर भूख से कोई मरता है, तो सरकार को उसकी चिन्ता नहीं है। एक निगमानन्द जी थे। हरिद्वार में गंगा को बचाने के लिए उन्होंने जान दे दी, लेकिन सरकार पर या हम लोगों पर कहीं भी हील-डोल नहीं हुआ।

उपसभापति महोदय, यह ढोंगी लोगों का देश है। गंगा को हम माँ कहते हैं। उस माँ को बचाने के लिए उस आदमी ने जान दे दी, लेकिन किसी के कान पर जूँ तक नहीं रेंगी। इस देश में 46 प्रतिशत बच्चे कुपोषण के शिकार हैं और हर साल

कितने ही लोग भूख के कारण मरते हैं, इसका कोई हिसाब नहीं है, लेकिन सरकार पर कोई असर नहीं होता है।

सरकार बेचैन क्यों हुई? वह इसलिए बेचैन नहीं हुई कि अन्ना हजारे जी उपवास पर हैं। सरकार को अन्दाज नहीं था कि अन्ना हजारे जिस मुद्दे को उठाने जा रहे हैं, उस मुद्दे से इस देश की जनता विचलित है। लोगों के मन में एक बेचैनी है, लोगों के मन में गुस्सा है, इसका अन्दाज सरकार को नहीं था। अगर इसका अन्दाज सरकार को होता तो सरकार ने अन्ना हजारे को इस बार के अनशन पर बैठने के पहले गिरफ्तार नहीं किया होता। अगर सरकार को इस बात का अन्दाज होता, तो कांग्रेस पार्टी ने अपने प्रवक्ता से उस बूढ़े आदमी को सजा नहीं दिलवाई होती। इनको अन्दाज नहीं था, इसीलिए यह हुआ...*(व्यवधान)*...और जब इनको अन्दाज हुआ...*(व्यवधान)*.. उस पर भी हम आएँगे, अभी बहुत समय है, आप बैठ जाइए...*(व्यवधान)*...

श्री एस.एस. अहलुवालिया : आप उन्हें बोलने दीजिए, डिस्टर्ब क्यों कर रहे हैं?...*(व्यवधान)*...

शिवानन्द तिवारी : आपको भी तो सुननी पड़ी है, आप ही को नहीं सुननी पड़ी है।...*(व्यवधान)*...

श्री उपसभापति : शब्द एक्सपंज कर दीजिए।

श्री शिवानन्द तिवारी : मैं यह कह रहा था कि जब सरकार को अन्दाज हुआ, तब सरकार के अन्दर बेचैनी हुई कि नहीं साहब, अब तो मामला हाथ से बाहर जा रहा है और तब सरकार की आँख से रातों की नींद गायब हो गई।

उपसभापति महोदय, आखिर क्यों आज तक लोकपाल नहीं बना? क्या इस देश में भ्रष्टाचार नहीं था? क्या पंडित जवाहरलाल नेहरू के समय में भ्रष्टाचार नहीं था?

पटना से एक अखबार निकलता है- 'टेलीग्राफ'। 'टेलीग्राफ' एक पुराना अखबार है और उसके पटना एडीशन में 21 अगस्त को हमने वेंकट कल्याणम जी का एक इंटरव्यू पढ़ा, जो 90 वर्ष के हैं, चेन्नई में रहते हैं और वह महात्मा गांधी के पर्सनल सेक्रेटरी थे। उन्होंने लिखा है कि भ्रष्टाचार के बारे में 1947 के सितम्बर महीने से शिकायतें आनी शुरू हो गईं। गांधी जी के यहाँ रोज भ्रष्टाचार की शिकायत से सम्बन्धित 80 चिट्ठियाँ आती थीं, लेकिन किसी ने इस पर ध्यान नहीं दिया। यहाँ तक कि पंडित नेहरू जी ने भी ध्यान नहीं दिया। उन्होंने इसी पार्लियामेंट के बारे में जिक्र किया है। उन्होंने यह कहा कि 'I remember, once, a Member of Parliament asked Nehru, "What was he doing to curb corruption?"

Nehru replied, "The hon. Member should not complain, should not worry about little corruption here and there." To this, the Member replied, "Sir, a little corruption is little pregnancy. It keeps on growing and that is what has happened." उस समय भी corruption था। हमें याद है, देश की आजादी के बाद ही सन् 1948 में जीप स्कैंडल हुआ था। आप Public Accounts Committee की उस समय की रिपोर्ट देख लीजिए और साथ में जो audit report है, उसको भी देख लीजिए। जवाहरलाल नेहरू जी की अध्यक्षता में कमेटी बनी और Public Accounts Committee की रिपोर्ट को खत्म कर दिया गया, दबा दिया गया और इतना बड़ा फरेब हुआ कि संसद में सवाल उठा, सवाल Order Paper पर आया और उसके बाद गायब कर दिया गया। इस ढंग का काम हुआ है। क्यों नहीं लोकपाल बना? मुद्रा कांड में टी.टी. कृष्णमाचारी को इस्तीफा देना पड़ा। मुद्रा कांड की बात किसने उठाई थी? फिरोज गांधी ने। क्यों नहीं लोकपाल बना? दुर्गादास की डायरी है। मुझे लगता है कि सब को पढ़नी चाहिए—'from Curzon to Nehru'। उसमें आप पढ़िए। हमारे देश के सबसे पहले वित्त मंत्री जो थे, 1952 में बने थे, उन्होंने लोकपाल की जरूरत की बात उठाई थी। राजेन्द्र बाबू देश के राष्ट्रपति थे। राजेन्द्र बाबू ने प्रधानमंत्री जवाहरलाल नेहरू जी को चिट्ठी लिखी थी कि यह सवाल जरूरी है और हम लोगों को Ombudsman जैसी संस्था बनानी चाहिए। इस पर क्या प्रतिक्रिया हुई, पंडित नेहरू की? पंडित नेहरू की यह प्रतिक्रिया हुई कि राजेन्द्र प्रसाद जी हमारे खिलाफ हैं और इनकी नीयत हमारे प्रति ठीक नहीं है, इसलिए ऐसी बात बोल रहे हैं। बहुत दुखी होकर राजेन्द्र बाबू ने दुर्गादास को कहा कि Corruption का जो मामला है, वह कांग्रेस की coffin में लास्ट कील होगा। उन्होंने यह कहा। यह हालत रही है। आज abnormal स्थिति पैदा हो गई, जिसके बारे में सीताराम येचुरी जी कह रहे थे। हम लोग बहुत बेचैन हैं, राजनीति प्रसाद बेचैन हैं, राम गोपाल भाई बेचैन हैं कि हम लोगों को Expunged as order by the Chair दी जा रही है, ओम पुरी जी का भाषण मैंने भी सुना। मैं इस सदन से अपने घर गया और मैंने टेलीविजन चालू किया तो उस पर ओम पुरी जी का भाषण आ रहा था। उसके बाद अखबार में हमने एक रिटायर्ड महिला पुलिस अधिकारी के बारे में पढ़ा। ये बुद्धिवादी लोग हैं। ये बहुत बेचैन हैं कि पार्लियामेंट में कैसे-कैसे लोग पहुँच गए हैं? कहा जा रहा है कि ये कौन लोग हैं? अनपढ़ लोग हैं। सचमुच, इनकी बेचैनी हम समझते हैं। आप पार्लियामेंट की composition को देखिएगा और जो भी Assemblies हैं, उनकी composition को देखिएगा। 1952 से लेकर 1977 तक आप इसी पार्लियामेंट की बनावट को देखिए। 1952 से लेकर 1977 तक इस देश के पार्लियामेंट में upper castes या ऊँची जातियों का बर्चस्व रहा। 1952 में ऊँची जातियों के 64 परसेंट लोग थे। 1977 के बाद इसमें परिवर्तन

आया। आप 1977 का साल देख लीजिए। 1977 वह वर्ष है, जिसमें कांग्रेस का पराभव शुरू हुआ, कांग्रेस की पराजय शुरू हुई। कांग्रेस की पराजय से ही OBC के लोग हैं और जो backward community के लोग हैं, इन्होंने upper castes को overtake किया। OBC के लोगों की संख्या 1952 में सिर्फ 12 परसेंट थी। इसके बाद 1957 के इलेक्शन में 14 परसेंट, 1967 के इलेक्शन में 17 परसेंट और 1991 में 24 परसेंट और 2004 में 30 परसेंट OBC के लोग आए। इस parliamentary democracy ने हमारे समाज में एक हलचल पैदा की—हजारों वर्षों का जड़ समाज, जाति-व्यवस्था पर आधारित समाज, पैदाइश के आधार पर किसी को बड़ा और किसी को छोटा कहनेवाला समाज, और बातें छोड़ दीजिए, रामविलास पासवान जी यहाँ बैठे हैं, जो हमारे बहुत पुराने मित्र हैं। ये 1969 में MLA बने थे, उसके पहले से मैं इनको जानता हूँ। इस देश में जो Expunged as order by the Chair हैं, जो दलित हैं, उनको पैदायशी अछूत कहा गया। 1970 में पटना में विश्व हिन्दू धर्म सम्मेलन हुआ था। डॉ. कर्ण सिंह जी उसके अध्यक्ष थे। पुरी के शंकराचार्य भी पटना गए थे और तब उन्होंने कहा था कि Expunged as order by the Chair पैदायशी अछूत हैं। मैंने शंकराचार्य पर...*(व्यवधान)*...

श्री नरेन्द्र कुमार कश्यप : सर, Expunged as order by the Chair शब्द हटाया जाए।...*(व्यवधान)*...

श्री उपसभापति : Expunged as order by the Chair शब्द रिकॉर्ड में नहीं जाएगा, इसको हटा दीजिए।...*(व्यवधान)*...इसको निकाल दीजिए, निकाल दीजिए।...*(व्यवधान)*...

श्री शिवानन्द तिवारी : सर, मैं उस समय की बात कर रहा हूँ, जो उन्होंने कहा था, मैं उसी बात को कह रहा हूँ। उन्होंने कहा कि Expunged as order by the Chair are born untouchables. इस तरह की खबर चली और हमारे जैसे आदमी के मन में बेचैनी हुई। हमने कहा कि लोकतंत्र तो बराबरी के अधिकार पर आधारित है। एक मुसहर का वोट और एक ब्राह्मण का वोट, दोनों के वोट का मान बराबर है, तो फिर यह आदमी कैसे कह रहा है कि Expunged as order by the Chair पैदायशी अछूत है? हमने इसको लेकर शंकराचार्य पर Untouchability (Offences) Act के मुताबिक मुकदमा किया और रामविलास जी हमारे गवाह थे। हमको लगता है कि जिन्दगी में पहली दफा 'शिवानन्द बनाम शंकराचार्य' के मुकदमे में देश भर के अखबारों में इनका नाम छपा। हमने देखा कि उस समय क्या स्थिति थी, हमने कितनी बार Expunged as order by the Chair सुनीं और कांग्रेस की सरकार बात करती है कि हम दलितों के scheduled caste के हमदर्द हैं। इसी पार्लियामेंट

में उस मुकदमे को लेकर सवाल उठा था। उस समय वाईबी. चव्हाण साहब गृह मंत्री थे। संसद में बेचैनी हुई और लोगों ने कहा कि किसने अधिकार दिया कि एक खास समुदाय के बारे में यह कहा जाए कि वे पैदायशी अछूत हैं? वाई.बी. चव्हाण साहब ने सदन में आश्वासन दिया कि पटना में जो मुकदमा हुआ है, उस मुकदमे में सरकार मदद करेगी, लेकिन हम लोगों को कोई मदद नहीं मिली। यह देश ऐसा है।

आज उसी तबके के लोग 1967 के बाद समाजवादी आन्दोलन के जरिये और 1977 के बाद पार्लियामेंट में जीत करके आ रहे हैं। ये जो बुद्धिवादी लोग हैं, जो अपने-आपको काबिल समझते हैं, अपने-आपको सबसे ज्यादा पढ़ा-लिखा समझते हैं, उनकी छाती में जलन हो रही है, उनकी छाती पर साँप लोट रहा है और उनको यह लग रहा है कि यह अनपढ़ कैसे चला जा रहा है? दुसाध का बेटा, Expunged as order by the Chair का बेटा, नाई का बेटा, हज्जाम का बेटा, यादव का बेटा, कैसे जीत करके पार्लियामेंट में जा रहा है? हम जो अभिजात्य लोग हैं, Elite लोग हैं, हमको जगह नहीं मिल रही है, ये सब फालतू लोग वहाँ जीत कर जा रहे हैं। यही कारण है। यही लोग बोल रहे हैं, इसलिए हम राजनीति प्रसाद जी को कहेंगे, हम रामगोपाल भाई को कहेंगे कि बेचैन होने की जरूरत नहीं है। इस पर बहुत ज्यादा react करने की जरूरत नहीं है और न Privilege Motion ले आने की जरूरत है। चीजों को समझिए।

जब कर्पूरी ठाकुर ने बिहार में आरक्षण लागू किया था, पिछड़ों को आरक्षण दिया था, तब सड़कों पर गाली दी जा रही थी : 'ये पिछड़ा कहाँ से आई, कर्पूरिया की फलानी भी आई'—ऐसी गाली दी जा रही थी। हम लोग सुनने के आदी हैं। हमको याद है कि पटना के गांधी मैदान में जय प्रकाश नारायण की सभा हो रही थी और एक दलित समाज के नौजवान ने विरोध किया कि जगजीवन राम जी की गाड़ी को क्यों नहीं अन्दर आने दिया जा रहा है। उनको आरक्षण विरोधियों ने घेर लिया और हम उनके सामने खड़े हुए, तो हमको थप्पड़ लगा और मेरा चश्मा खुल कर फेंका गया। हम लोगों में अपमान सहने का भी माद्दा है। उनको बोलने दीजिए और ज्यादा तादाद में उन गरीबों को, और अनपढ़ लोगों को पार्लियामेंट में ला करके, एसेम्बली में भेज करके, हम उन लोगों को जवाब देंगे। हमारी चमड़ी इतनी पतली नहीं है। सदियों से हमने अपमान सहा है, लेकिन हम उसके खिलाफ लड़ते रहे हैं और साबित किया है कि हमारे अन्दर ताकत है। तुम्हारी छाती पर चढ़ कर हम एम.पी. बनकर घूमेंगे, मिनिस्टर बनकर घूमेंगे, तुम जलते रहो, हमको इसकी परवाह नहीं है।

महोदय, लोकपाल के बारे में जो technical पक्ष हैं, उनके बारे में बहुत विस्तार से चर्चा हुई। मेरा यह मानना है कि आज जो abnormal स्थिति पैदा हुई है, आज भ्रष्टाचार का जो रूप और आकार दिखाई दे रहा है, अगर आजादी के

बाद, आजादी के साथ ही यह लोकपाल बन गया होता, तो आज तस्वीर दूसरी होती। आज राजनीति में ऊपर के लोगों की क्या हालत है? आज आप कह रहे हैं कि राजनीतिज्ञों के खिलाफ इतना गुस्सा क्यों है? हमारे यहाँ कहा जाता है, लोहिया कहते थे कि लोगों के कई चेहरे हैं। आज जो भ्रष्ट लोग हैं, बेईमान लोग हैं, कौन लोग यहाँ हैं, सब लोग एक-दूसरे के बारे में जानते हैं। हम नहीं पकड़े गए, तो हम बहुत ईमानदार हैं। हम भ्रष्टाचार के खिलाफ बोलेंगे। हम यहाँ दिल्ली आते थे, बहुत दिनों से आते रहे हैं। राजनीतिक कार्यकर्ता के रूप में कभी धरना देने, तो कभी प्रदर्शन करने आते थे। हमने पटेल चौक पर लाठी खाई है। हमको याद है, मोहन भाई यहाँ बैठे हुए हैं। सन् 1970 में लाठी चार्ज हुआ था और हमारा एक साथी मारा गया था। इन्दिरा जी विश्व हिन्दी कोश का अनावरण करने के लिए मावलंकर हॉल में आई थीं और हम लोगों ने नारा लगाया था। उस समय शायद राजनीति जी भी थे! तब हम लोगों ने इन्दिरा गांधी के खिलाफ मुर्दाबाद का नारा लगाया था और वहाँ हम लोग गिरफ्तार भी हुए थे। हम यहाँ लम्बे समय से आ रहे हैं। यहाँ नेताओं का वनज तौला जाता है कि किसके पास कितने हजार करोड़ रुपये हैं, किसके पास कितने अरब रुपये हैं। जो नहीं पकड़े गए हैं, वे बहुत ईमानदारी के साथ भ्रष्टाचार के खिलाफ बोलते हैं, लेकिन लोग सब समझते हैं। इसलिए कहीं न कहीं हमको अपने भीतर भी झाँक कर देखना होगा कि हममें कहाँ क्या कमजोरी है। हमने गरीबों का हक आज तक नहीं दिया।

उपसभापति महोदय, मैं एक चेतावनी देना चाहता हूँ। इस भ्रष्टाचार के सवाल पर, इस लोकपाल के सवाल पर देश गरम हुआ है, ऐबनॉर्मल स्थिति पैदा हुई है। उसको नॉर्मल करने के लिए हम लोग बैठे हैं, लेकिन इस देश में एक सवाल और है, जिस पर आज या कल ऐबनॉर्मल स्थिति पैदा होगी, वह कौन-सा सवाल है? इस देश में जो गैर-बराबरी है, इस देश में जो भूख है। याद कीजिए कि जब इस देश का संविधान तैयार हुआ था, तब 1949 के नवम्बर महीने में बाबा साहेब भीमराव अम्बेडकर ने संविधान को सौंपते हुए क्या कहा था? उन्होंने कहा था कि संविधान के जरिये हम बराबरी का वादा कर रहे हैं। हम डेमोक्रेसी के जरिये बराबरी का वादा कर रहे हैं, लेकिन हमारे समाज में गैर-बराबरी, हैं। उन्होंने कहा था कि आर्थिक गैर-बराबरी और सामाजिक गैर-बराबरी दोनों है और अगर हमने इस गैर-बराबरी को पाटने का काम जल्दी नहीं किया, तो हमारी डेमोक्रेसी पर खतरा पैदा होगा, हमारी डेमोक्रेसी खत्म हो सकती है। आज वही स्थिति आई है। आज देश में भ्रष्टाचार के खिलाफ उथल-पुथल मची है। आगे चलकर गैर-बराबरी के खिलाफ ऐसा होगा। (समय की घंटी) ये 46 परसेंट बच्चे, जो कुपोषण के शिकार हैं, हमारे किसान जो आत्महत्या कर रहे हैं, इनके खिलाफ भी देश में एक जनआन्दोलन शुरू होगा। उसके लिए भी कोई आवाज उठाएगा और एक ऐसी परिस्थिति पैदा

होगी कि हमको फिर दिन-रात बैठ कर कोई रास्ता निकालना पड़ेगा। इसलिए मैं आपके ज़रिये सबको आगाह करना चाहता हूँ। इस देश में जो गरीबी है, इस देश में जो गैर-बराबरी है, उसको भी पाटने का काम कीजिए। सिर्फ inclusive growth और समावेर्शा विकास कहने से काम नहीं चलेगा। इस शब्द का इस्तेमाल करके आप कितने लोगों को ठगिएगा?

उपसभापति महोदय, हम बिहार से आते हैं। बिहार की सरकार ने सरकारी कर्मचारियों और छोटे-छोटे कई मामलों का कानून बनाने का काम किया और उसका नतीजा दस दिनों में ही दिखाई देने लगा है। आप यह देखिए कि वोट का क्या कमाल है। हमारे यहाँ पंचायतों में अति पिछड़ों को 20 परसेंट आरक्षण दिया गया है, जिनको कोई पूछता नहीं था। जब असेम्बली या पार्लियामेंट का चुनाव होता था, तो पूछा जाता था कि राजपूत कितने हैं, ब्राह्मण कितने हैं और यादव कितने हैं। (समय की घंटी) बस, अब मैं खत्म कर रहा हूँ। लेकिन, भील कितने हैं, मल्लाह कितने हैं, बढ़ई कितने हैं, लुहार कितने हैं, इस बात को कोई नहीं पूछता था। अंसारी कितने हैं या धुनिया कितने हैं, इसके बारे में कोई जानकारी नहीं लेता था। यह तो हजारों वर्षों का जड़ समाज है वह सिर्फ एक नीति के चलते कि पंचायत में नीतीश कुमार ने अति पिछड़ों को 20 परसेंट आरक्षण दिया, उनके अन्दर एक ताकत आ गई। आज वे पूछते हैं कि फलाँ विधान सभा क्षेत्र में अति पिछड़ों की क्या हालत है? हम लोगों ने 'महादलित आयोग' बनाया। बहुत लोग हम पर आरोप लगाते हैं कि आपने उनको तोड़ दिया, आपने दलितों को बाँट दिया। यहाँ रामविलास जी भी बैठे हैं। क्या हमने उनको बाँट दिया? क्या मुसहर के बारे में किसी ने कभी सोचा?...*(व्यवधान)*...

श्री रामविलास पासवान : शिवानन्द जी, अति पिछड़ों के लिए कर्पूरी जी के समय से आरक्षण चला आ रहा है।

श्री शिवानन्द तिवारी : हम पंचायती राज में आरक्षण की बात कह रहे हैं। हमने यह कहा था और हमने तो कर्पूरी जी का भी नाम लिया था।...*(व्यवधान)*...आप क्यों बेचैन हो रहे हैं? आपकी बेचैनी का कारण भी हम समझते हैं। अब आखिर किया क्या जाए? इनकी पार्टी के तीन एमएलसी थे, जो इनको छोड़ कर हमारे यहाँ चले आए।...*(व्यवधान)*...

श्री रामविलास पासवान : आपने उनको खरीद लिया।...*(व्यवधान)*...

श्री शिवानन्द तिवारी : इनकी पार्टी के जो एमएलए हैं, उन्होंने भी इनको छोड़ दिया।...*(व्यवधान)*...इनके साथ रहने के लिए कोई तैयार नहीं है।...*(व्यवधान)*...

श्री रामविलास पासवान : ये खरीद रहे हैं।...*(व्यवधान)*...यह इनकी पुरानी आदत है खरीदने की।...*(व्यवधान)*...

श्री शिवानन्द तिवारी : आप अपने भीतर भी झाँक कर देखिए कि आपकी ऐसी हालत क्यों हो गई है। एक तरफ आप रिकॉर्ड वोट से जीतते थे और दूसरी तरफ... *(व्यवधान)*...(समय की घंटी)

उपसभापति : अब आप खत्म कीजिए। अभी बहुत से मेम्बर्स को बोलना है। प्लीज।...*(व्यवधान)*...

श्री शिवानन्द तिवारी : उपसभापति महोदय, मैं यह चेतावनी देते हुए अपनी बात खत्म करता हूँ कि सरकार भूख के खिलाफ, भुखमरी के खिलाफ और देश में जो गैर-बराबरी है, उनके खिलाफ भी कानून बनाए और सख्त कदम उठाए, नहीं तो यह संकट जो आज पैदा हुआ है, वह कल फिर पैदा होगा। इसी अनुरोध के साथ मैं अपनी बात खत्म करता हूँ। आपने हमको जो समय दिया, उसके लिए बहुत-बहुत धन्यवाद।

भ्रष्टाचार कांग्रेस की सन्तान

Rajya Sabha
[17 August, 2011]

श्री शिवानन्द तिवारी : उपसभापति महोदय, अभी-अभी प्रधानमंत्री जी ने जो बयान दिया है, उस बयान से दो बातें साफ होती हैं। एक तो यह कि सरकार की शासन करने की क्षमता खत्म हो गई है और इससे भी ज्यादा गम्भीर चिन्ता पैदा करनेवाली बात यह है कि यह सरकार लोकतंत्र को चलाने में असमर्थ है।

उपसभापति महोदय, मुझे कभी-कभी आश्चर्य होता है कि देश की सबसे पुरानी पार्टी, स्वतंत्रता आन्दोलन में मुख्य भूमिका निभानेवाली यह पार्टी, इसी पार्टी के साथ महात्मा गांधी का नाम जुड़ा हुआ था, इसी पार्टी के साथ सरदार पटेल, मौलाना आजाद, पंडित जवाहरलाल नेहरू और खान अब्दुल गफ्फार खां जैसे लोगों का नाम जुड़ा हुआ था, जिनका नाम हम आज भी श्रद्धा के साथ लेते हैं, आज क्या हालत हो गई है इस पार्टी की! अभी प्रधानमंत्री जी... *(व्यवधान)*...

श्री एम. वेंकैया नायडू : तिवारी जी, वह पार्टी अलग है, यह पार्टी नई कांग्रेस है।

श्री शिवानन्द तिवारी : प्रधानमंत्री जी ने जो बयान दिया है उस बयान से सरकार की मजबूरी दिखाई देती है।

श्रीमती विप्लव ठाकुर (हिमाचल प्रदेश) : हमारी पार्टी छोड़िए।...*(व्यवधान)*...

श्री शिवानन्द तिवारी : उपसभापति महोदय, उम्र के साथ विज़डम बढ़ता है। लेकिन उम्र के साथ एक रोग भी पैदा होता है। आदमी सेनाइल हो जाता है। उसको समझ में नहीं आता है कि किस रास्ते पर जाए।

श्री उपसभापति : तिवारी जी, यह तो क्लेरिफिकेशन है। आप क्लेरिफिकेशन पूछ लीजिए।

श्री शिवानन्द तिवारी : हमको लगता है कि यह पार्टी उसी का शिकार हो गई है। उसको समझ नहीं आ रहा है कि हमको क्या करना चाहिए। पिछले दो-तीन दिनों से, चार दिनों से जो कुछ घटनाएँ हो रही हैं, एक तरफ आपने अन्ना हजारे को गिरफ्तार किया और दूसरी तरफ बाद में रिहाई का आदेश लेकर भेज दिया। यही बताता है कि आपको कुछ नहीं दिखाई दे रहा है, समझ में नहीं आ रहा है।

उपसभापति महोदय, मेरा मानना है कि मुझे इतिहास का विषय अच्छा लगता है कि कांग्रेस पार्टी के इतिहास के बारे में जो हमने जाना है, समझा है, उसको पढ़ा है। हमको ऐसा लगता है कि भ्रष्टाचार कांग्रेस पार्टी की कोख से पैदा हुआ है, भ्रष्टाचार कांग्रेस पार्टी की सन्तान है। कोई भी माँ अपनी सन्तान की हत्या नहीं करना चाहती है। भले ही प्रधानमंत्री जी लाल किले की प्राचीर से यह भाषण देते हों कि हम मजबूत लोकपाल बनाएँगे और उसके जरिये हम भ्रष्टाचार को खत्म करेंगे, कोई भी इस बात पर यकीन करने के लिए तैयार नहों है। लगातार कांग्रेस पार्टी के राज में, आजादी से पहले और आजादी के बाद, भ्रष्टाचार की एक से एक बढ़कर घटनाएँ होती रही हैं। लेकिन आज तक आपने उनको रोकने की, उनको नियंत्रित करने की कोशिश नहीं की है। प्रधानमंत्री ने कहा है कि "I acknowledge that Shri Anna Hazare may be inspired by high ideals."

एक तरफ तो आप यह बात कर रहे हैं और दूसरी तरफ आपकी पार्टी के प्रवक्ता अन्ना हजारे के बारे में क्या कह रहे हैं। वे उनको भ्रष्ट बता रहे हैं, उनको फासीवादी ताकतों के हाथ का खिलौना बता रहे हैं, उनको माओवादियों के हाथ का खिलौना बता रहे हैं। आप एक तरफ कबूल कर रहे हैं कि अन्ना हजारे ईमानदार नीयत के साथ भ्रष्टाचार के खिलाफ आवाज उठा रहे हैं और दूसरी तरफ पार्टी उनके चरित्र हनन का प्रयास कर रही है। आपने कहा है कि हम इमरजिंग इकोनॉमी हैं, हमारा देश तरक्की कर रहा है।

उपसभापति महोदय, मैं आपके माध्यम से एक सवाल इस सदन से करना चाहता हूँ कि आजादी के इतने वर्षों बाद, इस पार्टी का देश पर सबसे लम्बे समय तक शासन रहा। आज क्या देश में incentive for goodness है? आज अगर कोई ईमानदार बनना चाहे, अगर आज कोई सभ्य नागरिक बनना चाहे, कानून का पालन करनेवाला नागरिक बनना चाहे, क्या इस देश में उसकी गुंजाइश है? आज देश में जो ईमानदार लोग हैं, उनको मूर्ख माना जाता है और इस देश में संवेदनशील लोग हैं, कानून को माननेवाले लोग हैं,... (समय की घंटी)...

श्री उपसभापति : तिवारी जी, अब आप समाप्त कीजिए।

श्री शिवानन्द तिवारी : जो अनुशासनप्रिय नागरिक है, उसको मूर्ख माना जाता है और कहा जाता है कि यह आदमी अव्यावहारिक है। आज आपकी जो emerging economy है, उसमें देश के अन्दर...।

श्री उपसभापति : ठीक है।

श्री शिवानन्द तिवारी : उसमें आदमी के अच्छा बनने का, एक सभ्य नागरिक बनने का incentive बिलकुल खत्म कर दिया है। इसलिए प्रधानमंत्री जी ने जो भाषण दिया है और गोलमोल बातों के जरिये जो पिछले दिनों की कुछ गलतियाँ हैं, उनको जायज़ ठहराने का जो प्रयास किया है, मैं उसका विरोध करता हूँ। इस बयान के बारे में, मैं यह कहना चाहता हूँ कि डॉ. मनमोहन सिंह जी की सरकार न शासन चलाने लायक है, न लोकतंत्र चलाने लायक है। इसी के साथ, आपने मुझे बोलने का समय दिया, आपको बहुत-बहुत धन्यवाद।

श्रीलंका में सरकारी हिंसा और न्याय

Rajya Sabha
[25 August, 2011]

श्री शिवानन्द तिवारी : उपसभाध्यक्ष महोदय, श्रीलंका में जो minority community है, चाहे वे तमिल हों या मुस्लिम हों, उनके साथ जो कुछ हो रहा है, उन पर जो बीत रही है, उस पर चर्चा करने के लिए जब हम इस सदन में इकट्ठा हैं, तो मुझे नहीं लगता है कि हम श्रीलंका के आन्तरिक मामले में दखल दे रहे हैं, क्योंकि श्रीलंका के साथ हमारा सम्बन्ध कुछ इस तरह का है कि वहाँ की जो अन्दरूनी हालत है, वह हमारे देश को भी प्रभावित करती है। श्रीलंका की ही अन्दरूनी राजनीति के चलते हमने एक भूतपूर्व प्रधानमंत्री को खोया है और श्रीलंका की अन्दरूनी हालत के चलते हमारे देश में श्रीलंका के लाखों रिफ्यूजी आकर तमिलनाडु में बसे हुए हैं, जिनका भार हम ढो रहे हैं।

उपसभाध्यक्ष महोदय, जब पहली दफा आतंकी व फिदायीन हमले की शुरुआत हुई थी, हमें याद है, उस समय हमारी नजर लिट्टे की तरफ गई थी और तब यह कहा जाता था कि दुनिया का सबसे संगठित और सबसे effective कोई आतंकवादी संगठन है, तो वह लिट्टे है, वह ऐसा कैसे बना? तो हमने महसूस किया, जो अभी हमारे कॉमरेड राजा बता रहे थे कि किस तरह से वहाँ की तमिल पॉपुलेशन पर जुल्म हुआ, अत्याचार हुआ, उनका संहार किया गया और हम ऐसा मानते हैं कि जो हाशिए पर रहनेवाले हमारे समाज के लोग हैं, जो minority community हैं, अगर उनको इंसाफ नहीं मिलता है, उनको न्याय नहीं मिलता है, तो वहीं से हिंसा का जन्म होता है। हम लोगों को अपने देश का भी तजुर्बा है और दुनिया भर में, जहाँ कहीं हिंसा है, उस हिंसा का जो कारण है, उसकी जब हम तलाश करते हैं, तो हम इसी नतीजे पर पहुँचते हैं कि इंसाफ का नहीं मिलना हिंसा को जन्म देता है। अभी रंगराजन जी बता रहे थे कि जब हाल में श्रीलंका का दिवस मनाया जा रहा था, तब वहाँ चन्द्रिका राणातुंगा भंडारनायके मौजूद थीं। उनकी माँ भी वहाँ की प्रेज़िडेंट थीं और पिता भी वहाँ के बहुत बड़े नेता थे। तो उन्होंने उस मीटिंग में,

जहाँ श्रीलंका के प्रेज़िडेंट मौजूद थे, कहा कि हमें यह जो विजय हासिल हुई है, हम लोगों ने लिट्टे का खात्मा किया है, इससे हमें सन्तुष्ट नहीं होना चाहिए। यह जो जीत है, उसको consolidate करने के लिए हमारे मुल्क की जो तमिल आबादी है, उनको हमें confidence में लेना चाहिए और उनको इस बात का एहसास होना चाहिए कि इस देश में एक नागरिक के रूप में उनका भी उतना ही हक है, जितना सिंहली आबादी का है—यह उन्होंने खुद कहा और टेलीविज़न के चैनल 4 वगैरह पर हमने जो कुछ देखा, उसके बारे में चन्द्रिका राणातुंगा ने कहा कि हमारा बेटा विदेश में रहता है, विदेश में पढ़ता है, उसने हमें फोन करके कहा कि यह जो टेलीविज़न पर हम देख रहे हैं, वहाँ श्रीलंका की फौज जिस ढंग से निहत्थे मासूम लोगों पर जुल्म कर रही है, जिस तरह से नरसंहार कर रही है, तो हमको यह कहने में संकोच होता है, शर्म आती है कि हम लोग श्रीलंका के नागरिक हैं—यह चन्द्रिका राणातुंगा ने श्रीलंका के वर्तमान प्रेज़िडेंट के सामने कहा। हमें याद है, अभी वहाँ की असेम्बली के स्पीकर साहब के नेतृत्व में एक प्रतिनिधिमंडल यहाँ आया था। हम लोग चेयरमैन साहब की दावत में उस प्रतिनिधिमंडल से मिले थे और वहाँ यह सफाई देने की कोशिश की गई कि यह मीडिया में, चैनल 4 वगैरह में जो नरसंहार दिखाया गया, यह concocted है! यह बनाया हुआ है। हमें भी लगा कि हो सकता है कि यह बनाया हुआ हो, लेकिन उसके बाद जब हमने चन्द्रिका राणातुंगा का बयान पढ़ा और प्रेज़ीडेंट के सामने जब उन्होंने यह आरोप लगाया कि हमारे बेटे ने फोन करके हमें ऐसा कहा है, तो प्रेज़ीडेंट के पास कोई जवाब नहीं था। सर, वहाँ की हालत बहुत खराब है। यह बात सही है कि लिट्टे का जो संगठन जाफना में, श्रीलंका के उत्तरी इलाके में था, उसको श्रीलंका की फौज ने पराजित किया, लेकिन उस पराजय के पीछे जिस तरह से* हुआ—जिस* शब्द का कॉमरेड डी. राजा ने इस्तेमाल किया, वह बिलकुल दुरुस्त किया—अगर उसकी जाँच नहीं होती है, उस अपराध के जो कर्मी हैं, उनको अगर सजा नहीं मिलती है तो इस बात का खतरा रहेगा, जिसके बारे में हमारे साथी श्री एस.एस. अहलुवालिया साहब ने इशारा किया कि जो अन्याय का जर्म है, कीड़ा है, वह कहीं फिर एक दूसरा रूप धारण न कर ले। इसलिए यह आवश्यक है कि जो अन्तरराष्ट्रीय फोरम है, उस फोरम पर, हम अपने देश की जो गुडविल है, उसका इस्तेमाल करते हुए, वहाँ पर जो वार क्राइम हुआ है, उस वार क्राइम की जाँच के लिए कोई स्वतंत्र संगठन, और यदि सम्भव हो अन्तरराष्ट्रीय संगठन बने तथा जिन लोगों ने अपराध किया है, उनको सजा मिले। तब वहाँ के लोगों को लगेगा कि हमारे ऊपर जो जुल्म हुआ है, जो अत्याचार हुआ है, जो अन्याय हुआ है, ऐसा करनेवालों को सजा मिली, हमें इंसाफ मिला। साथ ही साथ एक नागरिक के नाते उनका जो अधिकार है, वह अधिकार उन्हें मिलना चाहिए। हमें इस बात की खुशी है कि वहाँ पर पंचायतों का जो चुनाव हुआ, उस

चुनाव में उत्तरी इलाके में जो तमिल संगठन हैं, उनको भारी बहुमत मिला है। इससे साबित होता है कि उनके अधिकारों को सुरक्षित रखने की जरूरत है, ताकि वे यह महसूस करें कि वे इस देश की मुख्यधारा के साथ हैं। तभी जाकर वहाँ शान्ति स्थापित होगी और हमारे देश में भी श्रीलंका की अन्दरूनी राजनीति के चलते जो हलचल मचती है, वहाँ भी शान्ति मिल सकेगी। इसलिए सरकार को इसमें पहल करनी चाहिए। महोदय, हम लोग वहाँ पर श्रीलंका की सरकार को, तमिलों को हेब्लीटेट करने में जो मदद कर रहे हैं, वह एक अच्छा काम है, लेकिन हमें देखना चाहिए कि हम जो मदद कर रहे हैं, उस पर ईमानदारी के साथ वहाँ काम हो रहा है या नहीं। अपने प्रभाव का इस्तेमाल करते हुए, जो कुछ वहाँ अपराध हुआ है, उसकी जाँच हो और दोषियों को सजा दिलवाने का काम सरकार करे। इन्हीं शब्दों के साथ, आपने जो समय दिया, उसके लिए बहुत-बहुत धन्यवाद।

*Original notice of the question was received in Hindi.

पढ़े-लिखे बनाम अनपढ़

Rajya Sabha
[29 Aug, 2011]

RAJYA SABHA
Monday, 29th August, 2011/7 Bhadra, 1933 (Saka)
The House met at eleven of the clock,
Mr. Chairman in the Chair.
ORAL ANSWERS TO QUESTIONS
Cash flow problem with FCI

*** 361. Shri Shivanand Tiwari :** Will the Minister of CONSUMER AFFAIRS, FOOD AND PUBLIC DISTRIBUTION be pleased to state :

(a) whether it is a fact that the Food Corporation of India (FCI) is facing a serious cash flow problem;
(b) if so, the details thereof; and
(c) the manner in which and by when Government proposes to ease the situation?

श्री शिवानन्द तिवारी : सभापति महोदय, इस साल 2010-11 में अनाज का रिकॉर्ड उत्पादन हुआ है, पिछले साल की तुलना में 23 मिलियन टन का अतिरिक्त गेहूँ का उत्पादन है, जो कि एक रिकॉर्ड है। इस वजह से हम सझते हैं कि फूड कॉर्पोरेशन ऑफ इंडिया का खर्च बढ़ा है, लेकिन फूड कॉर्पोरेशन ऑफ इंडिया को जितनी धनराशि की जरूरत है, वह धनराशि इनको प्राप्त नहीं हो रही है। इन्होंने खुद अपने जवाब में इस बात को कबूल भी किया है और इसका नतीजा है कि इनको जो miller को पैसा देना पड़ता है या स्टेट एजेंसी को पैसा देना पड़ता है, वह पैसा ये नहीं दे पा रहे हैं। इन्होंने कहा है कि वित्त मंत्रालय से इस बारे में सम्पर्क कर रहे हैं। मैं माननीय मंत्री महोदय से आपके माध्यम से जानना चाहता हूँ कि पैसे की कमी के कारण ये miller को पैसा नहीं दे पा रहे हैं और स्टेट एजेंसी को पैसा

नहीं दे पा रहे हैं और इसकी वजह से इनकी साख में जो बट्टा लग रहा है, इससे निपटने के लिए आपका मंत्रालय क्या तत्काल उपाय करने जा रहा है?

श्री शिवानन्द तिवारी : सभापति महोदय, अभी जो बम्पर crop हुई है, उसके चलते खरीददारी का बोझ फूड कारपोरेशन ऑफ इंडिया पर आएगा और आगे Food Security बिल भी आनेवाला है। Food Security बिल में फूड की जो जरूरत है, आज जो इनकी कैपेसिटी है, उससे ज्यादा क्षमता में इनको अनाज खरीदना होगा। एक तो इनके पास इन्फ्रास्ट्रक्चर नहीं है, जिसकी वजह से खुले में और unscientific ढंग से इनको अनाज रखना पड़ता है। इस बारे में अखबारों ने, मीडिया ने और यहाँ तक कि सुप्रीम कोर्ट ने भी फूड कॉर्पोरेशन ऑफ इंडिया को इस बात के लिए फटकारा है कि देश में लोग भूख से मर रहे हैं, लोगों को खाने के लिए अन्न नहीं मिल रहा है और आपका अनाज सड़ रहा है। इससे पहले भी इस तरह का संकट आया था कि वर्ष 2008-09 में इन्होंने बैंक से लोन लिया था और उस पर 34 करोड़ रुपया इनको इंटरेस्ट के रूप में देना पड़ा था। लेकिन 2009-10 में सरकार ने इनको पैसा नहीं दिया, जिसकी वजह से इनको बैंक से ज्यादा कर्ज लेना पड़ा और उसके चलते, 2007-08 में 34 करोड़ और 2008-09 में इनको 370 करोड़ रुपया इंटरेस्ट का देना पड़ा। एक तरफ तो इनका खर्चा बढ़ता जा रहा है, दूसरी तरफ सरकार इनको जरूरत के मुताबिक सहायता भी नहीं दे रही है, इस वजह से इनका balance बिगड़ता जा रहा है। इसलिए मैं मंत्री महोदय से जानना चाहता हूँ कि आगे फूड सिक्यूरिटी बिल के लिए इनको अन्न की जरूरत पड़ेगी, उस समय अधिक अन्न की बर्बादी न हो और उसके लिए इनको पर्याप्त साधन मिल पाएँ ताकि जरूरत के लिए अन्न खरीद सकें, इसके लिए आपने क्या व्यवस्था की है?

श्री शिवानन्द तिवारी : उपसभापति जी, मैं एक मिनट में इशारा करना चाहता हूँ—प्रशान्त भूषण हों, बाकी लोग हों, सब पढ़े-लिखे काबिल लोग हैं, लेकिन इन लोगों ने जिसको नेता माना और जिसको नेता मानकर एक आन्दोलन खड़ा करने की कोशिश की, वह आदमी ट्रक ड्राइवर था, वह आदमी बहुत ही कम पढ़ा-लिखा था, जो यह साबित करता है और हमको ऐसा लगता है कि इस देश में जो पढ़े-लिखे लोग हैं, वे इस देश को उतना नहीं समझते हैं, जितना अनपढ़ लोग समझते हैं। यह उसी का नतीजा है कि सरकार में भी जो पढ़े-लिखे लोग हैं, उन लोगों ने प्रधान मंत्री को सलाह दी कि अन्ना हजारे को गिरफ्तार किया जाए...*(व्यवधान)*... और जो भ्रष्टाचार का मुद्दा है, वह समाज को...*(व्यवधान)*...उद्वेलित कर रहा है, जिसको एक अनपढ़ आदमी ने महसूस किया...*(व्यवधान)*...यह सही था, इसलिए हमने पढ़े-लिखे आदमी...*(व्यवधान)*...

देश के अन्दर से पैदा हो रहे आतंकी ग्रुप

Rajya Sabha
[7 Sep., 2011]

श्री शिवानन्द तिवारी : उपसभापति महोदय, आज की घटना की मैं घोर निन्दा करता हूँ। मैं अपनी ओर से और अपनी पार्टी, जनता दल यूनाइटेड की ओर से इस घटना की निन्दा करता हूँ। मैं मानता हूँ कि इस तरह की कार्रवाई देश को अस्थिर करने के लिए, देश की एकता और अखंडता पर चोट पहुँचाने के लिए की जाती है। खास कर, मुम्बई की घटना के बाद गृहमंत्री जी ने और सरकार ने एक नया संगठन बनाया, जिससे यह उम्मीद पैदा हुई कि हमारे देश की जो Intelligence Agency है तथा इस तरह की घटनाओं के खिलाफ कार्रवाई करनेवाली जो एजेंसी बनाई गई है, वह सक्षम ढंग से इस पर कार्रवाई करेगी। लेकिन, हम लोगों को इस बारे में भी सोचना चाहिए कि हमारे Intelligence Agency में कौन-सी ऐसी कमी रह गई है, कौन-सी ऐसी कमजोरी है, जिसकी वजह से हमारी नजर पहले वहाँ नहीं जा पाती है, जहाँ इस तरह का काम हो रहा है?

पहले हमारे देश में जो आतंकवादी घटनाएँ होती थीं, तो उनके बारे में हम लोग मानकर चलते थे कि terrorism बाहर से हमारे यहाँ एक्सपोर्ट हो रहा है, लेकिन पिछले कुछ वर्षों में यह बात सामने आई कि Terrorist ग्रुप्स हमारे समाज के अन्दर से पैदा हो रहे हैं। हम लोगों को यह बात देखनी चाहिए कि यह जो development हुआ कि हमारे देश के अन्दर से जो terrorist groups पैदा हो रहे हैं, उनके पीछे क्या कारण है और उसको भी दूर करने के बारे में social और political level पर हम लोगों को काम करना चाहिए। इसके साथ-साथ, हमारी intelligence और सरकार की व्यवस्था में जो कमजोरी है, उसको भी दूर करना चाहिए। मैं उम्मीद करता हूँ कि मृतक के जो परिवार हैं, सरकार उनको बढ़िया से compensate करेगी और जो घायल हैं, उनके इलाज में किसी तरह की कोताही नहीं बरती जाएगी। इसी के साथ मैं इस घटना की पुनः निन्दा करते हुए इस सदन की भावना के साथ अपनी भावना को व्यक्त करता हूँ।

कृषि मंत्री देश के या महाराष्ट्र के

Rajya Sabha
[15 Dec, 2011]

श्री शिवानन्द तिवारी : उपसभापति महोदय, मेरी पार्टी का समय महज सात मिनट है, मेरी आपसे गुजारिश है और आपकी हमेशा ही मेरे ऊपर नजरें इनायत रहती हैं।

श्री उपसभापति : हम देखेंगे, आप शुरू तो कीजिए।

श्री शिवानन्द तिवारी : उपसभापति महोदय, इस सदन में कई बार कृषि समस्याओं पर बातचीत हुई है। जब भी इन समस्याओं पर बातचीत होती है, तो आँकड़ा दिया जाता है कि फलाँ राज्य में इतने किसानों ने आत्महत्या की और फलाँ राज्य में इतने किसानों ने आत्महत्या की। यह एक प्रकार का रिवाज़ बन गया है। मेरे जैसे आदमी को यह देखकर बहुत गुस्सा आता है कि हम यहाँ एक लाचार आदमी की तरह, एक बेबस आदमी की तरह चर्चा करते हैं कि हमारे मुल्क के किसान आत्महत्या कर रहे हैं। चर्चा के बाद भी कोई फल नहीं निकलता है और स्थिति ज्यों की त्यों बनी रहती है। मैं जानना चाहता हूँ कि आखिर इसका क्या कारण है। मुझे लगता है कि इसका सबसे बड़ा कारण यह है कि हमारा देश तो 1947 में आजाद हो गया, लेकिन जो हमारे देश के हुक्मरान हैं, शासन चलानेवाले हैं, उनका दिमाग आजाद नहीं हुआ। उनको इस देश के पुरुषार्थ पर, इस देश की बुद्धि पर कभी भरोसा ही नहीं रहा कि हम अपने पुरुषार्थ की बदौलत, अपनी बुद्धि की बदौलत इस देश की तरक्की कर सकते हैं। इसका नतीजा यह निकला कि हम जिन लोगों से आजाद हुए, आज उन्हीं लोगों के पीछे-पीछे चलने की कोशिश करते हैं और उन्हीं के निर्देश पर हम अपनी सारी नीतियाँ बनाते हैं। हम देख रहे थे कि किस तरह के लोग हमारे देश की नीति बनाते हैं, हमारे देश की योजना बनाते हैं।

देश के प्लानिंग कमीशन के वाइस चेयरमैन एक बहुत नामी अर्थशास्त्री हैं। अभी पिछले दिनों ही उनका बयान आया था कि इस देश में ग्रामीण किसानों की आमदनी बढ़ी है। वे ग्रामीण किसान ज्यादा खाने लगे हैं, इसलिए इस देश में महँगाई

बढ़ गई है। आप देखिए कि कैसे-कैसे लोग इस देश की नीति बना रहे हैं, योजना बना रहे हैं? मुझे याद है कि कुछ दिन पहले अमरीका के राष्ट्रपति ओबामा ने यही कहा था कि जो विकासशील मुल्क हैं, उनमें खाद्य पदार्थों की महँगाई इसलिए बढ़ी है कि उनके लोग ज्यादा खाने लगे हैं। ये लोग किसके लिए योजना बना रहे हैं? इनका हकीकत से कोई वास्ता नहीं है। यह एक देश का संकट नहीं, बल्कि सभी के लिए बहुत बड़ा संकट है। अभी यहाँ पर हमारे साथ मणि शंकर अय्यर जी बैठे नहीं हैं। वे बहुत ही तेज आदमी हैं और मैं उनका कायल हूँ। उन्होंने जवाहरलाल नेहरू का नाम लिया। मुझे याद है, जब देश आजाद हुए तब हमारी नजर रूस की तरफ थी। 1917 में क्रांति हुई थी और देश के भी बहुत से नौजवान नेता रूस में जो रिवोल्यूशन हुआ था, उससे प्रभावित थे। पंडित जवाहरलाल नेहरू पहली दफा 1927 में रूस गए। जब वे रूस से लौटकर आए, तो एकदम mesmerised थे। आप लोग यदि देश का इतिहास पढ़ेंगे तो देखेंगे कि उनका नजरिया एकदम बदल गया था और वे बिलकुल वामपंथी धारा में बोलने लगे। वहीं की देखा-देखी हमने देश की तरक्की के लिए planned economy को फॉलो करना शुरू कर दिया। आप लोकसभा 1951 के पंडित जवाहरलाल नेहरू के भाषण को पढ़िए। उन्होंने कहा कि planned economy से हम न सिर्फ inequality, आदमी और आदमी के बीच में जो गैर-बराबरी है, उसको मिटा सकते हैं बल्कि हम classless society का भी निर्माण कर सकते हैं। इस देश में आज के दिन भी हमारे यहाँ का 58 percent manpower एग्रीकल्चर में लगा हुआ है। आपने उस सेक्टर में क्या किया? आपने कहा कि ये जो बड़े-बड़े कारखाने बन रहे हैं, बड़े-बड़े डैम बन रहे हैं, ये ही हमारे आधुनिक मन्दिर होंगे। उसका नतीजा हुआ कि आज जहाँ इस देश के किसान की 58 percent श्रम शक्ति लगी हुई है, उसका GDP में टोटल कंट्रिब्यूशन 14 से 15 percent के बीच में है। यह हमारे देश के किसानों की हालत है। Green Revolution की बात होती है। यहाँ पर गिल साहब बैठे हुए हैं, मैं चाहूँगा कि वे बोलें, वे Green Revolution के साथ बहुत घनिष्ठता से जुड़े हुए थे।

ग्रीन रिवोल्यूशन कहाँ था? वह पंजाब का रिवोल्यूशन था। हम मानते हैं कि उस समय देश में संकट था। जॉनसन साहब अमरीका के राष्ट्रपति हुआ करते थे और इन्दिरा गांधी हमारे देश की प्रधानमंत्री थीं। हमें याद है कि जॉनसन साहब ने किस तरह से इन्दिरा गांधी जी के बारे में अपमानित करनेवाले लहजे में बात की थी। उस समय देश के सामने कोई चारा नहीं था। जो भूखा आदमी है, उसका मजहब रोटी होती है, उसका मजहब दूसरा कुछ नहीं होता है। हमारे सामने कोई रास्ता नहीं था। मैक्सिको से जो बीज आया, वे जो नोबेल प्राइज वाले थे, अभी हाल ही में उनका देहान्त हुआ, स्वामीनाथन साहब भी उनके साथ जुड़े हुए थे, उस समय यह सवाल उठा था कि इस ग्रीन रिवोल्यूशन से देश का नुकसान होगा, देश के

पर्यावरण का नुकसान होगा, हमारी खेती के पूरे चरित्र का बदलाव हो जाएगा और आज वही स्थिति कायम हुई है। ग्रीन रिवोल्यूशन पंजाब में सक्सेसफुल हुआ था। आज भी जो एम.एस.पी. का फायदा है, फूड कॉर्पोरेशन ऑफ इंडिया जो अनाज खरीदता है, उसका 60% वह पंजाब से खरीदता है। आप एम.एस.पी. बढ़ाते हैं, लेकिन बिहार, बंगाल, उड़ीसा के किसानों को उससे क्या मिलता है? कुछ राज्यों में पंजाब, हरियाणा, पश्चिमी उत्तर प्रदेश, थोड़ा-बहुत आन्ध्र प्रदेश, इन्हीं इलाकों से एम.एस.पी. से किसानों को फायदा पहुँचता है। हमारे मुल्क में यह हालत रही है कि खेती के बारे में हमारी जो रीति है, उसका क्या नतीजा हुआ?

उपसभापति महोदय, हमको याद है, मैं जिस इलाके से आता हूँ, वह गंगा के किनारे का इलाका है। बचपन में जितने प्रकार का अनाज हम लोगों ने खाया, हम लोग जितनी तरह का मोटा अनाज खाते थे, उसकी वजह से हम स्वस्थ रहे। हमको याद है कि होली में हम लोग रात-रात भर ढोल और झाल बजाते थे। आज की पीढ़ी सिर्फ गेहूँ और चावल खा रही है, उसके पास दम नहीं है, स्टेमिना नहीं है। आज इस देश का जो बड़ा आदमी है, वह कह रहा है कि जो मोटा अनाज है, वही पौष्टिक अनाज है, वही हेल्दी डाइट है। एक तरफ आपने पूरे देश में ग्रीन रिवोल्यूशन के समय आम आदमी की जो थाली है, उससे मोटे अनाज को हटा दिया और दूसरी तरफ आज जो देश का बड़ा आदमी है, वह मोटा अनाज खा रहा है। आज देश का जो बड़ा आदमी है, वह बगैर केमिकल, फर्टिलाइजर और बगैर पेस्टिसाइड का इस्तेमाल किया हुआ मोटा अनाज खा रहा है। दिल्ली में जितने बड़े-बड़े बंगले हैं, उन बंगलों में जो खेती होती है, उनमें खाद नहीं डाली जाती है, उसमें पेस्टिसाइड का इस्तेमाल नहीं होता है, आप वही खाते हैं और दूसरी तरफ आप देश के किसानों को देश के आम अवाम को वही पेस्टिसाइड्स वाला केमिकल, फर्टिलाइजर वाला अनाज खिलाते हैं। कितनी बेईमानी है? इस देश का जो शासक वर्ग है, वह अपने लिए कुछ और, देश के आम अवाम के लिए कुछ और करता है। आज यही हालत है। हम लोगों की जो नीति रही है, उसके चलते इस देश के आधे बच्चे कुपोषण के शिकार हैं। माननीय शरद पवार जी देश के बहुत ही सक्षम मंत्री माने जाते हैं, लेकिन हमको कभी भी इनकी सक्षमता पर भरोसा नहीं रहा। ये एक लम्बे अरसे से कृषि मंत्री हैं और एक लम्बे अरसे से लगातार इस देश का किसान आत्महत्या भी कर रहा है। हमको इस बात का अफसोस है कि उसके बावजूद ये कृषि मंत्री की कुर्सी पर कैसे बैठे हुए हैं। हमको तो कभी-कभी लगता है कि ये देश के कृषि मंत्री नहीं हैं, ये महाराष्ट्र के हैं और महाराष्ट्र में भी जो शुगर इंडस्ट्री है, उसके मंत्री हैं। ये क्रिकेट के मंत्री हो सकते हैं, महाराष्ट्र के किसान जो अंगूर पैदा करते हैं, उस अंगूर से वाइन कैसे तैयार करें और वह वाइन देश में कैसे बिके, ये इसके मंत्री हो सकते हैं, लेकिन देश के कृषि मंत्री नहीं हो सकते

हैं। नहीं तो बताइए कि अभी हमारे देश में 2005 में यह मोन्सेन्टो...*(व्यवधान)*... उपसभापति महोदय, मैं खत्म कर रहा हूँ, आप घड़ी देख रहे हैं, हम समझ रहे हैं, हमने तो शुरू में कहा।

श्री उपसभापति : आपने इशारा देख लिया?

श्री शिवानन्द तिवारी : इस देश में बुद्धिजीवी जो है, वह गुलाम है, मैं उसका उदाहरण देना चाहता हूँ। 2005 में हमारे देश में एग्रीकल्चर के सेक्टर में नॉलेज कमीशन का अमरीका से एक एग्रीमेंट हुआ। भला बताइए, अमरीका हमको खेती के बारे में क्या शिक्षा देगा? अमरीका की 1% आबादी खेती में लगी हुई है। उनके यहाँ का लैंड होल्डिंग और हमारे यहाँ 80-85% जो किसान हैं, उनका होल्डिंग बहुत ही छोटा है। अमरीका के खेत में अगर कीड़ा-मकोड़ा लगता है तो हवाई जहाज से दवा का छिड़काव होता है। हमारे यहाँ के किसानों को अमरीका से खेती का ज्ञान सिखाया जाएगा तो उसका क्या नतीजा निकलेगा? यह किसलिए हुआ? ये जो बड़ी-बड़ी बहुराष्ट्रीय कम्पनियाँ हैं, मल्टीनेशनल कम्पनियाँ हैं, उनके लिए दरवाजा खोला गया। यह जो नॉलेज कमीशन का बोर्ड बना है, उस बोर्ड में कौन बैठा है? मोंसेंटो बैठा है, कारगिल जैसी कम्पनियाँ बैठी हैं और हम यह कह रहे हैं कि बगैर उनकी मदद के हमारे देश की कृषि नहीं सुधर सकती है।

अभी FDI की बात हो रही थी। उसमें back-end infrastructure की बात कही गई। हमारी समझ में ही नहीं आया कि back-end infrastructure क्या है। मैंने एन.के. सिंह जी से पूछा कि back-end infrastructure क्या है, तो इन्होंने हमें समझाया कि cold chain, supply chain, market efficiency हमने इनसे सीखा। हमको आश्चर्य हुआ कि हम स्वयं cold chain नहीं बना सकते हैं, हम मार्केट में efficiency पैदा नहीं कर सकते हैं, हम supply chain नहीं बना सकते हैं और इसके लिए हमको वालमार्ट की जरूरत है, हमको मेट्रो की जरूरत है। हम आपसे जानना चाहते हैं कि भारतीय कम्पनी के साथ वालमार्ट का एग्रीमेंट है, वह बड़ा-बड़ा मॉल बना रही है, वह पिछले 6 साल से इस देश में काम कर रही है, उसने कितना back-end infrastructure बनाया, कितने cold storage के chains बनाए, कितने गाँवों को सड़कों से जोड़ा, कितने supply chains को मजबूत किया? यह एक फालतू बात है। असली बात यह है कि आप दिमाग की गुलामी छोड़िए और देश के पुरुषार्थ पर भरोसा कीजिए। इस देश का अतीत, सब कुछ खराब था? यह जो अंग्रेजी पढ़े-लिखे बोलनेवाले लोग हैं, हमारे मणि शंकर अय्यर जी बहुत बढ़िया अंग्रेजी बोलते हैं, उन्होंने कह दिया कि यह किसानों की समस्या सिर्फ कैश क्रॉप की समस्या है। नहीं, यह पूरी कृषि की समस्या है, पूरे एग्रीकल्चर की समस्या है,

यह समस्या सिर्फ कैश क्रॉप वालों की नहीं है। यह समस्या धान, गेहूँ बोनेवाले किसानों की है, सब्जी पैदा करनेवाले किसानों की है। आज पूरे देश के किसानों की हालत खराब है। उसका कारण यही है कि इस देश की जो कृषि नीति है और कृषि नीति ही नहीं, इस देश की जो तमाम नीतियाँ हैं, वे वर्ल्ड बैंक के इशारे पर चल रही हैं, वे आईएमएफ के इशारे पर चल रही हैं। हम डब्ल्यूटीओ में एग्रीमेंट करते हैं, तरह-तरह के एग्रीमेंट्स करते हैं। हमारे देश में हाथ से काम करनेवाले लोग बेरोजगार हो रहे हैं, हमारी खेती बंधक हो रही है और हम लोग मोंसेंटो की गुलामी कर रहे हैं और हमारे देश के कृषि मंत्री उसी मोंसेंटो के वकील बने हुए हैं। हमारे यहाँ मकई की फसल बर्बाद हो गई।

श्री उपसभापति : तिवारी जी, आप समाप्त कीजिए, आपने दुगुना समय ले लिया।

श्री शिवानन्द तिवारी : सर, मैं खत्म कर रहा हूँ। उसके बीज से हमारे किसानों के पौधों में अनाज नहीं आया, लेकिन कम्पनी ने कोई मुआवजा नहीं दिया। हमारी सरकार ने, नीतीश कुमार की हुकूमत ने अपने खजाने से 60 करोड़ रुपये का मुआवजा दिया। 2005 में, कृषि मंत्री जी को याद होगा, आन्ध्र प्रदेश के वारंगल जिले में कॉटन की खेती खत्म हो गई और वहाँ की सरकार ने कहा कि किसानों को मुआवजा दो, लेकिन वे मुआवजा देने के लिए तैयार नहीं हुए और वे आन्ध्र प्रदेश की हाईकोर्ट में गए। दुर्भाग्य है कि आन्ध्र प्रदेश की हाईकोर्ट ने भी कह दिया कि नहीं, यह सरकार जो इनको मुआवजा देने के लिए कह रही है, वह अधिकार सरकार को नहीं है। यह हालत है हमारे देश में।

इसलिए हम कहेंगे कि शरद पवार जी, या तो आप इसको सँभालिए या इज्जत के साथ इस कुर्सी को छोड़ दीजिए। आपको हर साल लड़ना पड़ता है कि कितने किसान मरे, आप कहिएगा कि इतने नहीं, इतने मरे, आप कहिएगा कि इतना प्रोडक्शन बढ़ा, यह आँकड़ेबाजी से कुछ नहीं होनेवाला है। इस देश की खेती संकट में है, किसान संकट में है। 58 प्रतिशत man power जिस क्षेत्र में लगी हुई है, वह संकट में है। अगर आपमें उसको बचाने का पुरुषार्थ नहीं है, तो आपको कुर्सी पर भी बैठने का अधिकार नहीं है। धन्यवाद।

आर्थिक नीति की प्रासंगिकता

Rajya Sabha
[19 Dec, 2011]

श्री शिवानन्द तिवारी : उपसभाध्यक्ष महोदय, मैं कृषि मंत्री जी को धन्यवाद देता हूँ कि जो सवाल उठाए गए थे, उन्होंने बहुत विस्तार से उनका जवाब देने की कोशिश की है। मैं माननीय एम. वेंकैया नायडू जी के इस प्रस्ताव से सहमत हूँ कि एक स्पेशल सेशन खेती की समस्या के बारे में विचार करने के लिए बुलाया जाए। माननीय मंत्री जी ने बताया कि 26 परसेंट किसान ही खेती को छोड़ना चाहते हैं, बाकी लोग खेती करना चाहते हैं। महोदय, प्रतिशत के हिसाब से 24 परसेंट कम लग रहा है, लेकिन अगर संख्या के दृष्टिकोण से आप देखेंगे तो लगभग 17-18 करोड़ किसान खेती को छोड़ना चाहते हैं। इस प्रकार यह एक बहुत बड़ी समस्या है, यह कोई साधारण समस्या नहीं है। ये लोग खेती को क्यों छोड़ना चाहते हैं, इसके बारे में आपने जानकारी नहीं दी। महोदय, आज 26 प्रतिशत किसान खेती को छोड़ रहे हैं, आगे इनका प्रतिशत बढ़ सकता है।

इसलिए आपके जवाब से यह लगता है कि खेती के सामने बहुत भारी संकट है। आपने यह भी बताया कि एक समय 86 हजार करोड़ रुपया हम दे रहे थे, अब चार लाख करोड़ से ज्यादा पैसा हम उसमें दे रहे हैं, तो उसकी उपलब्धि क्या हो रही है, यह हम जानना चाहते हैं? मनरेगा या बाकी दूसरी योजनाओं को भी आप खेती के काम में लगा रहे हैं। उससे क्या एसेट्स क्रिएट हो रहा है और कितना लाभ मिल रहा है? तीसरी बात, मैं कहना चाहता हूँ कि भ्रष्टाचार, किसानों की हालत के लिए जवाबदेह है। क्या उसको spurious बीज मिल रहा है, उसको spurious खाद मिल रहा है, इसके अलावा जो सरकारी एजेंसीज हैं, किसानों के लिए जो आप योजनाएँ चला रहे हैं, उन योजनाओं का भी लाभ उनको नहीं मिल पा रहा है, बीच में...*(व्यवधान)*...

उपसभाध्यक्ष (प्रो. पी.जे. कुरियन) : तिवारी जी, प्रश्न पूछिए।

श्री शिवानन्द तिवारी : भ्रष्टाचार को रोकने के लिए राज्य सरकारों के पास साधन नहीं हैं, उनके पास लेबोरेटरी नहीं है कि वे बीजों का टेस्ट ठीक से कर सकें। खाद सही है या नहीं, इसका भी टेस्ट कर सकें। जब तक आप नीचे के स्तर तक इन सभी सुविधाओं से लैस नहीं करेंगे तो जो spurious खाद उनको मिल रही है और दूसरी चीजें उनको मिल रही है, उनकी जाँच नहीं कर सकते हैं।

मैं अन्तिम बात कहना चाहूँगा कि आप क्या कानून बनाने जा रहे हैं? जो लोग किसानों को ठग रहे हैं, उनको नकली बीज दे रहे हैं, जिसकी वजह से सब फसल मारी जाती है और उनको आत्महत्या करनी पड़ती है। अगर आप उसकी सजा का पूरा प्रावधान नहीं करेंगे और यह अधिकार आप राज्यों को नहीं देंगे तथा केन्द्र के हाथ में रखेंगे तब तक इस समस्या का समाधान कैसे होगा? इसलिए खेती के सामने आज जो चुनौती है और देश के सामने जो चुनौती है, उस पर विस्तार से चर्चा करने के लिए मैं भी माँग करता हूँ कि एक विशेष सत्र बुलाया जाए। मैं माननीय कृषि मंत्री जी से अनुरोध करूँगा कि इस पर अपनी सहमति प्रदान करें।

गाय को माता कहनेवाले इनसानों से परहेज करते हैं

Rajya Sabha
[29 Dec., 2011]

श्री शिवानन्द तिवारी : आपकी बात क्या करेंगे, एक संघर्ष का प्रतीक हैं। वे जिन्दगी भर लड़ाई लड़े हैं...*(व्यवधान)*...अगर हमारे अन्दर चोरी हो तो बोलिए, लेकिन हम जो कह रहे हैं, उसका जवाब दीजिए। आपका नाम नहीं बेच सकते हैं। आप अगर बहुत इंटीग्रिटी वाले आदमी हैं, तो मैं जो आरोप लगा रहा हूँ, उसका जवाब दीजिए। मैं कोई भी ऐसी बात नहीं कर रहा हूँ जो इतिहास की किताब में नहीं हो, पार्लियामेंट की प्रोसीडिंग्स में न हो। मैं कोई ऐसी बात नहीं कर रहा हूँ। उपसभापति महोदय, अभी हाल में जो मस्तराम कपूर हैं...*(व्यवधान)*...

श्री गंगा चरण (उत्तर प्रदेश) : सर, इनका नाम प्रोसीडिंग्स से निकाला जाए। वे ईमानदार नेता और समाजवादी नेता हैं।

उपसभापति : हाँ, निकाल दीजिए। जो मेम्बर नहीं हैं, उनका नाम निकाल दीजिए।

श्री शिवानन्द तिवारी : हवाला का केस चला, वह भी फेल हो गया। मैं यह कह रहा हूँ कि मेरे समय का ध्यान रखा जाए।

मैं आपके जैसा वक्ता नहीं हूँ, हम लोग साधारण आदमी हैं और जब सिलसिला टूट जाता है तो बात को पकड़ने में बहुत कठिनाई होती है। हम क्या बोल रहे थे? हमने कहा, एक-दो नहीं, इस तरह के कितने मामले हैं। अभी सीताराम येचुरी जी बोल रहे थे। उन्होंने चुनाव के भ्रष्टाचार के बारे में कहा। इन्होंने ठीक कहा है। लेकिन आपने जो कानून बनाया है, भ्रष्टाचारी को सजा देने का कानून बनाया है। भ्रष्टाचार न हो, इसका क्या उपाय है? यानी फाँसी पर लटकाना है अपराध के लिए, लेकिन वैसे अपराध जिनके लोग फाँसी पर लटकते हैं, क्या वे दोबारा नहीं होते हैं? असली सवाल यह है कि भ्रष्टाचार का निरोध कैसे हो? भ्रष्टाचार है क्या?

यह जो पी.सी. ऐक्ट है इसमें लिखा है—करप्शन। क्या यह करप्शन है? इसकी भी सफाई होनी चाहिए।

क्या पैसा लेना और देना ही करप्शन है? नहीं। जो सार्वजनिक कुर्सी पर बैठा हुआ आदमी है, सार्वजनिक पद पर बैठा हुआ आदमी है, अगर वह उस सार्वजनिक पद का दुरुपयोग अपने लिए करता है, अपने नजदीकी के लिए करता है, तो वह भी भ्रष्टाचार है, इसको भी परिभाषा में शामिल किया जाए। मैं सीताराम येचुरी जी से कहूँगा कि वे आगे से इस बात का भी ध्यान रखें। मैं यह भी कहूँगा कि इलेक्शन में भ्रष्टाचार होता है। यह नया शोध है कि जिस देश में जितनी गैर-बराबरी रहती है, उतना भ्रष्टाचार होता है या जिस देश में जितना भ्रष्टाचार होता है, उतनी गैर-बराबरी होती है। हमारे देश में जो गैर-बराबरी है, इसके रहते आप भ्रष्टाचार को रोकिए। यह मुमकिन है, सम्भव है। यह होता है कि पार्लियामेंट में इतने करोड़पति आए, अरबपति आए। ये क्यों आते हैं? इसलिए कि इस देश में गरीबी है। आज दुर्भाग्य से सदन में अर्जुनसेन गुप्ता जी नहीं हैं, उन्होंने बीस रुपये में अस्सी परसेंट बताया था। आपके नेशनल सेम्पल सर्वे का कहना है कि देश के पाँच करोड़ लोग दरिद्र और कंगाल हैं और जिनकी आमदनी एक नया पैसा नहीं है। ऐसे लोगों को रेलवे प्लेटफार्म पर देखते हैं, बस स्टैंड पर देखते हैं। इस देश में गाय को माता कहा गया, लेकिन इनसानों की परछाईं से भी परहेज किया गया। इस देश में यह भी कहा गया कि चींटी को खिलाने पर पुण्य मिलता है, लेकिन आदमी को कहा गया कि अगर वह तुम्हारे साथ बैठेगा, तो उसका मांस काट लो। हमारे देश में यह प्रोविजन कहाँ है, लेकिन उपसभापति महोदय, मुझे कहने में संकोच नहीं है कि आज इस देश में जितनी संवेदनशून्यता है, उतनी कभी नहीं रही। इस देश में ढाई लाख किसानों ने आत्महत्या की है। हमारे बुनकर भी आत्महत्या कर रहे हैं, गरीब माताएँ अपनी बेटियों को बेच रही हैं। जब हम यहाँ आ रहे थे, तो हमारे यहाँ 'पावर' नाम का एक अखबार/पत्रिका आई। उसमें लिखा था कि दिल्ली शहर में लीलावती या कोई और होटल है, जिसमें साढ़े चार लाख रुपये में कमरा मिलता है। इस देश में यह हालत है, जहाँ 70-80 परसेंट आबादी को भरपेट खाना नहीं मिलता है, वहाँ लोग पाँच-पाँच हजार करोड़ के मकान बनाते हैं, यह कैसा देश है? लोग ढाई-ढाई करोड़ रुपये के हवाई जहाज रखते हैं। इस देश के कैसा कानून है कि कम्पनी डूब जाती है, लेकिन कम्पनी के मालिक की अय्याशी में कोई कमी नहीं आती है। यह कैसा कानून है? जब तक आप इसको नहीं रोकेंगे, जब तक आप गैर-बराबरी को खत्म नहीं करेंगे, भ्रष्टाचार नहीं मिटेगा। ये जो रुपये-पैसे वाले लोग हैं, भ्रष्टाचार करने में उन्हीं का मोटिव है। गरीबों की ओर से यह माँग उठती है कि सम्पत्ति को बाँटो, हमको भी खाना दो, हमको भी आरक्षण दो। यह आरक्षण का सवाल क्या है? अभिषेक मनु

सिंघवी जी ने दावा किया है कि हम तो सबको लेकर चलनेवाले हैं। मैं कहता हूँ कि आप तो उसी धारा के प्रतिनिधि हैं। यदि आपको देखना है, तो देख लीजिए कि आजादी के बाद अमरीका में राजदूत कौन रहा है, इंग्लैंड में राजदूत कौन रहा है? कैसी-कैसी रिपोर्ट्स आती थीं कि पैसों की बर्बादी हो रही है, लेकिन प्रधानमंत्री जी ने कभी नोटिस नहीं लिया। यह भी भ्रष्टाचार है अपने हित में, अपने रिश्तेदारों के हित में पद का दुरुपयोग करना भ्रष्टाचार है। दिल्ली में चुनाव हुआ था और सुचेता कृपलानी जी किसान मजदूर प्रजा पार्टी से 1952 में चुनाव जीती थीं और उनके विरोध में प्रधानमंत्री जी की भतीजी को खड़ा करवा दिया गया था। उन्होंने जितनी सभाएँ उस क्षेत्र में कीं, उसके अलावा और किसी क्षेत्र में नहीं कीं। यह सारा भ्रष्टाचार है, इसलिए भ्रष्टाचार की परिभाषा में यह शामिल किया जाए। जो भ्रष्ट लोग हैं, उनका वेस्टेड इंटरेस्ट है।

उपसभापति महोदय, हमारे इलाके में लोग खैनी बहुत खाते हैं। वह एक तरह का तम्बाकू है। आप दरवाजे पर चाय और खैनी रख दीजिए, 24 घंटे दस लोग दरवाजे पर खड़े रहेंगे, हमारे यहाँ इतनी गरीबी है। हमारे यहाँ पाँच रुपये के लिए इतनी गरीबी है।...(समय की घंटी)...जहाँ लोग इतने परेशान रहते हैं, तो ऐसे देश में क्या चुनाव ईमानदारी के साथ होंगे? बड़े घरानों के लोग करोड़ों रुपये खर्च करके लोकसभा का चुनाव जीतते हैं। राज्य सभा में कैसे-कैसे लोग चुनकर आ रहे हैं, यह बताने की जरूरत नहीं है। उस सदन में भी जहाँ एक-एक आदमी वोटर है, वहाँ कैसे लोग जीतकर आ रहे हैं?

जो गरीब आदमी है, जिसके पास दोनों समय भोजन नहीं है, जिसके पास खैनी खाने का पैसा नहीं है, जिसके पास चाय पीने का पैसा नहीं है, वोट देते-देते उसकी तकदीर नहीं बदल रही है, उसकी हालत नहीं बदल रही है। चुनाव के समय उसको दो सौ, पाँच सौ, एक हजार, दो हजार, रुपये मिल जाते हैं, यही उसके लिए बहुत है। इसलिए सीताराम जी, अगर चुनाव में भी भ्रष्टाचार रोकना है, तो देश के अन्दर जो गैर-बराबरी है, उस गैर-बराबरी को मिटाना होगा।

अभी संविधान की बात हो रही थी। सतीश चन्द्र मिश्रा जी ने कहा कि हम संविधान की शपथ लेते हैं। संविधान की जितनी अवहेलना, जितना अपमान आपने किया है, उतना किसी ने नहीं किया है। जब संविधान बनाया जा रहा था, कपिल सिब्बल साहब, आप तो उसके जानकार हैं, ज्ञानी हैं जब directive principle तय हो रहा था कि सरकार जो भी नीति बनाएगी, उस नीति का लक्ष्य क्या होगा, यही directive principle था। उस समय उसको fundamental rights में शामिल कराने की बात हो रही थी। उस समय देश की हालत ऐसी नहीं थी कि उसको fundamental rights में शामिल किया जाता, इसलिए directive principle बनाया गया। अम्बेडकर हों या नेहरू, सबने यह कहा कि कोई भी सरकार बनेगी और कोई

भी नीति बनाएगी, तो इसको ध्यान में रखेगी। हम उसी संविधान की शपथ लेते हैं। आपने देश में कैसी नीति चलाई? उस नीति के चलते 1950 में जो गैर-बराबरी थी और आज जो गैर-बराबरी है, आपके पास कोई गज-मीटर नहीं है कि आप इस गैर-बराबरी को नाप सकें, आपने इतनी गैर-बराबरी बढ़ाई है। इस देश में जिस अनुपात में गैर-बराबरी बढ़ी, उसी अनुपात में भ्रष्टाचार बढ़ा। भ्रष्टाचार की जननी हैं आप और आप इसे रोकिएगा? इस देश में कितने कानून बने हैं—दिल्ली पुलिस इस्टैब्लिशमेंट ऐक्ट, सेकंड वर्ल्ड वार के बाद जो भ्रष्टाचार हुआ, उसके लिए बना। आजादी के बाद खेमचन्द कमेटी बनी, 1952 में CrPC बनी, मनी लॉन्ड्रिंग ऐक्ट, बेनामी सम्पत्ति ऐक्ट, फिर आपने आईपीसी में कई कानून बनाए, आपने सीवीसी बनाया। क्या भ्रष्टाचार रुका? क्योंकि आप इन कानूनों का इस्तेमाल नहीं करते हैं। हमको किसी ने बताया कि बेनामी ट्रांजेक्शन एक्ट पास हो गया, लेकिन उसका रूल नहीं बना। अभी हाल में एक्स-चीफ जस्टिस ऑफ इंडिया ने सोनिया जी को चिट्ठी लिखी कि सीवीसी में दो मेम्बर्स के पद खाली हैं। हमारे बिहार के प्रत्युष कुमार सिन्हा दो महीने में रिटायर होनेवाले थे और दो-दो पद खाली थे। आप वहाँ जगह नहीं देते हैं, उनको साधन नहीं देते हैं और आप कहते हैं कि भ्रष्टाचार से लड़ेंगे! आप नहीं लड़ सकते, क्योंकि भ्रष्टाचार में आपका vested interest है। आप जो आर्थिक नीति चला रहे हैं, वह आर्थिक नीति गैर-बराबरी बढ़ानेवाली है, जो बगैर भ्रष्टाचार के चल ही नहीं सकती है, उसे चलाया ही नहीं जा सकता है।

इसलिए, हमें बहुत सन्देह है, फिर भी आप इसे ले आए हैं, इसकी हमें बहुत खुशी है। जैसा अभी कहा गया, 1963-64 में नहीं, सबसे पहली दफा Ombudsman की बात सी.डी. देशमुख जी ने उठाई थी, जो 1952 में जब पहला चुनाव हुआ था, उससे पहले चुनाव के बाद इस देश के वित्त मंत्री बने थे। वे महाराष्ट्र के थे, मनोहर जोशी जी के प्रान्त के थे। सबसे पहले उन्होंने इसके बारे में कहा था। क्या आप जानते हैं कि पंडित नेहरू की इस पर क्या प्रतिक्रिया हुई? उन्होंने कहा कि अरे! क्या कर रहे हो, इससे तो आपस में खींचातानी चलेगी, कोई काम नहीं कर पाएगा। राजेन्द्र प्रसाद जी ने पंडित जवाहरलाल नेहरू जी को चिट्ठी लिखी कि इसे बनाइए, यह बहुत जरूरी है। उन्होंने कहा कि देखिए, राजेन्द्र बाबू तो हमारी मुखालफत करनेवाले हैं! राजेन्द्र बाबू ने यह मुँह पर कहा।

1946 में जब सरकार बनी, उसके पहले 1937 में देश के राज्यों में सरकार बनी थी, 6 राज्यों में कांग्रेस की सरकार थी। उस समय हालत यह थी कि गांधी जी के पास जब खबरें आने लगीं, तो गांधी जी ने कहा कि इस कांग्रेस को दफना देना चाहिए। यह रेकॉर्ड में है। अभी जो है...(समय की घंटी)...

श्री उपसभापति : तिवारी जी, आप समाप्त कीजिए।

श्री शिवानन्द तिवारी : मैं बस दो मिनट में अपनी बात खत्म कर रहा हूँ।

श्री उपसभापति : नहीं-नहीं, प्लीज, अब आप बैठिए।

श्री शिवानन्द तिवारी : एक उदाहरण और देकर मैं अपनी बात समाप्त कर रहा हूँ। अभी 'टेलीग्राफ' अखबार में यह छपा था। चेन्नई के एक तमिल व्यक्ति, जो सन् 1947-48 में महात्मा गांधी जी के प्राइवेट सेक्रेटरी थे, उनका एक इंटरव्यू छपा। उन्होंने कहा कि 1947 के सितम्बर महीने से ही गांधी जी के पास on an average भ्रष्टाचार की 80 चिट्ठियाँ आ रही थीं, लेकिन भ्रष्टाचार दूर नहीं हुआ। उन्होंने उसी स्टेटमेंट में यह बताया कि एक बार लोकसभा में बहस हो रही थी, उस समय एक माननीय सदस्य ने भ्रष्टाचार का सवाल उठाया। उस समय तत्कालीन प्रधानमंत्री जवाहरलाल नेहरू जी ने कहा कि हम माननीय सदस्य से अनुरोध करेंगे कि यह जो 'लिटिल भ्रष्टाचार' है, इसके बारे में वे चिन्ता नहीं करें। इस पर उस आदमी ने जवाब दिया कि यह 'लिटिल भ्रष्टाचार' 'लिटिल प्रेग्नेंसी' की तरह है, जो समय के साथ बढ़ेगा। आपने कोई कदम नहीं उठाया। आज जो भ्रष्टाचार का राक्षसी रूप दिखाई दे रहा है, वह इसी कारण से है। देश में जो भ्रष्टाचार है, उसके जवाबदेह आप हैं।

श्री उपसभापति : तिवारी जी, अब समाप्त कीजिए।

श्री शिवानन्द तिवारी : अगर आप इससे ईमानदारी के साथ लड़ना चाहते हैं, तो हम लोगों ने जो संशोधन दिए हैं, उन संशोधनों के साथ इस लोकपाल बिल को पास कीजिए। जो बिल आपने बनाया है, वह दंतविहीन है, नखविहीन है और उस लोकपाल से कुछ नहीं होनेवाला है। इसलिए हम आपसे गुजारिश करेंगे कि अगर आप सचमुच इसे ईमानदारी से पास करवाना चाहते हैं, तो इसे संशोधनों के साथ पास कराइए। बहुत-बहुत धन्यवाद।

कुपोषण और राष्ट्रीय शर्म

Rajya Sabha
[15 Mar, 2012]

श्री शिवानन्द तिवारी : धन्यवाद उपसभापति महोदय। हम सब लोगों ने राष्ट्रपति जी के सम्बोधन को सुना है, उसको पढ़ा है। मुझे बहुत आश्चर्य लगा कि राष्ट्रपति जी ने इस सरकार की पीठ कैसे थपथपाई! अगर सरकार के काम को देखा जाए, तो राष्ट्रपति जी को इस सरकार का कान पकड़ना चाहिए था। यह सरकार बिना पतवार के नाव की तरह है। दशाहीन, दिशाहीन और अर्द्धमूर्च्छित सरकार है यह। इस सरकार ने ऐसा कोई काम नहीं किया है, जिससे इस सरकार की पीठ थपथपाई जाए।

उपसभापति महोदय, क्या हालत है इस मुल्क की, यह कहने की जरूरत नहीं है। इसी साल जनवरी में भूख और कुपोषण पर एक रिपोर्ट जारी करते हुए हमारे देश के प्रधानमंत्री जी ने कहा कि इस देश में जन्म लेनेवाले 42 परसेंट बच्चे कुपोषित होते हैं, underweight होते हैं और यह राष्ट्रीय शर्म की बात है। मैं नहीं समझ पाता हूँ कि प्रधानमंत्री जी यह जो राष्ट्रीय शर्म की बात कह रहे हैं, उसका क्या अर्थ है? ये जो 42 परसेंट बच्चे कुपोषित पैदा हो रहे हैं, क्या इनके मां-बाप को शर्मिन्दा होना चाहिए या इस देश में जो लगभग 70 परसेंट लोग किसी तरह से जीवन बसर कर रहे हैं, उनको शर्मिन्दा होना चाहिए? मुझको तो लगता है कि अगर किसी को शर्मिन्दा होना चाहिए, तो हमारे प्रधानमंत्री जी को शर्मिन्दा होना चाहिए। हमारे देश के प्रधानमंत्री जी नामी अर्थशास्त्री हैं। 1991 में वित्त मंत्री के रूप में इन्होंने देश को एक नई आर्थिक नीति दी, जिसके बारे में कहा गया कि यह उदारीकरण की आर्थिक नीति है और देश का जो रोग है, वह इस मनमोहनिक आर्थिक नीति से दूर हो जाएगा। आज 1991 से लेकर 2012 तक मनमोहनिक आर्थिक नीति को देश में चलते हुए 21 बरस हो गए, लेकिन उपलब्धि क्या हुई? प्रधानमंत्री जी खुद शर्मिन्दा नहीं हो रहे हैं, वे कह रहे हैं कि देश को शर्मिन्दा होना चाहिए, राष्ट्र को शर्मिन्दा होना चाहिए। यह बहुत बुरी हालत है।

हमारे यहाँ लगभग 2 करोड़, 16 लाख या 18 लाख बच्चे हर साल पैदा होते

हैं। इनमें से आधे से अधिक, लगभग 1 करोड़ 83 लाख बच्चे कुपोषित पैदा होते हैं। इन कुपोषित पैदा होनेवाले बच्चों का भविष्य क्या है? इनका कद नहीं बढ़ता है, इनका दिमाग नहीं बढ़ता है। स्वामीनाथन साहब यहाँ बैठे हुए हैं, इन्होंने कहा कि यह क्रूरतम किस्म की गैर-बराबरी है। इन बच्चों का कोई कसूर नहीं है। इनका कसूर सिर्फ यह है कि प्रधानमंत्री जी जो अर्थव्यवस्था चला रहे हैं, उस अर्थव्यवस्था के कारण उनकी माँ को भरपेट भोजन नहीं मिलता है। जब वे गर्भ में आते हैं, उसी समय से उनको जो खुराक मिलनी चाहिए, वह उनको नहीं मिलती है। इससे उनका पूरा भविष्य अंधकारमय हो जाता है। इस क्रूरतम किस्म की गैर-बराबरी के लिए शर्मिन्दा तो प्रधानमंत्री जी को होना चाहिए। एक-दो नहीं, आपको ऐसे कई सर्वेक्षण मिल जाएँगे।

अभी वेंकैया नायडू जी बोल रहे थे तो उन्होंने महँगाई के सवाल को उठाया। हम देख रहे थे, एक सर्वेक्षण हुआ—'Save the Children'। 15 फरवरी, 2012 को इस सर्वेक्षण की रिपोर्ट जारी हुई। इसकी रिपोर्ट में कहा गया है कि नाइजीरिया के बाद भारत एक ऐसा देश है, जिसके एक-चौथाई अभिभावक यह कहते हैं कि उनके बच्चों को अक्सर भूखे रहना पड़ता है। यह बात बच्चों के गार्जियन स्वयं कहते हैं। सर्वेक्षण में 24% लोगों ने कहा कि उनके यहाँ 16 साल से कम उम्र के बच्चे अक्सर भूखे रहते हैं। 29% लोगों ने कहा कि उनके बच्चों को पर्याप्त भोजन नहीं मिलता है। 29% लोगों ने कहा कि महँगाई के चलते हमको राशन में कटौती करनी पड़ती है। 17% लोग स्कूल छुड़वा कर, अपने बच्चों को रोटी के इन्तजाम में भेजते हैं। यह देश की हालत है और राष्ट्रपति जी इस सरकार की पीठ थपथपा रही हैं! मुझे इस बात पर बहुत आश्चर्य होता है।

भूख और कुपोषण की समस्या हमारे देश में नई नहीं है। आजादी के पहले, हमको याद है, हमने महात्मा गांधी जी को पढ़ा था, गांधी जी ने कहा था कि अगर गरीब आदमी को भगवान दर्शन देना चाहेंगे, तो वे रोटी के रूप में ही दर्शन देंगे। गांधी जी ने यह भी कहा था कि हम नहीं चाहते कि आप गरीब लोगों को रोटी दीजिए। उनका कहना था कि हर आदमी ह्यूमेन डिग्निटी के साथ अपनी रोटी कमा सके, इसका इन्तजाम होना चाहिए।

हमारे यहाँ मनमोहनिक आर्थिक नीति से देश का जो विकास हो रहा है, यह किस तरह का विकास हो रहा है? यह जॉबलेस विकास हो रहा है। विकास तो हो रहा है, जी.डी.पी. का ग्रोथ तो हो रहा है, लेकिन रोजगार का सृजन नहीं हो रहा है। बेरोजगारी के चलते लोगों के पास क्रय शक्ति नहीं है, रोटी खरीदने की ताकत नहीं है।

उपसभापति महोदय, जिसके पास रोटी खरीदने की ताकत नहीं होती, उसका कोई ईमान-धर्म नहीं रहता। यह जो फूड सेक्योरिटी बिल है, यह जो सब्सिडी है, इस सबका क्या मतलब है? इसका मतलब तो केवल यह है कि आप स्वयं दाता

बने हुए हैं और जनता को आपने याचक बना रखा है। दाता बनने का बहुत सुख होता है। जो दाता होता है, अपने सामने भूखे आदमी के हाथ में रोटी देखकर उसे आत्मसंतोष का अनुभव होता है कि देखिए, हम कितने दयालु हैं कि हमने भूखे आदमी को भोजन कराया। आज यह सरकार भी दाता बनी हुई है और जनता को इसने याचक बनाकर रखा हुआ है। उनकी ह्यूमेन डिग्निटी की इन्हें कोई परवाह नहीं कि याचक की क्या स्थिति होगी।

हमारे प्रधानमंत्री जी स्वाभाविक रूप से देश के प्रधानमंत्री नहीं बने हैं। उन्होंने कभी हम लोगों की तरह गाँवों में जाकर, नारा लगा कर, जुलूस निकालकर राजनीति नहीं की है। वे तो एक नामित प्रधानमंत्री हैं। उनको तजुर्बा नहीं है कि गाँवों की क्या हालत है। आप गाँवों में जाइए, वहाँ लोगों की क्या हालत है। दौड़ कर बूढ़े आते हैं, बूढ़ी आती है और कहती है कि हमारी पेंशन दिलवा दीजिए, हमें इन्दिरा आवास दिलवा दीजिए और हमारा नाम अन्त्योदय में जुड़वा दीजिए। पूरे देश की अधिकांश जनता को कांग्रेस पार्टी, जिसका इस देश में लम्बे समय तक शासन रहा, उसने याचक बनाकर रखा है। आदमी की मर्यादा को खत्म करके रखा है। यह हालत है इस देश की। देश कैसे चला रहे हैं, भगवान मालिक है।

महोदय, हर मोर्चे पर देखिए। भ्रष्टाचार के मामले में तो सारे रिकॉड्र्स टूट गए हैं। उसके बारे में बहुत-से लोगों ने कहा। मैं इस बारे में कुछ ज्यादा नहीं बोलना चाहता हूँ। एक बात पर मेरे जैसा आदमी बहुत चिन्तित होता है कि देश चलाने का यह कौन-सा तरीका है? एन.सी.टी.सी. के बारे में अभी वेंकैया नायडू साहब बोल रहे थे। इसमें बहुत खतरनाक काम हुआ है। जब एन.सी.टी.सी. बना, उस समय देश के लगभग 17-18 मुख्यमंत्रियों ने इसका विरोध किया। प्रधानमंत्री जी का बयान आया कि हम मुख्यमंत्रियों की बैठक बुलाएँगे। लेकिन, बैठक किसने बुलाई? बैठक होम सेक्रेटरी ने बुलाई, जिसमें डी.जी.पी. और चीफ सेक्रेटरीज को बुलाया। इसमें विवाद का मुद्दा क्या है? विवाद का मुद्दा एक संवैधानिक व्यवस्था है। राज्य सरकारों ने कहा कि फेडरलिज्म के तहत संविधान ने जो हमें अधिकार दिया है, उसका यह उल्लंघन हो रहा है। स्वाभाविक रूप से मुख्यमंत्रियों की बैठक होती है, वह बुलानी चाहिए थी, लेकिन देश के होम सेक्रेटरी चीफ सेक्रेटरीज और डी.जी.पी. की बैठक बुला रहे हैं, इसका क्या मतलब है? ऑल इंडिया सर्विस के जो लोग हैं, उनको आप राज्य सरकारों की तरफ भड़काना चाहते हैं? अखबारों में भी इसे दिखाया गया। मैंने भी अगले दिन अखबार दिखाया था कि लोकसभा में गृह मंत्री जी ने कहा कि हमने गृह सचिव से पूछा तो उन्होंने डिनाई किया और कहा कि हमने इस तरह की बात नहीं की। लेकिन, उपसभापति महोदय, मैं आपको स्मरण कराना चाहूँगा कि जब एन.सी.टी.सी. पर राज्यों के मुख्यमंत्रियों का प्रतिवाद आ रहा था, उस समय इन्हीं गृह सचिव ने कहा था कि राज्य सरकारों से सलाह लेने

की कोई जरूरत नहीं है। भला बताइए, एक नौकरशाह इस तरह की बात बोलता है! उस आदमी के बारे में होम मिनिस्टर ने कहा कि उसने ऐसा नहीं कहा है। मैं इसे नहीं मानता हूँ, क्योंकि इसके पहले उनका एक बयान आ चुका था कि राज्य सरकारों से सलाह की जरूरत नहीं है। आप यह कैसा राज चला रहे हैं?

अपने समय में जवाहरलाल नेहरू एक बड़े नेता थे, लोग कहते हैं कि अगर जवाहरलाल नेहरू चाहते तो डिक्टेटर हो जाते। लेकिन, उनको डिक्टेटर होने की जरूरत नहीं थी। 1952 में पार्लियामेंट का जो कॉम्पोजिशन था, उसे आप देखिए। उसमें कांग्रेस के बाद जो सबसे बड़ा दल था, जो कि विरोधी दल था, वह कम्यूनिस्ट पार्टी थी, जिसके 16 सदस्य थे और उसके बाद समाजवादी लोग थे, जिनके 12 सदस्य थे। उस समय पंडित नेहरू जो कुछ चाहते थे सो हो जाता था, इसलिए उनको डिक्टेटर बनने की जरूरत नहीं पड़ी। लेकिन, इस देश में एक ऐसा काल भी आया, जिसको हम लोगों ने देखा कि खबर छपती थी कि फलाँ मुख्यमंत्रियों को ऐसे बदलती हैं, जैसे साड़ी बदलती हों। एक यह काल भी आया और लगता है कि उसी टेम्परामेंट में यह सरकार चल रही है। क्या हालत है, भाई?

महोदय, मैं बिहार से आता हूँ। सन् 2011 की जनगणना की जो रिपोर्ट है, उसके हिसाब से हमारे यहाँ 82 परसेंट लोग किरासन तेल से अपने घरों में रोशनी करते हैं। अभी हमारे यहाँ एक ग्लोबल समिट हुआ था। सब लोगों ने कहा कि बिहार की तरक्की कैसे होगी, बिहार में बैंक इन्वेस्टमेंट कैसे करेंगे और अगर वे इन्वेस्टमेंट नहीं करेंगे तो सी.डी. रेसियो बढ़ेगा? हमारे यहाँ 30:32 सी.डी. रेसियो है। उन लोगों ने कहा कि इंडस्ट्री लगाइए। लेकिन, इंडस्ट्री कैसे लगेगी, बिजली नहीं है? हमारे यहाँ 82 परसेंट से ज्यादा लोग किरासन तेल से रोशनी करते हैं। ऐसा नहीं है कि बिजली किसी पंसारी की दुकान में बिकती हो, जिसे बिहार सरकार या नीतीश सरकार खरीद ले। वैसे हमने वहाँ बिजली खरीदी भी है। बिहार सरकार ने 500 मेगावाट बिजली खुले बाजार से खरीदी है, लेकिन हमारी हालत क्या है? 11वीं पंचवर्षीय योजना में आपने हमें कोल लिंकेज नहीं दिया। बरौनी एक सरकारी पावर स्टेशन है, उसकी क्षमता का हम विस्तार करना चाहते हैं, हम उसी कैम्पस में 500 मेगावाट की एक नई इकाई लगाना चाहते हैं। इसमें क्या बात है? तो आपको हम कोयला नहीं देंगे, कोल लिंकेज नहीं देंगे। वह सरकारी क्षेत्र का पावर स्टेशन है और उसको आप कोल लिंकेज नहीं दे रहे हैं। कैसे-कैसे लोगों को आपने मिनिस्टर बना रखा है? ऐसे ही लोगों के चलते उत्तर प्रदेश में आपकी दुर्गति हो गई। ऐसे ही लोगों के चलते आप पंजाब में सरकार बनाने का जो सपना देख रहे थे, वह सपना चकनाचूर हो गया। हमारे यहाँ एक सेंट्रल यूनिवर्सिटी बननेवाली है, उसका प्रस्ताव गया हुआ है। इस सम्बन्ध में हमारे मुख्यमंत्री जी ने कहा कि मैं मोतिहारी गया हुआ था, वहाँ पर जन सभा हो रही थी, बड़ी जन सभा थी। मैंने मोतिहारी

के लोगों को कहा कि अगर आप हमको एक हजार एकड़ जमीन दीजिए, तो हम आपके यहाँ महात्मा गांधी के नाम पर एक यूनिवर्सिटी खोल देंगे। तीन जगहों पर लोग एक-एक हजार एकड़ जमीन देने के लिए तैयार हो गए। हमारे प्रदेश में आबादी का घनत्व सबसे ज्यादा है। मोतिहारी जिले में लोगों ने तीन-तीन जगहों पर एक-एक हजार एकड़ जमीन दी। हमारे कपिल सिब्बल साहब मंत्री हैं, कैसे-कैसे नन-पॉलिटिकल लोग इस सरकार को चला रहे हैं, वे उसके एक नमूना हैं। उन्होंने कह दिया कि नहीं साहब, हम वहाँ यूनिवर्सिटी नहीं खोलेंगे, आप हमें इसके लिए पटना में जमीन दीजिए। प्रदेश सरकार का कहना है कि हम पटना में जमीन नहीं दे सकते हैं। इस सम्बन्ध में इसी सदन में हमसे हुज्जत भी हुई। आप कह रहे हैं कि बोध गया में खोलेंगे, वहाँ आर्मी का जो ट्रेनिंग सेंटर था, वह खत्म हो गया है, इसलिए हम इसको बोध गया में खोलेंगे। मैंने...परसों प्रधानमंत्री जी को कहा, जब प्रधानमंत्री जी यहाँ आए थे, तो मैंने यहीं पर खड़े होकर कहा कि यह क्या हो रहा है, तो उन्होंने कहा कि हम सेंट्रल यूनिवर्सिटी को बढ़िया से चलाना चाहते हैं, इसलिए मुख्यमंत्री जी जहाँ कह रहे हैं, वहाँ सेंट्रल यूनिवर्सिटी नहीं खोलकर कपिल सिब्बल जहाँ कह रहे हैं, वहाँ पर यूनिवर्सिटी खोलेंगे।

मुझको याद आया कि जब इस देश में अंग्रेज आए थे, तो उन्होंने कहा था कि हिन्दुस्तान के लोगों को अपना अच्छा-बुरा सोचने की तहजीब नहीं है, ज्ञान नहीं है, हम उनको यह तहजीब सिखाएँगे। बिहार के लोगों को यह मालूम नहीं है, वहाँ की सरकार को, नीतीश कुमार जी को, जिनके बारे में दुनिया भर के लोग बड़ी तारीफ कर रहे हैं, उनके अन्दर यह सलाहियत नहीं है कि सेंट्रल यूनिवर्सिटी कहाँ खोली जाए। बिहार में कहाँ पर सेंट्रल यूनिवर्सिटी खोलना अच्छा होगा, यह दिल्ली में बैठकर तय होगा। क्या यही Federalism है? क्या यही राज्यों का अधिकार है?

संविधान में यह व्यवस्था है कि केन्द्र सरकार राजस्व की वसूली करेगी और फाइनेंस कमीशन जो पॉलिसी बनाएगा, उसके हिसाब से राज्यों में उसका वितरण होगा। आप संविधान की इस व्यवस्था से बाहर जाकर सेंट्रल स्कीम चला रहे हैं और पैस भेज रहे हैं। संविधान के अनुसार वही राज्यों का हिस्सा है। उसका उल्लंघन करके आप संविधान विरोधी काम कर रहे हैं। आप राज्यों में सेंट्रल स्कीम चला रहे हैं। इसके बाद आप राज्यों में जाते हैं और कहते हैं कि हमने इतना पैसा भेजा, हाथी खा गया। हमने इतना पैसा भेजा, तीतर खा गया, लेकिन लोगों को जनता ने तोड़ा और 2014 ज्यादा दूर नहीं है। 2014 तो दूर की बात दिखाई दे रही है, आज जो हालत है, वह आपके बस में या हमारे बस में नहीं है। यह सरकार कब खत्म हो जाएगी, कब सरकार जाएगी, इसका कोई ठिकाना नहीं है। उपसभापति महोदय, यह हालत है। इस तरह से कहीं राज्य चलता है?

इनकी विदेश नीति को देखिए। बगल में हमारा पड़ोसी तिब्बत है, तिब्बत के

साथ भारत का हजारों वर्षों का सम्बन्ध है। आज भी सीमित संख्या में इस देश के लोग कैलाश और मानसरोवर जाते हैं, क्योंकि उनको लगता है कि हमारे जो आराध्य हैं शंकर, वे इसी कैलाश पर्वत पर बैठे हुए हैं। उस तिब्बत के साथ क्या हुआ? हमारे देश के सबसे लोकप्रिय प्रधानमंत्री पंडित जवाहरलाल नेहरू जी ने आँख मूँदकर, तिब्बत का जो aggression हुआ, चीन ने जो उसको अपने कब्जे में लिया, उसको मान्यता दे दी। उसको मान्यता दे दी, sovereignity लिख दी कि तिब्बत पर चीन की sovereignity है। आज वहाँ क्या हालत है? वहाँ पर 23 लोगों ने आत्महत्या की है। उन्होंने आत्महत्या नहीं की, बल्कि आत्मदाह किया है। अगर आत्महत्या करते, तो बात समझ में आती। जब आदमी की बर्दाश्त के बाहर हो जाता है, तभी आदमी इस तरह का कदम उठाता है। हमारे बगल में, तिब्बत में, जिस तिब्बत के साथ हमारा हजारों वर्षों का सम्बन्ध है, हमारा आध्यात्मिक सम्बन्ध है, हमारा सांस्कृतिक सम्बन्ध है, हमारा धार्मिक सम्बन्ध है, उस तिब्बत में लोग आत्मदाह कर रहे हैं और हम कान में तेल डालकर सोए हुए हैं। हमारी यही स्थिति है।

मालदीव में क्या हुआ? मालदीव में हिन्दुस्तान का समर्थक जो राष्ट्रपति था, उसको हटा दिया गया और यह अचानक नहीं हुआ, बल्कि इस सम्बन्ध में महीनों पहले से अखबारों में खबर छप रही थी कि मालदीव में बगावत होनेवाली है। वहाँ की मिलिट्री वहाँ के राष्ट्रपति, मोहम्मद नशीद को बर्दाश्त करने के लिए तैयार नहीं है। हम आँख बन्द करके सोए रहे, कान में तेल डालकर सोए रहे। नतीजा यह हुआ कि वहाँ राष्ट्रपति बदल गया और हम ऐसा दिखावा कर रहे हैं कि जैसे हमको कुछ नहीं मालूम, यह अचानक हो गया, रातोंरात हो गया।

उपसभापति जी, यह सरकार किसी भी मोर्चे पर चल नहीं पा रही है। यह सरकार कहीं से चल नहीं पा रही है। भूख की समस्या के बारे में मैंने शुरू में कहा। मेरी समझ में नहीं आता। मैं बिहार में गंगा के किनारे वाले इलाके से आता हूँ। इस सरकार का यह दावा है कि हमने बहुत विकास किया, हमने बहुत तरक्की की। हम बहुत जमीन वाले नहीं हैं। हमारी जमीन बीघा में भी नहीं, बल्कि कट्ठा में है, लेकिन हमको याद है कि बचपन में अपने खेत में मकई का बाल तोड़ने, चना का साग खाने हम लोग जाया करते थे। उस समय हमारे खेतों में रंग-बिरंगी तितलियाँ उड़ा करती थीं। एक से एक सुन्दर-सुन्दर तितलियाँ। आज हालत यह है कि हमारे जो पोते-पोती हैं, हमारे जो नाती-नातिन हैं, उनको हम फोटो में तितली दिखाते हैं। विकास इस तरह हुआ कि तितलियाँ खत्म हो गईं।

हमको याद है, अभी फागुन का महीना गुजरा, हम लोग जिस इलाके के हैं, हमारे समाज में यह परम्परा रही है कि शाम को चार-पाँच बजे ढोलक पर थाप पड़ती थी और लोग रात भर ढोलक-झाल लेकर गाँव के एक-एक दरवाजे पर

फगुआ गाने जाते थे। आज के जो नौजवान हैं, उनसे दो घंटे भी ढोलक नहीं बज पाता है, झाल नहीं बज पाती है। क्यों? इसलिए कि हम लोग बचपन में मोटा अनाज खाते थे। हम टांगुन खाते थे, मसुरी खाते थे, बाजरा खाते थे, सोंवा खाते थे, वे सब खत्म हो गए और आज स्थिति यह है कि हमारी थाली में सिर्फ गेहूँ और चावल हैं। आज सब लोग यह कह रहे हैं, जो डाइट विशेषज्ञ हैं, वे यह कह रहे हैं कि यह जो रागी है, यह जो मिलेट है, उनमें जितना आयरन है, उसमें जितने दूसरे तत्त्व हैं, वे दूध से भी ज्यादा लाभदायक हैं, जबकि हमारी सरकार उन अनाजों को फिर से जिन्दा करने का उपाय नहीं कर रही है। ये malnutrition के लिए ICDS से आयरन के कैप्स्यूल्स बाँट रहे हैं। ऐसा दिवालियापन कहीं नहीं हो सकता है।

[उपसभाध्यक्ष (प्रो. पी.जे. कुरियन) पीठासीन हुए]

आप 2001 का सेन्सस पढ़ लीजिए। इस देश में आधे से अधिक लोग अभी भी खुले में शौच करते हैं। गाँव-देहात में जाइए, वहाँ महिलाओं को बैठे हुए देखिए, शर्म आती है। किसी भी गाड़ी की बत्ती उन पर पड़ती है, तो वे उठ कर खड़ी हो जाती हैं। हमको याद है, एक बार डॉ. लोहिया ने लोक सभा में पंडित जवाहरलाल नेहरू को चुनौती देते हुए कहा था कि महिलाएँ, जो बाहर शौच के लिए जाती हैं, उनके लिए अगर पंडित जवाहरलाल नेहरू की सरकार उनके घर के अन्दर शौच करने की व्यवस्था करा दे, तो मैं इस सरकार से सुलह कर लूँगा, यह शर्त उन्होंने रखी थी। आज देश की हालत यह है कि देश की आजादी के 63-64 वर्षों के बाद जिस सरकार की राष्ट्रपति जी पीठ थपथपा रही हैं, उस सरकार के राज में आधे से अधिक लोग खुले में शौच करते हैं। करीब 20 परसेंट लोग आधा किलोमीटर दूर से पानी लेकर आते हैं। यह 2011 का सेन्सस कह रहा है, यह मैं नहीं कह रहा हूँ। अभी भी एक बड़ी आबादी कैरोसीन तेल से अपने घरों में रोशनी कर रही है और आप कह रहे हैं, देश आगे बढ़ रहा है। आप कह रहे हैं, देश तरक्की कर रहा है। कहाँ है तरक्की? हम प्रधानमंत्री जी से पूछना चाहते हैं। प्रधानमंत्री जी पहले सत्र में यहाँ थे। उस समय हमको बहुत खुशी हुई थी कि हमारी उनसे रू-ब-रू बात होगी और मैं उनको अपनी बात कहूँगा। अब यहाँ नारायणसामी जी बैठे हैं। पता नहीं, ये हमारी कितनी बात प्रधानमंत्री जी तक पहुँचाएँगे! आप बताइएगा, यह राष्ट्रीय शर्म की बात नहीं है, बल्कि यह मनमोहन सिंह जी के लिए* वे कोई पॉलिटिकल वर्कर नहीं रहे हैं। आज उनकी जो स्थिति है, उसमें यह स्थिति इसलिए है कि जो प्रधानमंत्री होता है, वह देश का नेचुरल लीडर होता है, और जो नेचुरल लीडर होता है, उसका सब आदर करते हैं, इज्जत करते हैं। लेकिन दुर्भाग्य है, प्रधानमंत्री जी को रखा गया है। उनको लोकसभा से नहीं लड़वाया गया, यहाँ राज्य सभा में भेजा गया। यह पुरानी परम्परा है। पता नहीं, आप लोगों में से कितने लोगों को यह

याद होगा। कांग्रेस की यह पुरानी परम्परा 1952 में शुरू हुई थी। उस समय मद्रास राज्य था और आन्ध्र प्रदेश वगैरह उसी में थे। 1952 के चुनाव में वहाँ यूनाइटेड फ्रंट को बहुमत मिला था।

*Expunged as ordered by the Chair.

कांग्रेस अल्पमत में थी। यूनाइटेड फ्रंट के जो लीडर थॉमस साहब थे, संविधान के अनुसार उनको बुलाना चाहिए था, लेकिन उनको नहीं बुलाया गया। किसको बुलाया गया? राजा जी को। संयोग देखिए कि राजा जी ने विधानसभा का चुनाव नहीं लड़ा था। गवर्नर साहब ने उनको बुलाया। उस समय गवर्नर श्री श्रीप्रकाश थे, जो नामी आदमी, स्वतंत्रता आन्दोलन के थे। बुलाया उन्हें, कौंसिल में नॉमिनेट किया और मुख्यमंत्री के रूप में शपथ ग्रहण करा दी। तो कांग्रेस की पुरानी आदत है। यहाँ भी देश का प्रधानमंत्री अगर लोकसभा...*(व्यवधान)*...

श्री शिवानन्द तिवारी : अब अगर लोक सभा का चुनाव लड़कर नहीं आता है तो उसकी अथॉरिटी कैसे बनेगी? हमको लगता है कि पंजाब में कहीं से भी चुनाव लड़ते या दिल्ली में भी कहीं से चुनाव लड़ते तो देश की जनता प्रधानमंत्री को चुनाव में हराती नहीं, उनको चुनाव में जितवाकर भेजती। फिर क्यों नहीं लड़ाया गया? इसलिए कि मुट्ठी में रहें, इसलिए कि कब्जे में रहें। अब वह जमाना गया, अब वह कब्जेदारी खत्म, अब खानदान के नाम पर कोई जीतनेवाला नहीं है। हमको भी गलतफहमी थी कि अगर* फेल करेंगे तो* कांग्रेस के तरकश में एक ब्रह्मास्त्र है।... *(व्यवधान)*...सुनिए...*(व्यवधान)*...उनकी इसी पर दुर्गति हो गई।...*(व्यवधान)*...

*Expunged as ordered by the Chair.

श्री शिवानन्द तिवारी : यह दो-दो ब्रह्मास्त्र कांग्रेस के लेकिन क्या हुआ? कहा गया कि उत्तर प्रदेश में एक लाख करोड़ भेजा, जिसको हाथी खा गया। क्या हुआ कांग्रेस का? जो दूसरी ब्रह्मास्त्र थी, उन्होंने दो संसदीय क्षेत्र में प्रचार किया, दूर संसदीय क्षेत्र में।...*(व्यवधान)*...अब राजनीति कीजिए, भड़ैती छोड़िए...*(व्यवधान)*...

Shri Vice-Chairman (Prof. P.J. Kurien) : Expunge the names. Tiwariji, don't take names....*(Interruptions)*... They cannot come here and defend themselves....*(Interruptions)*... ऐसा मत कीजिए।...*(व्यवधान)*...नाम एक्सपंज कर दीजिए।

श्री शिवानन्द तिवारी : आपमें इतना सहने की ताकत होनी चाहिए।...*(व्यवधान)*...

उपसभाध्यक्ष (प्रो. पी.जे. कुरियन) : नाम मत लीजिए।...*(व्यवधान)*...

श्री शिवानन्द तिवारी : कांग्रेस ने जो देश की राजनीतिक संस्कृति को विकृत किया है, यह भड़ैती की संस्कृति कांग्रेस राजनीति में ले आई है और आज भी वही दिखा रही है। तो किसके सहारे अब चुनाव की वैतरणी लड़िएगा? जो दो-दो ब्रह्मास्त्र थे, दोनों को आपने चला दिया। ब्रह्मास्त्र की खूबी है कि एक बार से अधिक नहीं चलता, एक बार में उसकी ताकत खत्म हो जाती है। दोनों ब्रह्मास्त्रों को आपने इस चुनाव में इस्तेमाल कर लिया, दोनों चूक गए, आपके पास आगे कुछ नहीं बचा हुआ है। आगे अपने कर्म की बदौलत आपको बढ़ना होगा। हमने जैसा कहा कि यह सरकार दिशाहीन है, यह सरकार लक्ष्यहीन है, यह सरकार अर्द्धमूर्च्छित है, इसको पता ही नहीं है कि हम किधर जाएँ—बायें जाएँ, दाहिने जाएँ, सीधे जाएँ, इस सरकार को कुछ पता नहीं है।

उपसभाध्यक्ष महोदय, मुझको लगता है कि राष्ट्रपति महोदया ने बहुत गलती की है जो इस सरकार की पीठ थपथपाने का काम किया है। यह सरकार तो ऐसी है कि इसके कान ऐंठने चाहिए, इसकी नाक रगड़वानी चाहिए। जिस सरकार के नेतृत्व में देश के आधे बच्चे कुपोषण के शिकार हों, जिस देश की 70 परसेंट और 80 परसेंट आबादी के लिए शाम के खाने का कोई ठिकाना न हो, तो ऐसी सरकार की कोई प्रशंसा करे तो उससे बड़ा अपराधी और कोई नहीं हो सकता है। इसलिए, राष्ट्रपति महोदया का जो अभिभाषण है, उस अभिभाषण में जो सरकार की तारीफ की गई है, उसका मैं विरोध करता हूँ, और माँग करता हूँ कि राष्ट्रपति महोदया इस सरकार का कान पकड़कर, इसकी नाक रगड़ें और इसको सिखाएँ कि सही रास्ते पर चलो, नहीं तो तुम्हारा बंटाधार होगा। बहुत-बहुत धन्यवाद।

आबादी और जमीन

Rajya Sabha

श्री शिवानन्द तिवारी : मैं माननीय मंत्री जी से जानना चाहता हूँ, 2005-06 में खेती का जो उत्पादन था, 2010-11 में भी उतना ही उत्पादन है। इसके ज़रिये वे यह साबित करने की कोशिश कर रहे हैं कि हमारे यहाँ की खेती लायक जमीन को हम दूसरे काम में नहीं लगा रहे हैं।

महोदय, हमारे साथ दिक्कत यह है कि दुनिया में जितनी जमीन पर खेती होती है, उसका महज 3% हिस्सा ही हमारे पास है, लेकिन दुनिया की जो पूरी आबादी है, उसका 17% भारत में है। जहाँ कृषि योग्य भूमि का 3% हिस्सा है और दुनिया की 17% पॉपुलेशन हमारे देश में है और हमको उन्हें खिलाना भी है। लेकिन जिस ढंग से महँगाई बढ़ी है और लगातार बढ़ती जा रही है, सरकार करती यह है कि बाजार में आपूर्ति डिमांड के हिसाब से नहीं होती है। एक तरफ माननीय मंत्री जी दावा कर रहे हैं कि हमारा उत्पादन घटा नहीं है, लेकिन सारे आँकड़े बता रहे हैं कि आजादी के बाद या उसके पहले से भी हमारे यहाँ खाद्यान्न की प्रति व्यक्ति उपलब्धता लगातार घटती जा रही है।...*(व्यवधान)*...क्या कारण है? या तो हम अपने खेत में उत्पादकता को, प्रोडक्टिविटी को नहीं बढ़ा रहे हैं या हमारे यहाँ पर उत्पादन की ज़मीन घटती जा रही है, इसके बारे में हम सफाई चाहेंगे? आप एक साल के आँकड़े देकर यह साबित नहीं कर सकते हैं कि हमारा उत्पादन घटा नहीं है, बढ़ा है। सभी जानते हैं कि हमारे देश में 60% जमीनें ऐसी हैं, जो भगवान के भरोसे हैं...*(व्यवधान)*...

श्री उपसभापति : आप क्लैरिफिकेशन पूछिए।

श्री शिवानन्द तिवारी : अगर मौसम ने साथ नहीं दिया तो हमारे देश में

भयानक संकट पैदा हो जाता है। हम माननीय मंत्री से जानना चाहते हैं कि प्रति व्यक्ति अनाज की उपलब्धता को बढ़ाने के लिए क्या कृषि विभाग कोई विशेष योजना चला रहा है ताकि आम आदमी को, गरीब आदमी को, आपूर्ति और माँग का जो गैप है, जिसके चलते उसे महँगाई का बोझ झेलना पड़ता है, उससे मुक्ति मिले?

ब्लू स्टॉर ऑपरेशन का विरोध

Rajya Sabha
[21 March, 2012]

श्री शिवानन्द तिवारी : सभापति महोदय, इस सदन में यह दस्तूर है कि कुछ लोग विदा लेते हैं और हम उनको विदा देते हैं। उसी के अनुसार आज हमारे जो साथी यहाँ से विदा ले रहे हैं, उनको हम यहाँ से ढेर सारी शुभकामनाओं के साथ विदा कर रहे हैं। हमने काफी समय तक एक-दूसरे के साथ काम किया है, एक-दूसरे के साथ सहयोग किया है। ये लोग यहाँ इस सदन से तो जाएँगे, लेकिन हम सब जानते हैं कि इनका काम यहीं समाप्त नहीं हो रहा है।

जो साथी यहाँ से जा रहे हैं, उनमें से कुछ के साथ मेरा काफी पुराना सम्बन्ध रहा है। जैसे श्री राजनीति प्रसाद बिहार से आते हैं और उनके साथ हमारा लगभग 40 वर्षों का सम्बन्ध है। हम लोग यहाँ 1970 में गिरफ्तार होकर दिल्ली के तिहाड़ जेल में भी एक साथ रहे थे।

जब बिहार का आन्दोलन हुआ था, उस समय भी जेल में रहे थे। ये बहुत ही साधारण कार्यकर्ता रहे हैं, इनको मैं लम्बे अरसे से देखता रहा हूँ। इस सदन में उनको आने का मौका मिला। हमको बहुत अच्छा लगा, हालाँकि उस समय हम भी लालू जी के ही साथ थे और बड़ा विवाद हुआ था राज्यसभा को ले करके। लेकिन जब राजनीति प्रसाद यहाँ आए तो हमको बहुत अच्छा लगा था कि एक गरीब कार्यकर्ता को इस सदन में लालू प्रसाद जी ने भेजा। सुरेन्द्र सिंह अहलुवालिया जी से मेरी मुलाकात 1984 की है, जब ब्लू स्टार ऑपरेशन हुआ था और उससे देश में जिस तरह का माहौल बना था। लोहिया विचार मंच में, हम लोग काम करते थे, तो हम लोगों का मानना था कि यह ब्लू स्टार ऑपरेशन बिलकुल गलत था। हम लोगों ने फैसला लिया कि जनता के अन्दर जो सिखों के खिलाफ गुस्सा बन रहा है, उसको शान्त करना चाहिए और इसके जो तथ्य हैं, उनके बारे में लोगों को बताया जाना चाहिए। उस समय हमारे साथियों ने कुछ आशंका जाहिर की थी कि अभी इस सवाल पर बोलना खतरे से खाली नहीं है। लेकिन हम लोगों ने तय किया

कि नहीं, हम लोगों के बीच में जाएँगे। हम लोगों ने एक फोल्डर छपवाया, जिसमें हम लोगों ने अपना पक्ष रखा कि हम उस ब्लू स्टॉर ऑपरेशन का क्यों विरोध कर रहे हैं, इसकी पूरी कहानी हम लोगों ने बताई। साथ ही हम लोगों ने नुक्कड़ सभाएँ भी करनी शुरू कीं। हमें याद है कि पूरे बिहार में हम लोगों ने सौ-डेढ़ सौ नुक्कड़ सभाएँ की थीं। पटना के Boring Road Chauraha पर, जहाँ अहलुवालिया जी का घर है, हम भाषण कर रहे थे। किसी ने आकर हमको कहा कि एक सरदार जी आपको बुला रहे हैं। हमको यह लगा कि जो माहौल है हमारे मुल्क का, उसकी वजह से कहीं यह सरदार जी संकट में न हों, हम उनसे मिलने गए और वहीं हमारी पहली मुलाकात हुई और इन्होंने बताया कि वे इससे पहले कोलकाता में थे। उस समय से ही हमारा इनसे परिचय है। अभी इन्होंने अपने विदाई भाषण में कहा कि हम 61 साल की उम्र में जा रहे हैं। हम तो कहेंगे कि हम 65 साल की उम्र में यहाँ रहे हैं। हम सन् 1965 में पहली दफा जेल गए थे। हमको भी राजनीति करते हुए 46 वर्ष हो गए हैं। 56 वर्ष की उम्र में हम असेम्बली में गए। असली चीज तो यह है कि हम जनता के बीच में काम करते हैं, सदन के अन्दर रहें या बाहर रहें, हमारी पहचान समाज में बनती है या नहीं बनती है, वह एक महत्त्वपूर्ण सवाल है।

मैं लालू प्रसाद जी से उम्र में बड़ा हूँ। लालू प्रसाद जी को बगैर असेम्बली और बगैर पार्लियामेंट के जो पहली कुर्सी राजनीति में मिली थी, उसके बारे में यहाँ सेंट्रल हॉल में एक दिन बात हो रही थी। हमने उनको कहा कि यह बताओ कि समाजवादी सभा का मेम्बर किसने किसको बनवाया? वहाँ कई पत्रकार थे, शंकर दयाल वगैरह बैठे हुए थे, लालू प्रसाद जी ने कबूल किया कि आपने बनाया। फिर हमने कहा कि इन्कलाब जिन्दाबाद किसके पीछे तुमने लगाया? उन्होंने कबूल किया कि आपके पीछे लगाया। हमने यह भी सवाल किया कि आपको पहली राजनीतिक कुर्सी कब मिली? उन्होंने बहुत उदारता के साथ कबूल किया, मैं पटना विश्वविद्यालय छात्र संघ का महासचिव हुआ। मैंने कहा कि मैं मानता हूँ कि हंड्रेड परसेंट आप मेरी वजह से रहे, फिफ्टी परसेंट का क्रेडिट देते हो या नहीं? उन्होंने कहा कि हाँ, हम देते हैं। तो लम्बे समय में ये सारे साथी आए, बहुत ताकतवर नेता के रूप में सब लोग उभरे। नीतीश कुमार जी, जब सेकंड ईयर में इंजीनियरिंग कॉलेज के विद्यार्थी थे, और मैं लालू प्रसाद जी के लिए वोट माँग रहा था, उस समय मेरी इनसे पहली मुलाकात हुई थी। मुझे नीतीश जी के साथ बहुत नजदीकी के साथ काम करने का मौका मिला। हमको याद है कि एक बार हम लोग लोहिया विचार मंच का सम्मेलन कर रहे थे। नीतीश जी ने political रिजोल्यूशन पेश किया था। यह 1978 की घटना है। आप सब जानते हैं कि किसी भी political पार्टी में, political ज़मात में जो political रिजोल्यूशन होता है, वह सबसे महत्त्वपूर्ण होता है और उस पर जब चर्चा होती है तो काफी लोग भाग लेते हैं और उस रिजोल्यूशन का जो मूवर होता

है, उसको जवाब देना और सबको सन्तुष्ट करना, यह बड़ा कठिन काम होता है। नीतीश जी ने जिस तरीके से उस काम को किया, उसी समय हम लोगों ने कहा कि इस आदमी में पोटेंशियल है चीफ मिनिस्टर बनने का। उनके साथ बहुत लम्बा समय रहा काम करने का।

व्यास जी के साथ भी मैं एक कमेटी में रहा। व्यास जी ने जो अभी अपना विदाई भाषण दिया, उससे इनके विचार को हर कोई समझता है। हमारे बारे में भी सब जानते हैं लेकिन कमेटी की मीटिंग में काफी नोक-झोंक होती रही।

इनके जो विचार रहे हैं, उससे बिलकुल अलग मेरे विचार रहे हैं और मैंने हमेशा अपनी बात बिना भेदभाव के इनके सामने रखी है। इनकी बात को काटा है, लेकिन हम लोगों के बीच व्यक्तिगत सम्बन्ध बने रहे हैं इसलिए जो हमारे साथी जा रहे हैं, इसका मुझे दुःख है, लेकिन मैं उम्मीद करूँगा कि ये जहाँ भी रहें, जिस क्षेत्र में भी काम करें, उसमें ईमानदारी के साथ काम करें ताकि देश और समाज के लिए काम करनेवालों में इनका नाम रहे।

मैं इनके प्रति अपनी शुभकामनाएँ व्यक्त करता हूँ। बहुत-बहुत धन्यवाद।

संविधान के अधिकार और उनका उल्लंघन

Rajya Sabha
[29 Mar., 2012]

श्री शिवानन्द तिवारी : उपसभापति महोदय, इस पर पहले ही सत्र में लगभग सारी पार्टियों के नेताओं ने अपनी राय जाहिर की है। सरकार की जो ally पार्टियाँ हैं, जो सरकार का समर्थन कर रही हैं, उनकी भी यही राय है। मैं समझता हूँ कि टी.एस.सी. की भी यही राय है, राम गोपाल जी की समाजवादी पार्टी की भी यही राय है, श्री सतीश चन्द्र मिश्रा जी ने भी बहुजन समाज पार्टी की राय बताई है।

उपसभापति महोदय, मुझे लगता है कि सदन के बहुमत की यही राय है कि अगले महीने की 16 तारीख को इस मामले में जो मुख्यमंत्रियों की बैठक बुलाई जा रही है, उसी में इसको सामने रखा जाए। उसमें जो Consensus बनता है, उसके आधार पर इसे सदन में लाया जाए। अगर मुख्यमंत्रियों की राय होगी, अथवा वहाँ से कोई संशोधन आता है, जिसको आप स्वीकार करते हैं, तो उस संशोधन के साथ आप इसे फिर से सदन में ले आइए। हमारी रिक्वेस्ट यही है कि आज इसको स्थगित किया जाए और 16 अप्रैल की मीटिंग के बाद ही इसको लाया जाए।

श्री शिवानन्द तिवारी : उपसभापति जी, आज सन्दर्भ बदल गया है। रविशंकर जी ने जो सवाल उठाया है और सी.आर.पी.एफ., इंडो-तिब्बत बॉर्डर पुलिस के बारे में गृह मंत्री जी ने जो कुछ बताया है, हम उस पर कहीं भी शुबहा नहीं कर रहे हैं, लेकिन आज सन्दर्भ बिलकुल बदल गया है। आज राज्यों के मन में यह धारणा बैठ गई है कि हमारे संविधान ने फेडरलिज्म के अन्तर्गत जो अधिकार दिया है, यह सेंट्रल गवर्नमेंट उसके उल्लंघन पर आमादा है।

लोकपाल का, लोकायुक्त का जो बिल आया, उस समय से ही यह विवाद शुरू हुआ। हम आपके मोटिव पर डाउट नहीं कर रहे हैं, हम आपसे आग्रह करेंगे, हमारी सिर्फ इतनी रिक्वेस्ट है कि 16 तारीख को मुख्यमंत्रियों की जो बैठक होनेवाली है, आप इसको उस बैठक तक टाल दीजिए। आपका बिल जिस रूप में है, लोग उसको उसी रूप में मानने के लिए तैयार हैं। हम लोगों को कोई एतराज नहीं है। हमारा केवल यही अनुरोध है कि आज इसको डफर कर दिया जाए।

कुपोषित बच्चे

Rajya Sabha
[24 April, 2012]

उपसभाध्यक्ष (श्री पी.जे. कुरियन) : श्री शिवानन्द तिवारी। तिवारी जी, तीन-तीन घंटे में यह बिल पास करना है, इसलिए time constraint है।

श्री शिवानन्द तिवारी : उपसभाध्यक्ष जी, मैं इस बिल के समर्थन में बोलने के लिए खड़ा हुआ हूँ। यह बिल सदन में introduce होने के बाद स्टैंडिंग कमेटी में भेजा गया था और स्टैंडिंग कमेटी ने कई सुझाव दिए थे जिन्हें मंत्री महोदय को consider करना चाहिए।

उपसभाध्यक्ष जी, अभी हाल ही में प्रधान मंत्री जी ने कुपोषित बच्चों, malnutrition के शिकार बच्चों, underweight बच्चों के बारे में एक रिपोर्ट जारी करते हुए कहा था कि यह राष्ट्रीय शर्म की बात है। उस रिपोर्ट के अनुसार हमारे देश में लगभग 42 परसेंट बच्चे अंडरवेट पैदा होते हैं। इसके चलते कई तरह की disabilities हमारे समाज में व्याप्त हैं और ऐसे कई मामलों में हमारा दुनिया में रिकॉर्ड है। इसलिए हमारा यह अनुरोध होगा कि disability का दायरा बढ़ाया जाए। दूसरी बात यह कहना चाहूँगा कि जो disabiled बच्चे हैं, उनको जो special educator की जरूरत होती है, उनकी संख्या हमारे देश में नहीं है। इसके लिए माननीय मंत्री जी को उपाय करना चाहिए। इसके अलावा disabiled बच्चों की पढ़ाई के लिए जो साधन हैं, जिन बच्चों को दिखाई नहीं देता, वह ब्रल लिपि वगैरह से पढ़ाई करते हैं, उस तरह के साधनों की भी हमारे यहाँ बहुत कमी है और वे लगभग न के बराबर हैं। उन साधनों को बढ़ाए जाने के बारे में भी मैं मंत्री जी से माँग करूँगा। मैं मंत्री जी से यह भी चाहूँगा कि वे राज्य सरकारों को इस तरह के साधन उपलब्ध कराएँ। महोदय, राज्य सरकारों के पास इस तरह के साधन नहीं हैं या इन बच्चों के लिए special educator तैयार करने का जरिया राज्य सरकारों के पास नहीं है। इसलिए

केन्द्र सरकार को इस बात की जवाबदेही लेनी चाहिए कि जो disabled children हैं, उनको खास तरह से शिक्षित किए जाने के लिए उस तरह से ट्रेंड लोगों को वह राज्य सरकारों को मुहैया कराए, खास करके जो lagging States हैं, पिछड़े हुए या गरीब राज्य हैं, जहाँ कि disabled बच्चों की संख्या ज्यादा हैं, उन राज्यों में underweight बच्चे पैदा हो रहे हैं, वहाँ केन्द्र सरकार विशेष तौर पर ध्यान दे।

महोदय, स्टैंडिंग कमेटी में यह बिल गया था जिसने बहुत ही अच्छी सिफारिशें दी हैं। मंत्री महोदय ने उन्हें कितना consider किया, मैं नहीं जानता, लेकिन मुझे उम्मीद है कि जब मंत्री जी जवाब देंगे तो स्टैंडिंग कमेटी की सिफारिशों के बारे में और सरकार क्या करने जा रही है, वे इस बारे में भी बताएँगे। इसी के साथ मैं इस बिल का समर्थन करता हूँ।

गिरिराज किशोर के पद्म सम्मान लौटाने का मामला

Rajya Sabha
[30 April, 2012]

Returning of Padma Award by Shri Giriraj Kishore in protest against auction of Mahatma Gandhi's belongings

श्री शिवानन्द तिवारी : उपसभाध्यक्ष महोदय, देश के प्रसिद्ध साहित्यकार और दक्षिण अफ्रीका में भारतीय मजदूरों के हक को बहाल कराने के लिए महात्मा गांधी के ऐतिहासिक संघर्ष पर बीस वर्षों की अथक मेहनत से काव्यात्मक उपन्यास 'पहला गिरमिटिया' लिखनेवाले पद्मश्री गिरिराज किशोर ने अपना पद्म सम्मान लौटाने की घोषणा की है। गिरिराज जी 17 अप्रैल को लन्दन में गांधी जी के चश्मे, चरखे और उनकी रक्त-बूँदों से सनी मिट्टी की नीलामी से काफी आहत हैं। इस नीलामी के पहले इसकी खबर देश के अखबारों में छप चुकी थी। गिरिराज जी ने 5 अप्रैल, 2012 को प्रधानमंत्री जी को ई-मेल पर इसकी जानकारी देकर नीलामी को रुकवाने की माँग की थी। उन्होंने 11 अप्रैल को राष्ट्रपति जी को पत्र लिखकर इस मामले में हस्तक्षेप करने की माँग की थी, लेकिन खेद है कि भारत सरकार ने इस दिशा में कोई पहल नहीं की और 17 अप्रैल को नीलामी हो गई। खबर के मुताबिक गांधी जी की रक्त-बूँदों से सनी मिट्टी 10 हजार पौंड में नीलाम हुई। यह राष्ट्रीय शर्म की बात है कि हमारा देश जिनको राष्ट्रपिता के रूप में सम्मान देता है, उनके रक्त की नीलामी होती है और हमारी सरकार सुगबुगाती तक नहीं है। वह भी ऐसी सरकार, जिसके तमाम नेता अपने आपको गांधी जी का सच्चा वारिस मानते हैं। भले ही यह सरकार गांधी जी के प्रति असंवेदनशील हो गई है, लेकिन देश इस खबर से आहत है। अथक मेहनत से गांधी जी के दक्षिण अफ्रीका के संघर्ष पर काम करनेवाला साहित्यकार अपना सम्मान लौटाने की घोषणा कर चुका है।

अत: मैं सरकार से माँग करता हूँ कि वह तत्काल इस मामले में सक्रिय हो और गांधी जी की रक्त-बूँदों से सनी मिट्टी सहित नीलाम अन्य वस्तुओं को देश में वापस लाए।

गिरफ्तारी कानूनी प्रक्रिया के मुताबिक हो

Rajya Sabha
[10 May, 2012]

Arrest of Persons in Bihar by Central Intelligence Agency and the Police Personnel of other States

श्री शिवानन्द तिवारी : उपसभाध्यक्ष महोदय, सी.एन.टी.सी. पर मुख्यमंत्रियों की बैठक में और इस सदन में भी गृह मंत्री जी ने यह आश्वासन दिया था कि आतंकवादी गतिविधियों में शामिल व्यक्तियों की गिरफ्तारी कानून की प्रक्रिया के मुताबिक होगी। उन्होंने Unalwful Activity Prevention Act (UAPA) का हवाला देते हुए बताया था कि इस ऐक्ट में 2008 में संशोधन करते हुए 43बी जोड़ा गया है। इस 43बी के अनुसार जिस व्यक्ति की गिरफ्तारी होगी, उसको निकटवर्ती थाने में प्रस्तुत किया जाएगा और यहाँ के थानेदार के साथ उस अभियुक्त को निकटवर्ती अदालत में ले जाया जाएगा। अदालत से ट्रांजिट रिमांड मिलने के बाद उसको उस जगह ले जाया जाएगा, जहाँ के अपराध में उसके शामिल होने का आरोप है। लेकिन बगैर इस कानूनी प्रक्रिया के निर्वाह किए हुए, फॉलो किए हुए, बिहार में लगातार कई ऐसी घटनाएँ हुई हैं कि आई.बी. के लोग वहाँ गए और जिस तरह से किडनेपिंग की जाती है, अपहरण किया जाता है, उसी तरह से दरभंगा से लोगों को उठाकर, स्थानीय पुलिस को सूचना दिए बगैर अदालती फॉरमेल्टीज पूरा किए, उन्हें गिरफ्तार करके ले आते हैं।

अभी एन.सी.टी.सी. पर मुख्यमंत्रियों की जो बैठक हुई थी, उसके बाद यह घटना हुई है कि आन्ध्र प्रदेश और कर्नाटक की पुलिस बिहार में गई और उसने उस व्यक्ति को terrorism के आरोप में गिरफ्तार कर लिया। अभी फरवरी महीने में, पुलिस दरभंगा शहर से एक साइकिल मिस्त्री, शफीक अंसारी को गिरफ्तार करके ले आई। वहाँ भी आई.बी. पुलिस ने थाने की कोई मदद नहीं ली। अभी यह हालत है और वहाँ कभी भी लॉ एंड ऑर्डर की स्थिति पैदा हो सकती है। हमारे यहाँ के

डी.जी. पुलिस ने गृह मंत्रालय को लिखकर एक आपत्तिजनक और गम्भीर शिकायत दर्ज कराई है। अभी परसों, तरसों हमारे मुख्यमंत्री ने पटना में प्रेस कॉन्फ्रेंस कर इसका जोरदार विरोध किया है। वहाँ यह हालत है और गृह मंत्री जी यह बयान दे रहे हैं। अभी एन.सी.टी.सी. की स्थापना नहीं हुई है, तब यह हालत है। आज मैंने अखबार में कर्नाटक के डी.जी. का बयान देखा, उसमें उन्होंने यह कहा कि यह कार्य चुपचाप करना इसलिए जरूरी था, क्योंकि अगर हम लोग बिहार की पुलिस को खबर कर देते, तो उस अभियुक्त को खबर मिल जाती और वह भाग जाता। आज इस तरह का अविश्वास है। इसका क्या मतलब है कि पुलिस और गृह मंत्रालय इस ढंग से बात करें? जिस कानून को वे खुद बनाते हैं, उस कानून का उल्लंघन करें? मैं माँग करता हूँ कि गृह मंत्री जी इन घटनाओं की जाँच करें और जो लोग दोषी हैं, उनके विरुद्ध कार्यवाही करें, ताकि पुलिस कानून की हिफाजत करनेवाली के रूप में दिखाई दे। बहुत-बहुत धन्यवाद।

अंग्रेज़ियत को इस देश से जाना चाहिए

Rajya Sabha
[13 May, 2012]

उपसभाध्यक्ष (प्रो. पी.जे. कुरियन) : श्री शिवानन्द तिवारी। तिवारी जी, 10 मिनट से ज्यादा न लें।

श्री शिवानन्द तिवारी : मुझे खुशी है कि जब हम लोगों की बारी आई तो आप समय का ध्यान रख रहे हैं, पहले आपने समय का ध्यान नहीं रखा था।

उपसभाध्यक्ष (प्रो. पी.जे. कुरियन) : सबके लिए।

श्री शिवानन्द तिवारी : महोदय, आज हम अपनी संसदी की 60वीं वर्षगाँठ मनाने के लिए इकट्ठे हुए हैं। यह हमारे लिए एक मुबारक दिन है और यह इसलिए भी मुबारक दिन है कि जिस समय हमारा मुल्क आजाद हुआ, उसके आसपास जो भी मुल्क आजाद हुए, उनमें से अधिकांश मुल्कों में जम्हूरियत चल नहीं पाई, लोकतंत्र चल नहीं पाया। हम यह दावा कर सकते हैं कि हमारे यहाँ लोकतंत्र मज़बूती के साथ चल रहा है और हम दुनिया के एक बड़े लोकतंत्र के रूप में स्थापित हैं।

महोदय, 1952 में जब हमारा पहला चुनाव हुआ, उसके बाद से अब तक हमारे लोकतंत्र का जो बड़ा काम हमको दिखाई देता है, वह यह कि हमारा भारतीय समाज, हजारों वर्षों से एक जड़ समाज रहा है। इस समाज में कुछ लोगों के हाथ में सामाजिक सत्ता रही है। उन्हीं के निर्देशों पर हमारा देश चलता रहा और हजारों वर्षों से चलता रहा है। इस सामाजिक व्यवस्था के कारण देश की बहुत दुर्गति हुई है। हम देश के हज़ार वर्ष का इतिहास देखते हैं तो पाते हैं कि हमारा देश कहीं घुटने टेक कर खड़ा रहा है, हमेशा समर्पण किया है, लेकिन उस जड़ता को तोड़ने का काम वोट के अधिकार ने किया। उसने शानदार काम किया और जड़ता को तोड़ा और जिन समूहों का वर्चस्व रहा, वह वर्चस्व टूट गया है, वोट की ठेकेदारी खत्म हो गई है, वंचितों का विशाल समूह अपने अधिकार के प्रति जागा है और उसने

नारा लगाया है कि 'वोट हमारा राज तुम्हारा, नहीं चलेगा नहीं चलेगा।' यही वजह है कि हमारी संसद और विधानसभाओं में बहुमत उन तबकों का है, जो हज़ारों सालों से वंचित रहे हैं, हाशिए पर रहे हैं। आप इस पार्लियामेंट का भी अगर शुरू से हिसाब लगाकर देखें तो 1977 का पहला चुनाव है, जब यहाँ पिछड़े लोगों, वंचित समूहों ने ओवरटेक किया उन्हें, जोकि सदियों से सत्ता पर काबिज़ थे। हम इसे एक बड़ी उपलब्धि के रूप में देखते हैं।

उपसभाध्यक्ष महोदय, दूसरी ओर हमारी आजादी की लड़ायी का जो सपना था, महात्मा गांधी कांग्रेस पार्टी से बड़े थे और महात्मा गांधी ही देश के स्वतंत्रता संग्राम के नायक थे, उन्होंने एक सपना देखा था और उन्होंने कहा था कि मुझे कोई ऐतराज नहीं, अंग्रेज हमारे देश में बस जाएँ, लेकिन अंग्रेजियत को इस देश से जाना चाहिए। इस देश से अंग्रेज तो चले गए, लेकिन इस देश को आज भी अंग्रेजियत से किसी भी मामले में मुक्ति नहीं मिल पाई है। हम देखते हैं कि लोकसभा और राज्यसभा की कार्यवाही देसी भाषा में नहीं होती। जिनके हम 250 वर्षों तक गुलाम रहे, आज उन्हीं की भाषा में काम कर रहे हैं। हम आजादी के 60 वर्ष बाद भी अपने अन्दर इस क्षमता का विकास नहीं कर पाए हैं कि हम देश की देसी भाषाओं में, देश की समस्याओं पर विचार-विमर्श कर पाएँ। यह क्षमता हम हासिल नहीं कर पाए और हमको लगता है कि यह हमारे लिए फ़ख्र की नहीं बल्कि शर्मिन्दगी की बात है। दूसरी ओर हम यह कहना चाहते हैं, इस सदन में भी इस विषय पर चर्चा हो चुकी है, गांधी जी ने कहा था कि जो ग़रीब लोग हैं, उनको इज्जत के साथ रोटी मिलनी चाहिए, लेकिन आज क्या हालत है? प्रधानमंत्री जी सदन में मौजूद हैं, इनकी बहुत बड़े अर्थशास्त्री के रूप में देश और विदेश में प्रतिष्ठा है, वर्ष 1991 में इन्होंने देश की जिस आर्थिक नीति की शुरुआत की थी, देश आज उसी आर्थिक नीति को चला रहा है, लेकिन हमने क्या उपलब्धि हासिल की है? हम आपसे कहना चाहते हैं, कुछ दिन पहले जब देश में कुपोषित बच्चों, भूखे बच्चों के बारे में प्रधानमंत्री जी की मौजूदगी में एक रिपोर्ट जारी हुई थी, तो प्रधानमंत्री जी ने कहा था कि यह राष्ट्रीय शर्म की बात है।

प्रधानमंत्री जी से हम पूछना चाहते हैं, क्योंकि आजाद देश में आजादी के बाद सबसे अधिक शासन आपकी पार्टी ने चलाया है और 1991 के बाद से आज तक देश आपकी बनाई हुई आर्थिक नीतियों पर चल रहा है, तो आज यह देश कहाँ पहुँचा है? एक तरफ सम्पत्ति का केन्द्रीकरण, जबर्दस्त केन्द्रीकरण हुआ है। हमें याद है, 1916 में महात्मा गांधी ने देश के वाइसराय को कहा था, जब उनकी सुरक्षा पर इतना ज्यादा खर्च हो रहा था, उन्होंने कहा था कि अगर आपको जिन्दा रखने के लिए इतना ज्यादा पैसा खर्च किया जा रहा है तो उससे अच्छा है कि आप मर जाएँ। आज देश की ऐसी हालत है कि 42 परसेंट बच्चे कुपोषित पैदा हो रहे हैं।

हमारे देश में गरीबों की कितनी तादाद है, उसका अनुमान आज तक यह सरकार नहीं लगा पाई है। प्लानिंग कमीशन का एक से एक बयान आता है। हम देखते हैं कि देश के गरीबों के लिए जो योजना बनानेवाले लोग हैं, वे लोग इस देश के गरीब इलाकों का जितना भ्रमण करते हैं, उससे ज्यादा अमरीका, इंग्लैंड और यूरोप का भ्रमण करते हैं और जिससे लगातार टी.ए., डी.ए. का खर्चा बढ़ता जा रहा है। आजादी के आन्दोलन में हमारे पुरखों ने, महात्मा गांधी ने एक सपना देखा था और संकल्प लिया था कि आजाद मुल्क में हम लोगों को गरीबी से, भूख से, लाचारी से और गैर-बराबरी से मुक्त करेंगे और यह बात हमने अपने संविधान के डायरेक्टिव प्रिंसिपल में भी लिखी है। उस समय एक ऐसा मुल्क बनाने का संकल्प लिया गया था, जिसमें सबको इज्जत और सुकून के साथ जिन्दगी गुजारने का मौका मिलेगा, लेकिन आज हम कहाँ पहुँचे हैं? इस सदन को इस पर विचार करना चाहिए।

उपसभाध्यक्ष महोदय, वह जो कसौटी बनाई गई थी और आजादी के आन्दोलन का जो संकल्प लिया गया था, उस कसौटी पर अगर हम आज इस साठवीं वर्षगाँठ के मौके पर अपने-आपको रखकर देखें, तो हमको कहीं से गर्व नहीं होता बल्कि हमको अपने लोकतंत्र पर थोड़ी शर्मिन्दगी होती है। जो वंचित समूह था, गरीब तबके के लोग थे, उनको हमने सोशल स्पेस तो दिया, लेकिन उनको आर्थिक स्पेस कहाँ दिया है? आज आप देखिएगा, एक अन्तर्विरोध है। जो गरीब आदमी है, जो पिछड़ा है, दलित है, वह लोकतंत्र का हिमायती है और हिमायती इसलिए है, क्योंकि हिमायती रहते हुए भी पॉलिटिकल पार्टीज को गाली देता है, अपने जन-प्रतिनिधि को गाली देता है। अगर उससे बात कीजिएगा कि क्या वोट का अधिकार नहीं रहना चाहिए, तो वह तत्परता के साथ जवाब देता है कि नहीं, वोट का अधिकार रहना चाहिए। वह महसूस करता है कि समाज में जो आज उसकी हैसियत बढ़ी है, उसका कारण वोट का अधिकार ही है। एक जमाना था, जब वोट की ठेकेदारी होती थी। हम वोट माँगनेवाले लोग गाँव में जाते थे और जो गाँव का मजबूत आदमी होता था, उसके दरवाजे पर बैठते थे। वहाँ से खा-पीकर जब चलते थे, तो वह कहता था कि आप जाइए, इस गाँव से निश्चिन्त रहिए। और उस गाँव से वोट मिल जाते थे। लेकिन आज हालत ऐसी है कि हम लोगों को, अधिकांश लोगों को चुनाव लड़ने का तजुर्बा है, हम लोगों को आज मुसहर के दरवाजे पर भी वोट माँगने के लिए जाना पड़ता है। हम उसके सामने भी हाथ जोड़ते हैं। यह जो अधिकार मिला है, यह जो उसको स्पेस मिला है, वह छोड़ना नहीं चाहता है। इसलिए आप देखिएगा कि वोट डालने में उसकी मुस्तैदी सबसे ज्यादा रहती है। जो पढ़ा-लिखा तबका है, वह तो मान रहा है कि लोकतंत्र फिजूल हो गया है। यहाँ तो ऐसे-ऐसे लोग आते हैं, जो सूअर पालते थे, गाय चराते थे, भेड़ चराते थे और हम जो पढ़े-लिखे लोग हैं, जिनमें देश और राज चलाने की सलाहियत है, हमको

बाहर फेंक दिया गया है। वही लोग आज बाहर बैठ करके लोकतंत्र को गाली दे रहे हैं और यह जो सदन है, यह सदन और वह सदन, इसकी गरिमा को गिराने की कोशिश कर रहे हैं। उनका यही मतलब है।

उपसभाध्यक्ष महोदय, अन्त में मैं एक बात कहना चाहता हूँ। सीताराम येचुरी जी मार्क्सवादी हैं। मार्क्स साहब ने एक बार कहा था कि धर्म जो है, अफीम है। मैं यह जानता हूँ कि आज जो कंज्यूमरिस्ट कल्चर है, उपभोक्तावादी संस्कृति है, वह अफीम से भी ज्यादा नशीली और मारक है। आज हमारे देश में जो संकट है, उसका मूल कारण यही है। आदमी के अन्दर जो लालच है, जिसको सारे धर्मों ने रोकने की, ढकने की, उसको कमजोर करने की कोशिश की, उसको आज कंज्यूमरिस्ट कल्चर चलानेवाले जो लोग हैं, वे आदमी की इस कमजोरी का लाभ उठाकर पूरे देश में बढ़ावा दे रहे हैं। इसलिए कभी-कभी जब चर्चा होती है, हमारे देश में जो फाइनेंशियल डेफेसिट है, उसके बारे में गम्भीर चिन्ता प्रकट की जाती है, तो हमको लगता है कि उससे ज्यादा चिन्ता जो इथिकल डेफेसिट है, जो हमारे देश पर नैतिकता का संकट है, उस पर प्रकट होनी चाहिए। आज जो यह चारों तरफ भ्रष्टाचार दिखाई दे रहा है, चारों तरफ जो लूट दिखाई दे रही है, उसके भी पीछे यही इथिकल डेफेसिट कारण है, जो डेफेसिट कंज्यूमरिस्ट कल्चर के कारण पैदा हुआ है।

अन्त में मैं एक गम्भीर खतरे की ओर आपका ध्यान आकर्षित करना चाहता हूँ। आज हम 60 बरस के बाद यहाँ बैठे हैं। हमको लगता है कि इस डेमोक्रेसी के सामने एक गम्भीर संकट यह है कि हमारे यहाँ कट्टरवाद बढ़ रहा है और हम असहमति के अधिकार को सीमित करते जा रहे हैं। हम देख रहे हैं कि आए दिन ताकत के आधार पर यह तय करने की कोशिश की जाती है कि हम कौन-सी किताब पढ़ेंगे, कौन-सी किताब नहीं पढ़ेंगे, कौन-सा लेख लिखा जाएगा, कौन-सा लेख नहीं लिखा जाएगा, कौन-सा कार्टून बनेगा, कौन-सा कार्टून नहीं बनेगा। आज यह सब ताकत के आधार पर तय किया जा रहा है और हम असहमति के अधिकार को जगह नहीं दे रहे हैं। प्रधानमंत्री जी और लीडर ऑफ दि अपोज़ीशन से हम पूछना चाहते हैं कि अगर असहमति का अधिकार नहीं होगा, तो लोकतंत्र कैसे चलेगा? असहमति का अधिकार तो लोकतंत्र की आत्मा है और अगर वही नहीं मिलेगा...।

उपसभाध्यक्ष (प्रो. पी.जे. कुरियन) : तिवारी जी, अब आप समाप्त कीजिए।

श्री शिवानन्द तिवारी : मैं समाप्त कर रहा हूँ। जब मायावती जी बोल रही थीं, उस समय आपने घड़ी नहीं देखी...*(व्यवधान)*...यहाँ साहस की कमी है और मैं सरकार से कहना चाहता हूँ कि जो कट्टरवादी ताकतें हैं, आप उनके सामने समर्पण करते जा रहे हैं। इसीलिए ये कट्टरवादी ताकतें मजबूत होती जा रही हैं और उनका

विस्तार होता जा रहा है। यह नियम सबके लिए है, चाहे मजबूत हो या कमजोर हो, नियम सबके लिए है। आप ताकत के साथ उस कुर्सी पर बैठे हैं, आपको नियम का अनुपालन करना चाहिए। कोई मजबूत बोले, तो आप चुप और कोई कमजोर बोले, तो आप घड़ी देखें और कहें तिवारी जी, समाप्त कीजिए, यह नहीं चलता है।

श्री सतीश चन्द्र मिश्रा (उत्तर प्रदेश) : उपसभाध्यक्ष जी, मायावती जी को 15 मिनट का समय मिला था और वे 15 मिनट ही बोली थीं। आपने शायद तिवारी जी को बताया नहीं कि मायावती जी को 15 मिनट का समय मिला था।

श्री शिवानन्द तिवारी : मैं खत्म कर रहा हूँ। मैं कह रहा हूँ कि असहमति का अधिकार लोकतंत्र का मौलिक अधिकार है। अगर सरकार असहमति के अधिकार की रक्षा नहीं करती है, जो उसका संवैधानिक दायित्व है, तो आप लोकतंत्र की रक्षा भी नहीं कर सकते हैं और यह बहुत चिन्ताजनक है। इस मौके पर मैं गुज़ारिश करूँगा कि हमें इस पर गम्भीरता से चिन्तन और मनन करना चाहिए। मैं पूरी संजीदगी के साथ कहता हूँ कि इसके लिए हमारे पास ज्यादा वक्त नहीं है। हमें सावधान होना पड़ेगा और लोकतंत्र को बचाने के लिए, मजबूती से असहमति के अधिकार को बचाने का प्रयास करना होगा तथा कट्टरवादी ताकतों पर लगाम लगानी होगी, अन्यथा लोकतंत्र नहीं बचेगा। इन्हीं शब्दों के साथ मैं अपनी बात समाप्त करता हूँ। धन्यवाद।

The Vice-Chairman (Prof. P.J. Kurien) : See, the Chair need not explain, yet I have to say that 15 minutes time was allotted to that party, उन्होंने 15 मिनट लिए।

श्री शिवानन्द तिवारी : उपसभाध्यक्ष जी, कुर्सी पर बैठते ही आपको नियम बता देना चाहिए।

बिहार : एक आन्तरिक उपनिवेश

Rajya Sabha
[15 May, 2012]

श्री शिवानन्द तिवारी : सभापति महोदय, आजादी के बाद से बिहार एक इंटरनल कॉलोनी के रूप में बना हुआ है। महोदय, बिहार की जो स्थिति है, उसका कारण इसका आन्तरिक उपनिवेश होना है। महोदय, रेलवे ने वर्ष 1994 तक freight equalization की नीति चलाई जिसके चलते बिहार में सिर्फ 'आयरन ओर' के मामले में 1 लाख 10 हजार करोड़ रुपये से ज्यादा का नुकसान हुआ है। महोदय, आज भी वहाँ का C-D ratio नेशनल एवरेज के मुकाबले 32-33 परसेंट है। हमारे यहाँ का पैसा डेवलप्ड स्टेट्स में जा रहा है और जहाँ हमारी पूँजी जा रही है, वहाँ हमारे यहाँ के लोग जा रहे हैं। फिर वहाँ उनके साथ बदसलूकी होती है। यह हालत हमारे बिहार की है और आज भी वहाँ इसलिए पूँजी का निवेश नहीं हो रहा है चूँकि वहाँ बिजली नहीं है। आप देखेंगे कि बिहार में per capita electricity consumption lowest है। इसके बावजूद केन्द्र सरकार हमको कोयला नहीं दे रही है, कोल लिंकेज तक नहीं दे रही है जिससे हम अपने यहाँ बिजली व्यवस्था में सुधार करें और अपने यहाँ इनवेस्टमेंट ला सकें। इसलिए मैं माननीय मंत्री जी से जानना चाहूँगा कि फर्स्ट फाइव ईयर प्लान से बिहार में per capita investment lowest रहा है और वहाँ पब्लिक इनवेस्टमेंट भी और राज्यों के मुकाबले लगभग शून्य रहा है तो बिहार में पब्लिक इनवेस्टमेंट हो, क्या ऐसी कोई योजना भारत सरकार की है?

पाकिस्तान देश तो कभी बना ही नहीं

Rajya Sabha
[17 May, 2012]

श्री शिवानन्द तिवारी : धन्यवाद उपसभाध्यक्ष महोदय। अभी हुसैन दलवई साहब का भाषण बहुत ही बढ़िया रहा। हमें लगता है कि बलबीर पुंज साहब ने जिस तरह से बातों को रखा था, मैं उनसे थोड़ा असहमत हूँ। असहमत इसलिए हूँ कि मैं नहीं मानता हूँ कि इसको हिन्दू-मुसलमान के नजरिये से देखा जाना चाहिए। यह दुर्भाग्य है कि इस देश का जो बँटवारा हुआ, उस बँटवारे के बाद पाकिस्तान कभी नेशन नहीं बन पाया, कभी राष्ट्र नहीं बन पाया। हमें याद है कि जब पाकिस्तान बना, उसके तुरन्त बाद अहमदिया लोगों के खिलाफ वहाँ पर भयानक दंगा हुआ और वहाँ के जो कट्टरवादी मुसलमान थे, उन लोगों ने कहा कि अहमदिया लोग मुसलमान नहीं हैं। तब पाकिस्तान सरकार ने एक ज्यूडिशियल कमीशन बनाया। उस ज्यूडिशियल कमीशन का एजेंडा यह था कि वह तय करें कि सही मुसलमान कौन हैं। लगभग तीन-चार वर्षों तक ज्यूडिशियल कमीशन इस बात की चर्चा करता रहा, अलग-अलग समूह से एविडेंस लेता रहा कि असली मुसलमान कौन हैं, लेकिन यह तय नहीं हो सका कि असली मुसलमान कौन हैं। उस कमीशन ने अपना पोथी-पत्रा बन्द कर दिया। आपको याद होगा कि लियाकत अली साहब, जो मोहम्मद अली जिन्ना के बाद पाकिस्तान के सबसे प्रभावशाली नेता थे और पाकिस्तान के प्रधानमंत्री थे, 1951 में उनकी हत्या हुई। इसी तरह जुल्फिकार अली भुट्टो को वहाँ फाँसी दे दी गई, बेनजीर भुट्टो को गोली मारी गई। इसी प्रकार पाकिस्तान देश तो कभी बना ही नहीं। अगर आप इतिहास देखें तो हाल के वर्षों में पाकिस्तान में कट्टपंथियों का जो दबदबा बढ़ा है, उसमें लगभग 35-40 हजार लोग मारे गए। जो 35-40 हजार लोग मारे गए हैं, उनमें प्राय: सारे के सारे मुसलमान लोग हैं। यह वहाँ की हालत हो गई है। अभी वहाँ पर ब्लूचिस्तान का जो इलाका है, उस इलाके के लोग पाकिस्तान से अलग होने की माँग उठा रहे हैं। नॉर्थ-वेस्ट फ्रंटियर में जो अलग-अलग कबिलाई हैं, उनको याद है कि मोहम्मद

अकबर बुक्ती कितनी शानदार पर्सनेलिटी थे। हमने 'डिस्कवरी ऑफ इंडिया' में उनका एक कार्यक्रम देखा था, वह दिखने में कितना शानदार था, एकदम जवान था, उसको पाकिस्तान की सरकार ने, जब मुशर्रफ साहब वहाँ के राष्ट्रपति थे, मिसाइल से मार दिया। पाकिस्तान की हालत बहुत खराब है। इसीलिए जो वहाँ का मसायल है, उसको हिन्दू-मुसलमान के नजरिये से हम लोग न देखें। आजादी के पहले इसी नजरिये ने इस देश का बँटवारा किया। हमें तो कभी-कभी लगता है कि देश के बँटवारे का जो इतिहास है, उसको फिर से लिखा जाना चाहिए। 1940 में मुस्लिम लीग की लाहौर में जो कॉन्फ्रेंस हुई, उसमें मुसलमानों के लिए अलग राष्ट्र की माँग की गई। लेकिन उसके पहले 1937 में हिन्दू महासभा की कॉन्फ्रेंस हुई, उसमें सावरकर साहब ने टू-नेशन थ्योरी का प्रस्ताव रखा था। लाला लाजपत राय ने उसका समर्थन किया। इस देश में हिन्दू और मुसलमान, दोनों अलग-अलग कौम हैं, यह सिलसिला लम्बे समय से चलता रहा है और हिन्दुओं का भी एक धड़ा यह मानता रहा कि यह देश हिन्दुओं का है। इस देश में दूसरी कौम के जो लोग रहेंगे, उनको सेकेंडरी सिटिजन बनकर रहना पड़ेगा, यह कहता रहा और मुसलमानों को चिन्ता यह रही कि साहब आजाद भारत में जब जम्हूरियत लागू होगी, तो हमेशा बहुमत हिन्दुओं का रहेगा और हमारा जो अधिकार है, हमारा जो राइट है, उसकी सुरक्षा कैसे हो पाएगी, यह चिन्ता उनको रही।

हमें याद है, जब 1937 का चुनाव हुआ। उत्तर प्रदेश का बहुत बड़ा रोल इस देश के बँटवारे में रहा है। आप देखिएगा, जो 1937 का चुनाव हुआ, उसमें कांग्रेस पार्टी और मुस्लिम लीग ने अनऑफिशियल ढंग से यानी समझौता करके चुनाव लड़ा। मोटा-मोटी यह बात थी कि चुनाव के बाद दोनों मिल-जुलकर सरकार बनाएँगे। उस समय का मुस्लिम लीग का इलेक्शन मेनिफेस्टो देखिए, मुस्लिम लीग चूँकि मुसलमानों को रिप्रजेंट करती थी, इसलिए कुछ बातों को छोड़कर कांग्रेस और मुस्लिम लीग के इलेक्शन मेनिफेस्टो में कोई फर्क नहीं था। चुनाव से पहले कांग्रेस को उम्मीद नहीं थी कि उसको बहुमत मिलेगा, लेकिन चुनाव के बाद कांग्रेस को बहुमत मिल गया। वहाँ पर कांग्रेस और मुस्लिम लीग की मिली-जुली सरकार बनती, लेकिन वे तैयार नहीं हुए। मौलाना आजाद ने 'India Wins Freedom' में लिखा है कि चौधरी खलिक जुमा और मिर्जा नवाब इस्माइल, ये दोनों लोग कांग्रेस के साथ मिलने के लिए तैयार थे, मिनिस्ट्री में शामिल होने के लिए। लेकिन पंडित जवाहरलाल नेहरू ने कहा कि हम दोनों में से एक को ही शामिल करेंगे। उस समय परिस्थिति ऐसी थी कि या तो दोनों शामिल होते या दोनों शामिल नहीं होते। नतीजा यह हुआ कि दोनों शामिल नहीं हुए। वे इसके लिए राजी नहीं हुए। यह आजाद साहब ने कहा है कि अगर दोनों लोग कैबिनेट में आ जाते तो शायद पाकिस्तान नहीं बनता और मुस्लिम लीग की ताकत वहीं ध्वस्त हो जाती। हमको लगता है कि

यह जो हमारे दिमाग में बैठा हुआ है कि मुस्लिम लीग के कारण या मुसलमानों के कारण ही इस देश का बँटवारा हुआ, बँटवारे का इतिहास फिर से लिखा जाना चाहिए। इसमें किस-किसकी भूमिका रही है।

उपसभाध्यक्ष महोदय, लोकसभा में इस मामले पर बहस हुई है। यहाँ पर विदेश मंत्री जी मौजूद हैं, उस सदन में भी उन्होंने आश्वासन दिया था, हम लोगों को मजबूती के साथ यह कहना चाहिए और मैं तो यह कहूँगा कि यह जो माँग की गई, हुसैन दलवई ने भी यह माँग की कि वहाँ से जो लोग यहाँ आ रहे हैं, उनको नागरिकता दीजिए। वहाँ पर जो भी माइनॉरिटीज हैं, चाहे वह हिन्दू माइनॉरिटी हो, ईसाई माइनॉरिटी हो या मुसलमानों का भी वह तबका जिसको वहाँ पर वे मुसलमान नहीं मानते—उनको तरह-तरह से प्रताड़ित किया जाता है। उनकी इबादत की जगहों पर हमला होता है। उनके समारोहों पर हमला होता है और उसमें वे मारे जाते हैं, जो लोग भी वहाँ से आना चाहते हैं हिन्दुस्तान, उनको शरण दें। मजबूती के साथ, अन्तरराष्ट्रीय स्तर पर जनमत बनाकर पाकिस्तान पर दबाव डाला जाना चाहिए कि वह अपने यहाँ पर माइनॉरिटीज की हिफाजत करे। इसी के साथ, मैं अपनी बात समाप्त करता हूँ।

देश के रोग का नहीं, लक्षण का इलाज

Rajya Sabha
[19 May, 2012]

श्री शिवानन्द तिवारी : धन्यवाद उपसभाध्यक्ष महोदय। असल में इस देश की हालत इतनी चिन्ताजनक है कि जहाँ हाथ रखिए, वहीं सड़ा हुआ मिलता है—चाहे डिफेंस का मामला हो। अभी कुछ दिन पहले हम लोगों ने उसके बारे में सुना, ट्रक और क्या-क्या, चाहे हवाई जहाज का मामला हो, उसकी भी वही हालत है या चाहे गुलाम नबी आज़ाद साहब के विभाग का मामला हो, वही हालत हर जगह दिखाई देती है। ऐसा लगता है कि ज्यों-ज्यों दवा की, त्यों-त्यों मर्ज बढ़ता चला गया—बिलकुल वही हालत लगती है। मेडिकल काउंसिल का जो इनका बिल टर्म एक्सटेंड करने के लिए आया है, हम यहाँ आ रहे थे तो उसके बारे में जब हमने देखना शुरू किया, तब हमें याद आया कि मेडिकल काउंसिल, जिसको इन्होंने ऑर्डिनेंस के जरिये हटाया, उस मेडिकल काउंसिल के जो चेयरमैन थे, उनके यहाँ डेढ़ टन सोना पकड़ा गया। महोदय, इस देश की कितनी बड़ी आबादी ऐसी है कि जहाँ के माँ-बाप अपनी बच्चियों की शादी के लिए दस ग्राम सोना खरीदने की हैसियत भी नहीं रखते हैं, वहाँ एक घर में डेढ़ टन सोना मिलता है और करीब 17-18 सौ करोड़ रुपया मिलता है। यह कितना बड़ा व्यापार है? महोदय, मेडिकल काउंसिल के चेयरमैन के घर में जो कुछ मिला, वह इस बात को साबित करता है कि प्राइवेट सेक्टर में जो मेडिकल कॉलेजेज़ हैं, उनका कितना बड़ा वेस्टेड इंटरेस्ट है, कितना बड़ा व्यापार है। आप इस बात को समझिए कि जो केतन देसाई पकड़े गए, उनका टेन्योर कितने दिन रहा होगा, उतने ही दिन में 18 सौ करोड़ नकद और डेढ़ टन सोना उनके घर में पकड़ा गया। मैं जिस राज्य से आता हूँ, वहाँ पर दो मेडिकल कॉलेज हैं। हम जानते हैं कि एक-एक बच्चे के एडमिशन में 70 लाख, 80 लाख, करोड़ रुपये लगते हैं। इसलिए जो डेढ़ टन सोना इकट्ठा हुआ, वह इसीलिए इकट्ठा हुआ। असल में, इस देश का जो रोग है, उस रोग का इलाज हमें कहीं दिखाई नहीं दे रहा है। लक्षण का इलाज होता

है, symptoms का इलाज होता है, जो रोग है, वह diagnose करनेवाला कोई नेता हमें दिखाई नहीं देता है।

आप बिल ले आए हैं, आपके सामने रास्ता नहीं है। आपने आर्डिनेंस के जरिये मेडिकल काउंसिल बनाया है, उसका समय समाप्त हो रहा है, इसलिए आपने साल-भर का समय माँगा है। हालाँकि बेहतर होता, यदि आप साल के समय को छह महीने के अन्दर ही करने की कोशिश करते, जो चुनाव वगैरह की प्रक्रिया है। गुलाम नबी आजाद साहब, यह चिन्ता का विषय है। मैं आपकी बहुत इज्जत करता हूँ। जब आप जम्मू-कश्मीर के चीफ मिनिस्टर थे, तब मैं आपके काम को देखता था। मैं आपका प्रशंसक रहा हूँ। लेकिन आज मेडिकल की क्या हालत बन गई है, इस पर आप विचार कीजिए। मैं आपको एक व्यक्तिगत अनुभव बताता हूँ। अभी कुछ दिन पहले मैं पटना गया था। बिहार की 100वीं वर्षगाँठ मनाने का मौका था। मेरी एक ही बहन है। वहाँ पर मुझे खबर मिली कि मेरे बहनोई का angiography हुआ है और डाक्टर्स कह रहे हैं कि open-heart surgery करनी पड़ेगी। वे यह कह रहे हैं कि अगर आप अभी नहीं करवाएँगे, तो इनका मामला साफ है। ये तो खुशकिस्मत हैं कि अस्पताल में आ गए। अब वहाँ हमें खबर मिली। हम वहाँ से अगले दिन आए। संयोग से हमारे बहनोई का भतीजा छत्तीसगढ़ केडर में IAS था, उसने रिजाइन कर दिया है, उसकी पत्नी डॉक्टर है। वे angiography की रिपोर्ट लेकर डॉ. सेठ के यहाँ गए। उन्होंने कहा कि नहीं, ऐसा नहीं है कि इमीडिएटली ऑपरेशन की कोई जरूरत है। आप इसकी angioplasty करा लीजिए, हार्ट खोलने की जरूरत नहीं है। वे उनको छोड़ने के लिए तैयार नहीं थे। यह हालत है। इस मुल्क में ऐसे-ऐसे अस्पताल हैं, जिनको पैसा नहीं मिलता है, तो वे आदमी की लाश को भी ले जाने की इजाजत नहीं देते हैं। यह हम लोगों के देश में स्वास्थ्य की हालत है। मैं गुजारिश करूँगा और मैं दो-तीन मिनट में अपनी बात खत्म करूँगा। हमारे देश में 80 परसेंट लोग ऐसे हैं, जिनके शरीर को जितना पोषण चाहिए, वह नहीं मिलता है। हम लोग देखते हैं कि हमारे देश में 42 परसेंट बच्चे कुपोषण के शिकार हैं, वे underweight पैदा होते हैं। स्वाभाविक है कि हमारे देश के जो नागरिक हैं, उनके शरीर में रोग से लड़ने की क्षमता कम है, उनका immunity system weak होता है और अक्सर वे बीमार पड़ते हैं। हमारे देश में पता नहीं कितने परिवार बीमारी के चलते, उसके इलाज के चलते बर्बाद हो रहे हैं। आजादी को 62 वर्ष हो चुके हैं और हम लोग अपने देश के नागरिकों के स्वास्थ्य की रक्षा भी नहीं कर पा रहे हैं। आप ऊँचे-ऊँचे दावे करते हैं कि देश का विकास हो रहा है, देश की तरक्की हो रही है। यह अद्‌भुत हालत है। इसलिए मैं आजाद साहब से गुजारिश करूँगा कि जब तक आपको मौका मिला है, इस देश के स्वास्थ्य की जो दुर्गति है, उसको किसी तरह से थोड़ा ठीक करने की

कोशिश कीजिए। हालाँकि अकेले यह आपके बस की बात नहीं है, आपके पास वह ताकत नहीं है, पूरा का पूरा सिस्टम बदलना होगा और उसको आप अकेले कर नहीं सकते हैं। फिर भी, हम आपसे उम्मीद करेंगे कि जितनी आपमें क्षमता है, जितनी आपके अन्दर ताकत है, उस ताकत का इस्तेमाल इसको ठीक-ठाक करने में जरूर कीजिए।...(समय की घंटी)...अगली दफा कम-से-कम चुनाव ऐसा हो कि किसी के घर से डेढ़ टन सोना नहीं निकले, एकाध किलो निकले तो चलेगा।...(समय की घंटी)...लेकिन डेढ़ टन सोनेवाले को आप अध्यक्ष मत बनाइए, यही गुजारिश मैं करूँगा। बहुत-बहुत धन्यवाद।

विनाश की ओर ले जाती औद्योगिक सभ्यता

Rajya Sabha
[7 Dec., 2012]

श्री शिवानन्द तिवारी : सभापति महोदय, दिल्ली से 'युवा संवाद' के नाम से एक पत्रिका कुछ लोग निकालते हैं। मैं उसको देख रहा था। उसमें उन लोगों ने एक महिला आईएएस ऑफिसर का एक ब्लॉग छापा है। कोई 'लीन मेहेंलाने' हैं जो 'हस्तक्षेप' नाम का ब्लॉग लिखती हैं। उस ब्लॉग में उन्होंने महाभारत की चर्चा की है। उसमें महाभारत के एक प्रसंग का उल्लेख है कि जब भीष्म पितामह से पूछा जाता है कि आप जानते हैं कि कौरवों का पक्ष अन्याय का पक्ष है, पांडवों का पक्ष न्याय का पक्ष है, फिर भी आप कौरव पक्ष का समर्थन क्यों करते हैं? तो उन्होंने जवाब दिया कि चूँकि मैं उनका अन्न खाता हूँ, इसलिए मेरी मजबूरी है कि मैं उनका समर्थन करूँ। मुझे बहुत आश्चर्य हुआ कि यह बात उन्होंने क्यों लिखी। हमने देखा कि इस देश की आर्थिक नीति बनानेवाले लोग, इस देश की अर्थव्यवस्था चलानेवाले लोग आखिर हैं कौन? हमने जब देखना शुरू किया, तो हमने देखा कि अभी हम लोगों के यहाँ नये आर्थिक सलाहकार आए हैं। जब उन्होंने ज्वाइन किया था, तो उस समय अखबारों में इनका परिचय छपा था कि ये अन्तरराष्ट्रीय मुद्रा कोष के प्रमुख अर्थशास्त्री रहेंगे। इसके पहले अर्थशास्त्री थे, वित्त मंत्रालय के सलाहकार थे।

Mr. Chairman : Is it necessary to take names?

श्री शिवानन्द तिवारी (बिहार) : महोदय, ये सार्वजनिक नाम हैं।...*(व्यवधान)*... ये कोई ऐसे नाम नहीं हैं। ये हमारे देश की अर्थव्यवस्था को चलानेवाले, उसको दिशा देनेवाले लोग हैं।

Mr. Chairman : Designation would suffice.

श्री शिवानन्द तिवारी : जब हम आर्थिक नीति के बारे में बात कर रहे हैं, तो हम इनकी चर्चा क्यों न करें? इसको मेरे समय में...*(व्यवधान)*...

श्री सभापति : ठीक है, चलिए।

श्री शिवानन्द तिवारी : जब यहाँ से गए तो जानकारी मिली कि वे यहाँ से जाते ही वर्ल्ड बैंक में वाइस चेयरमैन हो गए और वहाँ के मुख्य आर्थिक सलाहकार हो गए। सबकी हालत देखिए। प्लानिंग कमीशन के डिप्टी चेयरमेन हैं। उन्होंने ऑक्सफोर्ड यूनिवर्सिटी छोड़ी और उनके कैरियर की शुरुआत कहाँ से हुई? वह वर्ल्ड बैंक से शुरू हुई।

श्री सभापति : शिवानन्द जी,...*(व्यवधान)*...

श्री शिवानन्द तिवारी : हमारे प्रधानमंत्री जी भी वहाँ से जुड़े हुए हैं।...*(व्यवधान)*...

Mr. Chairman : This cannot go on. This will go on record. Please don't take names....*(Interruptions)*...

श्री शिवानन्द तिवारी : लेकिन यह बहुत खतरनाक बात है।...*(व्यवधान)*...

Mr. Chairman : Please don't interfere...*(Interruptions)*...Please sit down.

श्री शिवानन्द तिवारी : इस देश को जिस ढंग से चलाया जा रहा है, जिस तरह का निर्णय लिया जा रहा है, उससे हमारी तात्कालिक आर्थिक नीति ही प्रभावित नहीं होती है, हमारे देश की राजनीति भी प्रभावित हो रही है, हमारे देश का समाज और रचना प्रभावित हो रही है। हमारी शिक्षा, स्वास्थ्य और पर्यावरण प्रभावित हो रहा है। हमारी संस्कृति प्रभावित हो रही है। ऐसे-ऐसे निर्णय लिए जा रहे हैं कि केवल आज ही नहीं, कल आनेवाला भविष्य, आनेवाली पीढ़ियों की जिन्दगी प्रभावित हो रही है और उसके बारे में हम चर्चा न करें? यह वर्ल्ड बैंक, आई.एम.एफ., डब्ल्यू.टी.ओ., एशियन डेवलपमेंट बैंक पूरी दुनिया की आर्थिक नीति को चला रहे हैं। यह जो Giant Size के Trans नेशनल कॉर्पोरेशन हैं, आज इनके इशारे पर दुनिया की आर्थिक नीति चलाई जा रही है। आज दुनिया भर के जो elite हैं, जो आभिजात्य वर्ग के लोग हैं, वे पूरी दुनिया के अर्थ को कंट्रोल करना चाहते हैं। यह कोई साधारण बात नहीं है। हमारी साथी हैं मुणगेकर जी, कल वे भाषण कर रहे थे। उन्होंने गांधी जी के बारे में चर्चा की। आज भी किसी ने गांधी जी के बारे में चर्चा की। गांधी जी ने क्या कहा था? हमको आश्चर्य है कि इस देश में कोई

आएगा गांधी के तर्क को तलाश करने के लिए तो इस देश में उसको गांधी नजर नहीं आएँगे। गांधी जी के साथ आजादी के समय से ही देश का विकास किस तरह से होगा, इसके संघर्ष की शुरुआत हो गई थी। हमारे पास समय नहीं है, नहीं तो 1946 में गांधी जी और नेहरू जी के बीच में जो वार्तालाप हुआ था, उसको हम पढ़कर सुनाते। हमको याद है कि जयप्रकाश नारायण ने 'मेरी विचार-यात्रा' में लिखा है। 1930 में ही गांधी जी ने यह कहा था कि "अंग्रेजों के खिलाफ जितनी लड़ाई हमको लड़नी पड़ी, उससे कम नहीं, बल्कि उससे ज्यादा लड़ाई स्वराज के बाद हमको लड़नी पड़ेगी।"

श्री सभापति : अब आप खत्म करें।

श्री शिवानन्द तिवारी : गांधी जी ने इस सभ्यता के बारे में जो औद्योगिक सभ्यता है, 1990 में ही 'हिन्द स्वराज' में उन्होंने लिखा था और उन्होंने कहा था कि—"अंधा आदमी भी यह बतला सकता है कि जो औद्योगिक सभ्यता है, यह हमको विनाश की ओर ले जाएगी।"

Mr. Chairman : Please Conclude.

श्री शिवानन्द तिवारी : उन्होंने जो कहा था, उसे मैं सिर्फ quote कर देना चाहता हूँ। "यह सभ्यता तो अधर्म है।" आगे कहते हैं कि—"वास्तविक गुलाम तो वह हिन्दुस्तान है जो इस आधुनिक सभ्यता की पश्चिमी शिक्षा से ग्रस्त है।" आज फॉरेन एजुकेटेड एक्सपर्ट्स लोग ही इस देश की अर्थ नीति को चला रहे हैं। क्या कहते हैं गांधी जी...*(व्यवधान)*...

श्री सभापति : अब आप खत्म करें।

श्री शिवानन्द तिवारी : गांधी जी के अनुसार वर्तमान जीवन की अधिकांश बुराइयों की जड़ पश्चिम या आधुनिक सभ्यता ही है।

Mr. Chairman : Please Conclude.

श्री शिवानन्द तिवारी : भयंकर नरसंहार, शोषण, बहुसंख्यक प्रजा की दरिद्रता और आधुनिक जीवन प्रणाली से उत्पन्न तनाव असुरक्षा, स्वार्थ केन्द्रित अनैतिककारी दृष्टि—यह सब इस पश्चिमी सभ्यता की उपज हैं। अरुण जी यहाँ नहीं है, उन्होंने एफ.डी.आई. का विरोध किया लेकिन साथ-साथ यह भी कहा कि और आर्थिक सुधारों के हम समर्थक हैं।

Mr. Chairman : Thank you very much. Please complete. Please conclude.

श्री शिवानन्द तिवारी : मैं अन्त में सिर्फ एक बात कह कर खत्म करना चाहता हूँ। चन्द्रशेखर जी इस देश में छह महीने तक प्रधान मंत्री रहे। यह नरसिम्हा राव जी से पहले थे। चन्द्रशेखर जी ने कहा कि जब हम प्रधानमंत्री थे, तो हमारे यहाँ वित्त विभाग में और सरकार में एक मसौदा घूम रहा था और उस मसौदे में यह बात चल रही थी कि वर्ल्ड बैंक, आई.एम.एफ...*(व्यवधान)*...

Mr. Chairman : Please Conclude. This is not going on record now.

श्री शिवानन्द तिवारी : उसको कैसे लागू किया जाए? यह कभी प्रधानमंत्री के यहाँ नहीं आया। जब चन्द्रशेखर जी हटे और नरसिम्हा राव जी प्रधानमंत्री बने तथा माननीय मनमोहन सिंह जी वित्त मंत्री बने, तो उन्होंने इस देश की सारी की सारी आर्थिक दिशा ही बदल दी।...*(व्यवधान)*...

Mr. Chairman : Thank you very much.

श्री शिवानन्द तिवारी : यह हमारे समाज और राजनीति को प्रभावित कर रही है।...*(व्यवधान)*...मैं अनुरोध करूँगा इस पक्ष के लोगों से और विपक्ष के लोगों से भी कि आजादी के बाद विकास की जो नीति बनी है और आर्थिक उदारीकरण के बाद जो राजनीति पर प्रभाव पड़ा है, इसके बारे में एक दिन चर्चा होनी चाहिए।

श्री सभापति : जरूर नोटिस दीजिए।

श्री शिवानन्द तिवारी : जो प्रस्ताव माननीय मैत्रेयन जी का है, मैं उसका समर्थन करता हूँ। धन्यवाद।

लोहिया और पिछड़ा आरक्षण

Rajya Sabha
[13 Dec, 2012]

श्री शिवानन्द तिवारी : उपसभाध्यक्ष महोदय, मैं अपनी पार्टी की ओर से इस विधेयक का समर्थन करने के लिए खड़ा हुआ हूँ। मुझे इस बात की खुशी है कि बिहार में जो नीतीश कुमार जी के नेतृत्व में हमारी सरकार चल रही है, उसने इस रिजर्वेशन को सबसे पहले लागू किया। मुझे इस बात की भी खुशी है कि हम लोगों की जो सरकार बिहार में चल रही है, उसने न सिर्फ प्रमोशन में रिजर्वेशन का काम किया, बल्कि उसके पहले OBC में EBC हैं, अति पिछड़े लोग हैं, उनके लिए भी उसने आरक्षण दिया। और तो और, हमें इस बात की भी खुशी है कि बिहार पहला राज्य है, जिसने महिलाओं को पंचायत के चुनावों में और नगर निगम के चुनावों में पचास प्रतिशत का आरक्षण दिया, इसलिए हमारी पार्टी wholeheartedly इस विधेयक का समर्थन करती है।

उपसभाध्यक्ष महोदय, अभी जब राम गोपाल भाई और समाजवादी पार्टी के लोग सदन से बहिर्गमन कर रहे थे तो उन लोगों ने कहा कि अस्सी परसेंट लोग इसका विरोध करते हैं। कुछ हद तक उनकी बात सही है। अभी कल-परसों हमने एक अंग्रेजी के अखबार में पढ़ा कि जो मिड-डे-मील स्कूलों में मिल रही है, उसमें जो Schedules Castes के बच्चे पढ़ने के लिए जाते हैं, उसके साथ किस तरह का दुर्भाव आज के दिन भी हो रहा है। उनको अलग बैठाया जाता है, उनकी थाली में दूर से खाना डाला जाता है, यानी उनकी ऐसी हालत हो जाती है कि स्कूल जाने में उनको संकोच होता है। उनके अभिभावक उनको स्कूल भेजने से परहेज करने लगते हैं, लेकिन वे इस मजबूरी में उनको स्कूल भेजते हैं कि कम-से-कम एक समय का भोजन उनको मिल जाएगा, तो आज भी इस तरह का भेदभाव है।

महोदय, इस जाति व्यवस्था के खिलाफ तमिलनाडु की Justice Party Ramaswamy Naicker ने कितना संघर्ष किया, लेकिन आज तमिलनाडु की क्या हालत है? अभी कुछ दिन पहले एक लड़की ने दलित समाज के एक लड़के के

साथ शादी की, जिसके बाद दलितों के टोले में आगजनी हुई। कितने घर जला दिए गए। हमने यह भी देखा कि वहाँ दलित समाज का जो टोला है, बस्ती है, उसके आगे दीवार खड़ी कर दी गई, आज के दिन भी ऐसी हालत है। इसलिए हमें लगता है कि अभी लम्बे समय तक Scheduled Castes, Scheduled Tribes और OBC को विशेष अवसर देने की जरूरत है।

उपसभाध्यक्ष महोदय, अभी मायावती जी जब बोल रही थीं, तो उन्होंने कांग्रेस पार्टी पर छींटाकशी की जिस पर कांग्रेस पार्टी के लोग बहुत तिलमिलाए। उनका कहना था कि सबसे लम्बे समय तक आप लोगों ने देश पर राज किया है, तो क्यों ऐसी हालत हुई? इस देश में क्लास वन के 84-85 पद हैं, लेकिन आज तक कोई Scheduled Caste का आदमी उस पर काबिज क्यों नहीं हो पाया है, अगर इसका जवाब मायावती जी कांग्रेस पार्टी के लोगों से पूछती हैं, तो कोई गलत बात नहीं है। हर आदमी यह सवाल कर सकता है। कांग्रेस पार्टी इस मामले में कभी भी ईमानदार नहीं रही। आप देखिए, संविधान में जो प्रावधान है, उसमें 'कास्ट' शब्द नहीं लिखा गया है, सिर्फ 'क्लास' लिखा गया है। जब हिन्दुस्तान में कास्ट एक सच्चाई है, तो 'कास्ट' लिखने से आपने परहेज क्यों किया? उसका नतीजा यह हुआ कि आजादी के पहले जहाँ-जहाँ रिजर्वेशन मिला था, चाहे कोल्हापुर में शाहूजी महाराज ने 1902 में दिया हो या मैसूर में 1928 में मिला हो Judicial Commission बनाने के बाद, आजादी के बाद उन सारे रिजर्वेशन्स को अदालतों में चुनौती दी गई और वे टूटने लगे। इसलिए कि अदालत का कहना था कि संविधान में 'कास्ट' तो है नहीं, 'क्लास' लिखा हुआ है और आप कास्ट के आधार पर आरक्षण दे रहे हैं, इसलिए टूटना शुरू हुआ और जमींदारी उन्मूलन के संशोधन के बाद पहला जो संशोधन हुआ, वह रिजर्वेशन को बचाने के लिए हुआ! यह स्थिति रही, कभी भी वे ईमानदार नहीं रहे।

महोदय, हमें तो बड़ा ताज्जुब हुआ, कांग्रेस पार्टी की उत्तर भारत में जो हालत हुई, वह हालत क्यों हुई? आप याद कीजिए, जब मंडल कमीशन लागू हुआ था, विश्वनाथ प्रताप सिंह सरकार में थे। उस समय कांग्रेस प्रतिपक्ष में थी और उस समय लोक सभा में प्रतिपक्ष के नेता के रूप में स्वर्गीय राजीव गांधी जी ने सवा घंटे तक आरक्षण के खिलाफ भाषण दिया था। पानी पी-पीकर उन्होंने उस आरक्षण का विरोध किया था। पिछड़ों की जो आकांक्षा थी, जो aspiration था, उस aspiration को कांग्रेस पार्टी समझ नहीं पाई और उसका नतीजा हुआ कि उत्तर भारत में कांग्रेस पार्टी को यह दिन देखना पड़ा। हमें तो आश्चर्य हुआ, एक प्राइवेट मेम्बर बिल लाए थे, जो कोरम के अभाव में सदन में रखा नहीं जा सका था। 1961 की एक चिट्ठी हमें मिली थी। पंडित जवाहरलाल नेहरू हर पन्द्रह दिनों पर देश के हर चीफ मिनिस्टर को चिट्ठी लिखा करते थे। 1961 की वह चिट्ठी हमारे पास घर में है।

नेहरू मैमोरियल लाइब्रेरी में नेहरू जी की चिट्ठियों का जो collect volume है, उसमें भी लिखा है कि वे Scheduled Castes के आरक्षण का समर्थन नहीं करते थे। उनका कहना था कि इससे मेरिट दबेगी। हमारे साथी मुणगेकरजी ने मेरिट और बाकी चीजों के बारे में जितने बढ़िया तरीके से बात रखी, उसके लिए मैं उनको बधाई देना चाहता हूँ। इस देश में जाति व्यवस्था के कारण हमें न सिर्फ अंग्रेजों की गुलामी इतने लम्बे समय तक भोगनी पड़ी...

बल्कि आप इस देश का हजार वर्षों का इतिहास देख लीजिए। जो भी आक्रमणकारी इस देश में आया, उसके आगे इस देश ने घुटने टेकने का काम किया। इस देश की 80 परसेंट आबादी को छोटा बनाकर, यह कहकर कि तुममें मेरिट नहीं है, तुममें काबिलीयत नहीं है, उसके मन में हीन भावना भरी गई और नतीजा यह हुआ कि इस देश में जो भी हमलावर आया, उसके सामने इस देश ने घुटने टेकने का काम किया। उस समय देश पर राज करनेवाले लोग मेरिट वाले लोग थे, वही लोग राज चलाते थे, वही लोग पढ़ाई-लिखाई करते थे, देश की सुरक्षा और उसको आगे बढ़ाने की जवाबदेही उन्हीं लोगों की थी। तब देश की ऐसी हालत क्यों हो गई? आजादी के बाद भी मेरिट वाले लोग ही देश पर शासन करते रहे, एक नम्बर की कुर्सी पर बैठे रहे। आज देश की क्या दुर्गति हो गई कि आजादी के इतने वर्षो के बाद भी इस देश में आधे बच्चे कुपोषण के शिकार हैं। आज भी, संविधान में आपने जो वादा किया था, वह वादे को आप पूरा नहीं कर रहे हैं। अब तक मेरिट वालों का ही राज रहा है इसलिए मेरिट का जो बहाना है, वह बिलकुल गलत है। मैं मायावती जी से इस मामले में सहमत नहीं हूँ, पिछड़ों की आवाज इस देश में सबसे पहले अगर किसी ने उठाई तो इस आदमी का नाम था डॉ. राममनोहर लोहिया। डॉ. राममनोहर लोहिया जी ने 1956 में सोशलिस्ट पार्टी की कॉन्फ्रेंस में सबसे पहले पिछड़ों को आरक्षण देने का प्रस्ताव पारित किया और पूरे उत्तर भारत में यह नारा लगा, जिस नारे को मुणगेकर जी ने कहा कि 'संसोपा ने बाँधी गाँठ, पिछड़ा पावे सौ में साठ।' उन्होंने यह नारा लगाया और पिछड़ों का उत्तर भारत में राजनीतिकरण हुआ, उसमें लोहिया का योगदान रहा है। डॉ. लोहिया चाहते थे, अम्बेडकर साहब जिन्दा थे, उस समय खतो-खिताबत हुआ। उनकी इच्छा थी कि जो शेडयूल्ड कास्ट के लोग हैं, जो ओबीसी के लोग हैं, ये मिलकर इस देश की व्यवस्था को बदलें। क्या हालत रही? जैसा मुणगेकर जी ने जगजीवन राम जी के बारे में बताया। हमें याद है कि जगजीवन राम जी ने सम्पूर्णानन्द जी की मूर्ति का अनावरण किया था और संस्कृत विद्यालय के ब्राहमण लड़कों ने जाकर उसे धोने का काम किया था, पवित्र करने का काम किया था। तब जगजीवन बाबू ने गुस्से में बयान दिया था, अखबारों में उनका बयान छपा था कि जो दलित हैं और पिछड़े हैं, ये मिलकर ब्राह्मणवाद को उखाड़ फेकें । उस समय हमारे

नेता किशन पटनायक जिन्दा थे। हम लोग पटना में थे और हम लोगों ने जब यह खबर पढ़ी तो हमें बहुत अच्छा लगा। हम लोग जगजीवन बाबू से मिलने के लिए दिल्ली आए। हम जगजीवन बाबू के घर पर उनसे मिलने के लिए गए और हम लोगों ने उनसे कहा कि आपने जो कुछ कहा है, क्या यह सोच-समझकर कहा है या ऐसे ही कहा है? तब जगजीवन बाबू ने कहा कि नहीं, हमने ऐसे ही बोला है। हम लोगों को उम्मीद थी कि जगजीवन बाबू आगे बढ़ेंगे। जो कुछ उन्होंने कहा है, उस रास्ते पर चलेंगे और हम लोग उनका पीछे से साथ देंगे। यह हाल है। कभी भी इस देश में ईमानदारी के साथ जाति व्यवस्था को लेकर लड़ाई नहीं हुई। जहाँ तक efficiency की बात है, हमारे साथी नेता, विरोधी दल श्री अरुण जेटली जी 335 का जिक्र कर रहे थे।

The Vice-Chairman (Dr. E.M. Sudarsana Natchiappan) : Tiwari ji, you have got only one more minute.

श्री शिवानन्द तिवारी : हम उसको नहीं समझ पाए हैं। श्री वी. नारायणसामी जी बैठे हैं, वे इसको एक्सप्लेन करेंगे। हम यह कहना चाहते हैं कि पिछड़ों और दलितों के साथ हमेशा भेदभाव हुआ है। हमारे यहाँ पटना यूनिवर्सिटी है। हमें याद है, आज से 25-30 वर्ष पहले हमारे पिताजी सोशलिस्ट पार्टी के नेता थे, बिहार की असेंबली में थे। उस समय पटना यूनिवर्सिटी में जाति के आधार पर किसी को फर्स्ट कराया जाता था और किसी को फर्स्ट क्लास फर्स्ट से फर्स्ट क्लास सेकेंड बनाया जाता था। यह सवाल असेंबली में उठा था। यह हमेशा होता रहा है कि पछड़ों के प्रति, दलितों के प्रति जो पूर्वग्रह है, जो दुराग्रह है, उसके कारण इम्तिहानों में नम्बर कम किए गए हैं। आज एम्स में दलितों के साथ क्या व्यवहार हो रहा है? वहाँ मीणा लड़के ने सुसाइड किया, उस पर थोराट कमीशन बना था। थोराट कमीशन ने जाँच की और उसने जो रिकमेंडेशंस दीं, उन पर आपकी सरकार ने कोई कार्यवाही नहीं की। आपने ठीक कहा कि कास्ट के आधार पर जो लड़के देहात से, गाँव से शहर आते हैं, जिनको बड़े-बड़े स्कूलों में पढ़ने का मौका नहीं मिला, जिनकी माता-पिता की जेब में यह ताकत नहीं थी कि उनको अच्छी टयूशन दिला सकें...*(व्यवधान)*...

The Vice-Chairman (Dr. E.M. Sudarsana Natchiappan) : Your time is over. Please conclude.

श्री शिवानन्द तिवारी : सर मैं, खत्म कर रहा हूँ! आपने सबको समय दिया था। मेरे नौ मिनट हैं और अभी नौ मिनट ही हुए हैं। मैं तीन मिनट का समय और चाहूँगा। जिनके माता-पिता में यह सामथ्र्य नहीं है कि वे अपने बच्चों को अच्छी

ट्यूशन पढ़ा सकें, वे बच्चे गाँव-देहात में रहते हुए, अपने माँ-बाप के काम में मदद करते हुए अच्छी डिवीजन से पास होते हैं, अच्छे नम्बर लाते हैं। देहात में उनकी माँग रहती है। वे लड़के जब रिजर्वेशन के कोटे में मेडिकल में जाते हैं, इंजीनियरिंग में जाते हैं, आईआईटी में जाते हैं तो उनके साथ किस तरह का व्यवहार है? कई लड़कों ने सुसाइड किया, आत्महत्याएँ कीं। ऐसे दर्जनों उदाहरण हैं। इस दिशा में आपकी सरकार ने कोई कार्यवाही नहीं की।

वोट के चलते, आप जो करना चाहें, वह करें, लेकिन ईमानदारी के साथ, समाज में जो दबे-कुचले लोग हैं, जो लोग सदियों से वंचित हैं, उनको किस तरह से मुख्य धारा में लाया जाए; उनके अन्दर जो क्षमत है, उस क्षमता का इस्तेमाल कैसे देश के विकास में हो, इसकी आपने कभी योजना नहीं बनाई।

The Vice-Chairman (Dr. E.M. Sudarsana Natchiappan) : Thank you, Tiwari ji.

श्री शिवानन्द तिवारी : सर, मैं खत्म कर रहा हूँ। आपने रंगनाथ मिश्र कमीशन बनाया। अभी मुणगेकर जी बता रहे थे कि जाति व्यवस्था की जड़ बहुत जबर्दस्त है। आज धर्म से बड़ी जाति है। आप धर्म बदल लीजिए, लेकिन आपकी जाति नहीं बदलती है। धर्म बदलकर पिछड़े दलित समाज के लोग ईसाई बने, मुसलमान बने, लेकिन वहाँ भी वे ईसाई और मुसलमान समाज में वैसे ही रहे। क्या कारण है कि रंगनाथ मिश्र ने मुसलमानों के बारे में कहा कि इनमें भी दलित लोग हैं, शैड्यूल्ड कास्ट के लोग हैं, लेकिन कांग्रेस पार्टी ने आज तक उनको आरक्षण का लाभ नहीं दिया है। अगर आप सचमुच ईमानदार हैं, तो जो मुस्लिम शैड्यूल्ड कास्ट के लोग हैं, उनको भी शैडयूल्ड कास्ट में शामिल कीजिए, लेकिन आप तो तोल-मोल करके ही अपना सारा काम करते हैं। हमको 335 के बारे में जानकारी नहीं है।

उपसभाध्यक्ष (डॉ. ई.एम. सुदर्शन नाच्चीयप्पन) : थैंक्यू, थैंक्यू!

श्री शिवानन्द तिवारी : आप क्या संशोधन ला रहे हैं? धारा 335 में लिखा हुआ है कि शैड्यूल्ड कास्ट और शैड्यूल्ड ट्राइब्स के लोगों को प्रमोशन में भी आरक्षण देने के लिए रिलेक्सेशन दे सकते हैं, लेकिन इससे भी अगर कोई खतरा बनता है कि उनका ए.सी.आर. कोई ऊपर वाला हमारी जाति का होगा, वह गड़बड़ लिख देगा, उससे उसका प्रमोशन रुक जायेगा, तो ऐसा नहीं होना चाहिए। हम मानकर चलते हैं कि जो गैर-दलित लोग हैं, उनके मन में दलितों के प्रति bias है, उसके चलते उनका जो ए.सी.आर. लिखा जाता है, उसमें ईमानदारी नहीं होती है, उसमें कॉस्ट bias रहता है, इसलिए ऐसा नहीं होना चाहिए। आप उसे छोड़ दीजिए और ए.सी.

आर. की गड़बड़ी के चलते, उसको प्रमोशन के लाभ से वंचित नहीं करना चाहिए।

The Vice-Chairman (Dr. E.M. Sudarsana Natchiappan) : Thank you. I have to call the next speaker now.

श्री शिवानन्द तिवारी : उपसभाध्यक्ष महोदय, मैं इस विधेयक का समर्थन करते हुए, अपनी बात समाप्त करता हूँ। बहुत-बहुत धन्यवाद।

Shri V. Narayanasamy : Sir, while speaking, the hon. Member was referring to Pt. Jawaharlal Nehru, the first Prime Minister of this country. He made the observation that Pt. Nehru wrote a letter to the Chier Minister and he was opposed to reservation. I am very sorry, Pt. Jawaharlal Nehru was a great democrat of this country and he has been respected all over the country. He upheld that the lower caste people should be given the status. They should come equal. But he is misquoting to the House.

श्री शिवानन्द तिवारी : मैं चुनौती देता हूँ। मेरे पास जवाहरलाल नेहरू जी की वह चिट्ठी है, जिसमें उन्होंने शैड्यूल्ड कास्ट के आरक्षण का विरोध किया है।...*(व्यवधान)*...मैं चुनौती देता हूँ, अगर वह कहते हैं, तो मैं वह चिट्ठी दिखाता हूँ। अगर मेरी बात गलत साबित होगी, तो मैं इस सदन से इस्तीफा कर दूँगा, नहीं तो आप इस्तीफा दीजिए। मैं आपको चुनौती देता हूँ।...*(व्यवधान)*...

औरतों को विज्ञापन की वस्तु बनाता बाजार

Rajya Sabha
[18 Dec, 2012]

श्री शिवानन्द तिवारी : उपसभापति महोदय, इस मामले में अब तक जो कुछ कहा गया है, मैं उन बातों का समर्थन करता हूँ और मानता हूँ कि दिल्ली पुलिस की यह घोर असफलता है। आज जो चार्ट निकला है, उससे ऐसा लगता है कि दिल्ली इस तरह की घटनाओं के लिए राजधानी बन गई है। लेकिन मैं एक दूसरी बात भी करना चाहता हूँ। लगता ही नहीं कि यह देश महिलाओं के रहने लायक रह गया है। अभी हमने पढ़ा कि केरल से एक खबर छपी कि एक भाई ने अपने दोस्तों के साथ अपनी बहन के साथ बलात्कार किया। खबर आती है कि बाप अपनी बेटी के साथ बलात्कार कर रहा है। छोटी-छोटी बच्चियाँ 4 वर्ष, 5 वर्ष, 6 वर्ष की उम्र की, 67 वर्ष की, 70 वर्ष की बूढ़ी महिलाएँ उनके साथ इस देश में बलात्कार हो रहा है। यह एक बिलकुल सामाजिक और सांस्कृतिक संकट है इस देश में। इस तरह की घटनाओं में पिछले 20-25 वर्षों में जो वृद्धि हुई है, हम जो एक उपभोक्तावादी संस्कृति चला रहे हैं, उससे हमारी पुरानी संस्कृति नष्ट हुई है। औरतों को बाजार की वस्तु, विज्ञापन की वस्तु बना करके देश में जिस तरह से बलात्कार की मानसिकता तैयार की जा रही है, हमको लगता है कि वही इसकी जड़ में है और यह जो मानसिकता बनी है, सिर्फ विज्ञापनों की दुनिया से ही नहीं...जावेद अख्तर भाई, जया जी यहाँ मौजूद हैं, आजकल आइटम डांस चला हुआ है, जिस तरह से प्रोवोकेटिव सारी चीजें हो रही हैं, उनकी वजह से इस देश में बलात्कार की मानसिकता तैयार हो रही है।

श्रीमती जया बच्चन : सर,...*(व्यवधान)*...

श्री शिवानन्द तिवारी : सर, मैं एक मिनट में खत्म कर रहा हूँ। आप हमको डिस्टर्ब मत कीजिए।...*(व्यवधान)*...

श्रीमती जया बच्चन : यह आप क्या बात कर रहे हैं कि आइटम डांस की वजह से बलात्कार हो रहे हैं?...*(व्यवधान)*...

श्री शिवानन्द तिवारी : मैं यह कह रहा था कि इसके बारे में देश में गम्भीरता के साथ यह विचार होना चाहिए कि ऐसी जो स्थिति बनी है, अगर हम इसको सिर्फ लॉ एंड ऑर्डर की बात मानेंगे, तो इस समस्या का समाधान नहीं होनेवाला है और महिलाएँ सुरक्षित रहनेवाली नहीं हैं। इस देश में केरल सबसे पढ़ा-लिखा, सबसे आगे बढ़ा हुआ राज्य माना जाता है। वहाँ भी इस तरह की घटनाएँ हो रही हैं तो दूसरी जगह की बात के बारे में क्या कहा जाए। इसलिए मैं सरकार से अनुरोध करूँगा कि वह इस मामले में गम्भीरता के साथ इस दृष्टिकोण से विचार करे।

भला बताइए, कोई अपनी इज्जत की रक्षा नहीं कर सकता। लड़की protest करती है, उस पर तेजाब डाल दिया जाता है। लड़की का घरवाला, चाहे बाप हो या भाई हो, उस पर हमला होता है। यह स्थिति हो गई है कि औरतें अपनी इज्जत नहीं बचा सकती हैं। उनसे इज्जत बचाने का अधिकार छीन लिया जा रहा है। महोदय, गृह मंत्री जी तो इस विषय पर जवाब देंगे ही।...*(व्यवधान)*...

श्री उपसभापति :...*(व्यवधान)*...तिवारी जी, टाइम खत्म हो गया।

श्री शिवानन्द तिवारी : साथ-ही-साथ मैं सरकार से यह भी अनुरोध करूँगा कि इस मामले पर गहराई के साथ विचार किया जाए।

श्री उपसभापति : शिवानन्द तिवारी जी टाइम खत्म हो गया।

श्री शिवानन्द तिवारी : इस मामले में एक सम्यक् नीति बनाई जाए। बहुत-बहुत धन्यवाद।

गैरइंसाफी और आतंकवाद

Rajya Sabha
[19 Dec., 2012]

श्री शिवानन्द तिवारी : उपसभापति महोदय, जब भी कोई बड़ा कानून बनता है, तो मेरे जैसे आदमी के मन में घबराहट होती है। हमने देखा है कि इस देश में कड़े कानूनों का सदुपयोग कम और दुरुपयोग ज्यादा हुआ है। हमारे यहाँ बिहार से बगैर कानूनी प्रक्रिया को पूरा किए, वहाँ के नौजवानों को पकड़ कर लाया गया। मैंने इसी सदन में यह सवाल जीरो ऑवर में उठाया था। महोदय, चाहे 'पोटा' हो, चाहे 'मीसा' हो, चाहे 'डीआईआर' हो और चाहे 'मकोका' हो, हमने सभी कानूनों का दुरुपयोग होते देखा है। मेरे जहन में यह सवाल उठता है कि क्या कानून बनाकर हम आतंकवाद जैसी गम्भीर समस्या का समाधान कर सकते हैं? मुझे ऐसा लगता है कि अगर कानूनों का गलत इस्तेमाल होता है तो उससे आतंकवाद रुकता नहीं है, बल्कि आतंकवाद को खाद व पानी मिलता है।

उपसभापति महोदय, मैं आपको स्मरण कराना चाहूँगा कि अभी कुछ ही दिन पहले मैंने पढ़ा था कि 1995 या 96 में दिल्ली के लाजपत नगर इलाके में एक कार ब्लास्ट हुआ था और उसमें कई लोग मरे थे। उस मामले में कश्मीर का एक नौजवान पकड़ा गया था। उस नौजवान को इस सबूत के आधार पर पकड़ा गया था कि उसके घर में उस मारुति कार का टायर मिला था। इसी कारण उसको उस विस्फोट के मामले में गिरफ्तार करके जेल में डाल दिया गया था। वह नौजवान 14 वर्ष तक जेल में रहा। उसके बाद यह जानकारी मिली कि वह जो टायर मिला था, वह तो उस गाड़ी का था ही नहीं। उस गाड़ी के मालिक ने यह बयान दिया कि पुलिस ने उससे कभी भी पूछताछ नहीं की कि यह टायर मेरी गाड़ी का है या नहीं है।

महोदय, मैं आपके माध्यम से सरकार से यह जानना चाहता हूँ कि समाज के जिस हिस्से में आतंकवादी पैदा हो रहे हैं, बगैर उसके सहयोग, बगैर उसकी गुडविल हासिल किए, क्या हम आतंकवाद का मुकाबला कर सकते हैं? इतनी बड़ी आबादी है और उस आबादी के मन में इस बात का गुस्सा है कि हमारे बेकसूर

नौजवानों को बरसों तक जेल में रखा जाता है। उनकी जिन्दगी बर्बाद हो जाती है और उनका भविष्य समाप्त हो जाता है। ऐसे नौजवानों को सरकार किसी भी तरह से कम्पनसेट नहीं करती है। उनके चरित्र के ऊपर भी धब्बा लगता है। हैदराबाद में, चारमीनार मस्जिद में विस्फोट हुआ था। हमें याद है कि उस मामले में इंफोसिस में नौकरी करनेवाले एक इन्फॉमेशन टेक्नोलॉजी के इंजीनियर की गिरफ्तारी हुई थी। कोई प्रमाण नहीं मिला था, इसलिए अदालत ने उसको बाइज्जत बरी कर दिया। मैंने उसका बयान पढ़ा था। उसने कहा था कि समाज में कोई भी हमें बिठाने के लिए तैयार नहीं है। मैं जेल में था, तो हमारे नाते-रिश्तेदारों तक ने हमें छोड़ दिया था। आप यह बताइए कि हमारे समाज का जो इतना बड़ा हिस्सा है, जब तक हम उसका भरोसा नहीं हासिल करेंगे, उसकी गुडविल हासिल नहीं करेंगे, तब इस तरह का कानून बनाने का क्या मतलब है? क्या आप समझते हैं कि इस देश का एक समुदाय पूरा का पूरा आतंकवादी है? अगर आपकी यह मान्यता है तो गलत है, क्योंकि अधिकांश आदमी आतंकवाद की निन्दा करते हैं। उन्होंने बार-बार, इसके बारे में सार्वजनिक रूप से भी बयान दिए हैं, इसको लेकर सार्वजनिक रूप से धरना भी दिया है, तब कुछ लड़के जिनका अगर किन्हीं कारणों से आतंकवाद की तरफ झुकाव होता है, तो मैं यह कहना चाहता हूँ कि आतंकवाद की खाद-बीज हम लोगों से मिलती है, क्योंकि हम उनको इंसाफ नहीं दिलाते हैं। उनको लगता है, उनके अन्दर इस तरह की भावनाएँ पैदा होती हैं कि हमारे साथ भेदभाव हो रहा है, हमारा हक हमें नहीं मिल रहा है।

उपसभापति जी, आप देखिए कि इस देश में आजादी के बाद जितने भी दंगे हुए हैं, उनके लिए न्यायिक आयोग बिठाए गए हैं, लेकिन आयोग की सिफारिशों पर कोई कार्रवाई नहीं हुई है। हमने बिहार में देखा है, हमने राँची का दंगा, जमशेदपुर का दंगा देखा है। उनके लिए न्यायिक आयोग बना, लेकिन कोई कार्यवाही नहीं हुई। मुम्बई में श्रीकृष्णा आयोग बना, उसने रिपोर्ट दी, लेकिन उस रिपोर्ट पर कोई कार्यवाही नहीं हुई। जो लोग दंगों में मारे जाते हैं, जिनकी सम्पत्ति लूटी जाती है, अगर उनके मन में यह भाव पैदा होता है कि हम तो देश के दो नम्बर के नागरिक हैं, तो उन नौजवानों के मन में गुस्सा पैदा होता है कि हमको इंसाफ नहीं मिल रहा है, हमारी हत्या होती है, हमारी सम्पत्ति लूटी जाती है, लेकिन हत्यारे के खिलाफ और लूटनेवाले के खिलाफ कोई कार्यवाही नहीं होती है। इससे उनके मन में गुस्सा पैदा होता है और यही सब आतंकवाद को पैदा करने के लिए खाद और पानी का काम करता है। आप अमरीका नहीं हैं, आप यूरोप नहीं हैं, क्योंकि अमरीका एफ.बी.आई. पर जितना खर्च करता है, हम अपनी नेशनल डिफेंस पर भी उतना खर्च नहीं करते हैं। उसके पास जिस तरह के साधन हैं, इलेक्ट्रॉनिक डिवाइसेज हैं, उसमें तो हम लोग उसके पासंग के भी बराबर नहीं हैं। इसलिए अमरीका और

यूरोप के तर्क से, सिर्फ पुलिस के सहारे हम लोग आतंकवाद का सामना नहीं कर सकते हैं, आतंकवाद का दमन नहीं कर सकते हैं। उसका एक ही तरीका है कि समाज के जिस हिस्से से भी आतंकवादी पैदा हो रहे हैं, उनको उस समाज का भरोसा हासिल करवाइए। जब उनके मन में यह भरोसा होगा कि हमारे साथ इंसाफ हो रहा है, इस बात पर भरोसा होगा कि इस मुल्क में हमको हमारा हक मिल रहा है, तब वे भी अपने समाज के अन्दर जो सिरफिरे लोग हैं, सिरफिरे नौजवान हैं, उनको आइसोलेट करेंगे, उनसे किनारा करेंगे, वरना आप इस तरीके से आतंकवाद का मुकाबला नहीं कर सकते हैं। हम देखते हैं कि देश में किस तरह का भेदभाव है। कुछ लोग माँग करते हैं कि साहब, उसको सुप्रीम कोर्ट से फाँसी की सजा हो गई है, इसलिए फलाने को फाँसी दो। हम जानना चाहते हैं कि पंजाब में एक मुख्यमंत्री मारे गए थे, उसमें जो अभियुक्त था, उसको भी सुप्रीम कोर्ट से फाँसी की सजा मिली लेकिन उसके बारे में नहीं कहा जाता है कि उसको फाँसी दो। उसको फाँसी नहीं मिले, इसके लिए देश की एक विधान सभा सर्वसम्मति से प्रस्ताव पास करती है। यदि उस पर हंगामा नहीं होता है, तो यह भी एक भेदभाव की मानसिकता है। यह इस बात को साबित करती है कि हम किस तरह का नजरिया रखते हैं। हमें याद है कि जब पंजाब की विधान सभा में प्रस्ताव पास हुआ था, तो उस समय उमर अब्दुल्ला का एक बयान आया था। उमर अब्दुल्ला जी ने कहा था कि यदि कश्मीर की विधानसभा इस तरह का प्रस्ताव पास करती तो देश में भूचाल आ जाता।...(समय की घंटी)...

श्री उपसभापति : तिवारी जी, आपके दो मिनट ज्यादा हो गए हैं।

श्री शिवानन्द तिवारी : आजादी के बाद से जिस तरह का व्यवहार हो रहा है, उस सन्दर्भ में हम यह कहना चाहते हैं कि इस देश में आजादी का इतिहास कायदे से नहीं लिखा गया। इस देश का हिन्दू आज भी यह मानता है कि देश का जो बँटवारा हुआ, वह बँटवारा मुसलमानों ने किया। मैं इस बात को नहीं मानता हूँ। मैंने इस समस्या को समझने के लिए बँटवारे का इतिहास पढ़ा, इस देश का इतिहास पढ़ा और देखा कि हमारे जो पुरखे थे, जिनका बहुत नाम रहा है, जिनको हम बहुत इज्जत की नजरों से देखते हैं, उन लोगों की ओर से भी गलतियाँ हुई हैं।

हमने इस सदन में बताया था कि किस तरह से 1937 में घटना हुई थी, किस तरह से मोहम्मद अली जिन्ना और बाल गंगाधर तिलक में 1916 में पैक्ट हुआ था, उस पैक्ट को नहीं माना गया। 1935 में नहीं माना गया। उसके पहले जब नेहरू कमीशन की रिपोर्ट आई थी, उस रिपोर्ट को नहीं माना गया। उस रिपोर्ट के पहले यही मोतीलाल नेहरू जी ने सवाल उठाया था कि अगर मुसलमान सेपरेट इलेक्टोरेट को छोड़ दें, तो हिन्दू और मुसलमानों की समस्या का समाधान हो जाएगा। हमको

याद है कि मोहम्मद अली जिन्ना ने दिल्ली में मुस्लिम नेताओं की...(समय की घंटी)...बस, दो मिनट में खत्म कर रहा हूँ, मोहम्मद अली जिन्ना ने मीटिंग बुलाई और उसमें प्रस्ताव पास किया कि हम सेपरेट इलेक्टोरेट को छोड़ने के लिए तैयार हैं। यह हुआ और देखिए कि किस ढंग से उनके साथ धोखा किया गया। सेपरेट इलेक्टोरेट को छोड़नेवाली बात मान ली गई, लेकिन उन्होंने जो डिमांड की थी कि जहाँ हम माइनॉरिटी में हैं, वहाँ व्हेटेज मिलनी चाहिए, उसको प्रस्ताव से निकाल दिया गया। एक बार नहीं, अनेक बार ऐसी घटनाएँ हुई हैं। आप अकेले कानून बनाकर इसका मुकाबला नहीं कर सकते हैं। इन चीजों के बारे में जो सही इतिहास है, उसको स्कूल में पढ़ाइए, उसको कॉलेज में पढ़ाइए। सिर्फ इसको पढ़ाने और बताने से काम नहीं चलेगा कि फलानी जगह मूर्ति तोड़ी गई, फलानी जगह मन्दिर तोड़ा गया। मूर्ति टूटी है, मन्दिर टूटा है, इसमें कोई सन्देह नहीं है, लेकिन उस इतिहास में जो घटनाएँ हुई हैं, उनको आज हम करेक्ट करना चाहेंगे, तो यह सम्भव नहीं है। अगर दुनिया इसी ढंग से इतिहास की गलतियों को ठीक करने लगेगी, तो दुनिया में उथल-पुथल मचेगी, अशान्ति मचेगी।

The Deputy Chairman : Please conclude.

श्री शिवानन्द तिवारी : इसलिए मैं कहना चाहता हूँ कि आपने जो यह कानून बनाया है, क्या नमूना दिया है? आपने दो साल के बदले पाँच साल के लिए संगठनों पर पाबन्दी लगाने की बात की है। क्या तर्क दिया है आपने? एडमिनिस्ट्रेटिव कॉस्ट बचेगी? राजीव जी भाषण दे रहे थे, उन्होंने 1967 की चर्चा की। हमने उस बहस को देखा है। हमारे जॉर्ज फर्नांडिस ने दो वर्ष को एक वर्ष करने का प्रस्ताव दिया था। आप इस सम्बन्ध में कृपलानी का भाषण पढ़िए, नागपाई का भाषण पढ़िए, उसमें ह्यूमैन राइट्स के सवाल को उठाया गया था। आपने कहा कि अगर यह पाँच साल हो जाएगा, तो हमें सबूत इकट्ठा करने में सुविधा मिलेगी। जो 760 दिनों में सबूत इकट्ठा नहीं कर सकता है, उसको आप पाँच साल क्या, पचास साल का समय दे दीजिए, कुछ नहीं होनेवाला है। आपने कहा कि जो टेररिस्ट की मदद करेगा, फाइनेंशियली मदद करेगा...

श्री उपसभापति : 6 मिनट से भी ज्यादा हो गए हैं। आप खत्म कीजिए।

श्री शिवानन्द तिवारी : मैं खत्म कर रहा हूँ। हम आपसे पूछना चाहते हैं कि अगर कोई लड़का टेररिज्म के मामले में गिरफ्तार होता है और उसके परिवार के लोग, उसके दोस्त समझते हैं कि वह नाजायज पकड़ा गया है और उसकी पैरवी के लिए वे पैसा जमा करते हैं, तो क्या आप मानेंगे कि वे टेररिस्ट की मदद कर

रहे हैं? जो मदद करनेवाले लोग हैं, क्या आप उनको जेल में बन्द कीजिएगा?... (समय की घंटी)...उसी तरह से, जिस तरह से...

The Deputy Chairman : Tiwariji, please conclude. You have taken double the time. आपने डबल टाइम ले लिया है। Please conclude.

श्री शिवानन्द तिवारी : आपने कहा कि इस तरह का भी जो संगठन होगा...

The Deputy Chairman : Please conclude.

श्री शिवानन्द तिवारी : हम उस पर भी पाबन्दी लगा सकते हैं। यह बिलकुल गलत है। यह जो आपकी धारणा है, आपकी एप्रोच है कि हम कानून बनाकर आतंकवाद को रोकेंगे, वह एप्रोच गलत है। आप समाज को विश्वास में लीजिए।

The Deputy Chairman : Tiwariji, please conclude. You have taken double the time. आपने डबल टाइम ले लिया है। Please conclude.

श्री शिवानन्द तिवारी : उनको इंसाफ नहीं मिल रहा है, भेदभाव हो रहा है। इस भावना को निकालिए, तब आप आतंकवाद को खत्म कर सकते हैं। चाहे कितना भी कड़ा कानून बना दीजिए, जब तक समाज में एहसास पैदा नहीं होगा कि हमको इंसाफ मिल रहा है, तब तक आतंकवाद खत्म नहीं होगा। इसलिए हम आपसे गुजारिश करेंगे कि इसको वापस लीजिए।

असम के रिफ्यूजी कैम्पों की मानवीय त्रासदी

Rajya Sabha
[08 Aug, 2012]

श्री शिवानन्द तिवारी : उपसभाध्यक्ष जी, असम की घटनाओं के बारे में जैसा अभी श्री बलबीर पुंज जी ने बताया कि यह बहुत बड़ी human tragedy है कि एक हफ्ते के दौरान 4 लाख लोगों का internal immigration हुआ। यह कोई साधरण घटना नहीं है कि 4 लाख लोग रिफ्यूजी कैम्पों में हैं। अभी कालिता जी बता रहे थे कि इन रिफ्यूजी कैम्पों में रहनेवालों की तादाद धीरे-धीरे कम हो रही है, लोग स्वत: अपने घरों की ओर वापस जा रहे हैं। यह स्वागत की बात है और यह सदन चाहेगा कि यथाशीघ्र ये रिफ्यूजी कैम्प खाली हो जाएँ और लोग अपने-अपने घरों को लौट जाएँ, ऐसी परिस्थिति असम में कायम होनी चाहिए।

उपसभाध्यक्ष जी, असम की जो समस्या है, उसके साथ मेरी भी थोड़ी-बहुत वाकफियत है। उसका कारण यह है कि जब 1979 में 'आसू' के लोगों ने बांग्लादेश की घुसपैठ के खिलाफ वहाँ आन्दोलन किया था, उसी दरमियान वैली में बड़ा भारी दंगा हुआ था। उस दौरान हम लोहिया विचार मंच में काम कर रहे थे। उसकी ओर से हमने दिल्ली से गोहाटी तक एक साइकिल मार्च किया था। यहीं राजघाट से वह साइकिल मार्च शुरू हुआ था और उस साइकिल मार्च में सबसे उम्रदराज आदमी हम थे। हमारे साथियों ने कहा कि चलिए, आप हमको हरियाणा के बॉर्डर तक पहुँचा दीजिए। इसी में हम कानपुर तक साइकिल चलाते हुए चले गए और उसके बाद बिहार में पूर्णिया से हमने साइकिल पकड़ी और बक्सीहाट का बॉर्डर पार करके धुबरी जिले में हम लोग गए और वहाँ हम लोगों की गिरफ्तारी हुई। इस गिरफ्तारी के दौरान हमने देखा कि वहाँ कई तरह के contradictions हैं, कई तरह के अन्तर्विरोध हैं। हमने वहाँ देखा कि जो असमी लोग हैं और जो बंगाली लोग हैं, हम बंगाली मुसलमान नहीं कह रहे हैं, हम बंगाली हिन्दू कह रहे हैं, उनके बीच भी भारी contradictions हैं। हम लोगों की गिरफ्तारी हुई, थाने में हम लोगों को ले जाया गया। वहाँ का इंस्पेक्टर बंगाली था, उसने चप्पल खुलवाई, बैल्ट खुलवाई,

ऐसी सख्त तलाशी ली कि बिहार आन्दोलन में और इमरजेंसी के दौरान भी उस तरह से पुलिस ने कभी हम लोगों के साथ सख्ती नहीं की थी और हम लोगों को बन्द कर दिया। अगले दिन धुबरी में हम लोगों की मजिस्ट्रेट के यहाँ पेशी हुई। वह मजिस्ट्रेट असमी था और उसने technical grounds पर हम लोगों को छोड़ दिया। अगले दिन फिर गिरफ्तारी हुई। इस तरह यह सिलसिला तीन दिनों तक चला और उसके बाद हम लोगों को असम से बाहर निकाल दिया गया। तब हमें यह अहसास हुआ कि यहाँ मामला सिर्फ असमी लोग, बंगाली मुसलमान या घुसपैठियों के बीच में नहीं है, यहाँ अनेक तरह से अन्तर्विरोध हैं।

अभी बलबीर पुंज जी बता रहे थे कि ढाका में मुस्लिम लीग की स्थापना हुई और उसके बाद असम में जो demography है, उसको बदलने की कार्यवाही शुरू हुई, मैं इस तर्क के साथ सहमत नहीं हूँ। यह सही बात है कि 1906 में ढाका में मुस्लिम लीग की स्थापना हुई और उसके बाद Minto-Marley Reforms आए, उनमें मुसलमानों के लिए अलग election college बनाने की व्यवस्था की गई, वह एक अलग बात है, लेकिन उस समय हिन्दुस्तान और पाकिस्तान, दो अलग मुल्क बनेंगे, ऐसी कोई स्थिति नहीं थी। 'संडे गार्जियन' एक अखबार निकलता है। उसमें श्री राम जेठमलानी जी का एक लेख परसों छपा था और उसमें उन्होंने बहुत साफ तौर पर कहा था कि मुसलमानों के बांग्लादेश से असम में जाने का जो सिलसिला शुरू हुआ, वह 1905 से शुरू हुआ, यह उन्होंने ठीक लिखा है, लेकिन उन्होंने यह नहीं बताया कि यह सिलसिला कहाँ तक पहुँचा? उनके लेख को पढ़ने के बाद हमने डिटेल्स देखी कि 1911 में बंगाल से असम एक अलग राज्य बना था। आप देखिए कि 1911 में असम में मुसलमानों की आबादी 9 प्रतिशत थी और उस समय मुसलमानों की संख्या 3,65,540 थी, लेकिन 1921 में जनगणना में यह आबादी 5,94,000 हो गई, यानी लगभग 6 लाख हो गई, यानी दुगुनी आबादी हो गई। इसी तरह 1931 में यह आबादी साढ़े नौ लाख हो गई।

वहाँ 19 परसेंट की आबादी हो गई। आप देखिए, 1941 में लगभग 16 लाख 9 हजार यानी 17 लाख की आबादी हो गई और 23 परसेंट पॉपुलेशन बढ़ गई। बांग्लादेश के मुसलमान असम में भारी संख्या में गए। उनको किसने बुलाया? मुस्लिम लीग ने उनको यहाँ नहीं भेजा। असम में आप देखिए, वहाँ कोयले का भंडार मिला। असम में चाय की खेती शुरू हुई। असम में पेट्रोलियम मिला और वहाँ काम करनेवाले मजदूरों की जरूरत थी। बंगाल में जो बड़े-बड़े जमींदार थे, भद्र लोग थे, वे हिन्दू थे और मुसलमान वहाँ मजदूर थे। उन्हीं गरीब मुसलमानों को अंग्रेजों ने वहाँ बसाना शुरू किया। वहाँ खेती में भी मजदूरों की जरूरत थी। आप देखिए कि वहाँ जो माइग्रेशन हुआ है, वह केवल बांग्लादेश के मुसलमानों का नहीं हुआ है। हमारे यहाँ बिहार का जो आदिवासी इलाका है, जो झारखंड का इलाका

है, चाईबासा है, सिंहभूम है, मानभूम है, बीरभूम है—इन इलाकों से बड़े पैमाने पर आदिवासियों का माइग्रेशन उस इलाके में हुआ है। आप सेंसस की रिपोर्ट उठाकर देख सकते हैं। और तो और, आप नेपालियों की आबादी देखेंगे तो पता चलेगा कि 1911 में वे केवल कुछ हजार थे और 1941 में उनकी आबादी लगभग पाँच-छह लाख बढ़ गई। तो यह जो conflict है, conflict सिर्फ इस हालत में नहीं है। आज वहाँ जो हालत है, अभी एक मैडम बोल रही थीं, असम की रहनेवाली हैं, उन्होंने ठीक ही कहा। अभी दो-तीन दिन पहले एक अखबार 'दैनिक भास्कर' के फ्रंट पेज पर एक स्टोरी छपी थी। 2003 में Bodo Liberation Tigers के साथ आपका समझौता हुआ और उन्होंने Bodo Territorial Council बनाई। उस Territorial Council के चेयरमैन अभी कौन हैं? मोहिलारी साहब उसके चेयरमैन हैं, जिनकी बहुत कम उम्र है। 1993 से लेकर 2003 तक उग्रवाद की जितनी भी घटनाएँ असम में हुईं, जितना भी कत्लेआम हुआ, उसमें इनकी जमात को Liberation Tigers के नाम से जाना जाता था, उसका हाथ रहा है। आज वहाँ क्या स्थिति है? यह जो Territorial Council बनी हुई है, वह वहाँ चीफ मिनिस्टर से ज्यादा पावरफुल है। सिक्योरिटी की करीब 25-30 गाड़ियाँ उनके आगे-पीछे चलती हैं। इसके अलावा प्राइवेट सिक्योरिटी है और उनका क्या मकसद है, 'दैनिक भास्कर' ने छापा। वहाँ बैनर लगे हुए हैं कि 'असम को हम कश्मीर नहीं बनने देंगे। कश्मीर में हमारे हिन्दू नौजवान मारे जा रहे हैं, यहाँ हम वैसी स्थिति पैदा नहीं होने देंगे।" वहाँ मोहिलारी का किसके साथ सम्बन्ध है? आपकी पार्टी के साथ? कांग्रेस पार्टी के साथ? 2006 में जब वहाँ चुनाव हुआ, उस समय कांग्रेस को वहाँ बहुमत नहीं मिला, जबकि मोहिलारी की पार्टी को 12 असेम्बली सीटें मिलीं और इन्हीं के समर्थन से वहाँ कांग्रेस पार्टी की सरकार बनी और उनको आपने खुला छोड़ा हुआ है? उनका संकल्प है कि जो कोकराझार इलाका है, इसमें मुसलमानों को वे नहीं रहने देंगे।...*(व्यवधान)*...

श्री विश्वजीत दैमारी (असम) : 'दैनिक भास्कर' में छपे हुए के बारे में आप जो बता रहे है, यह सब गलत है। मैं...*(व्यवधान)*...

श्री साबिर अली : आप बाद में बोलिए...*(व्यवधान)*...

श्री विश्वजीत दैमारी : बोलने दीजिए। आप किसी अखबार में छपी बात को यहाँ क्यों बोल रहे हैं? आप क्या जानते हैं? वहाँ हम लोग कैसे रहते हैं, आपको पता है क्या?...*(व्यवधान)*...मैं कोई इसके विरोध में नहीं बोल रहा हूँ।...*(व्यवधान)*...

उपसभाध्यक्ष (श्री तारिक अनवर) : विश्वजीत जी...विश्वजीत जी...*(व्यवधान)*... प्लीज...Your name is there in the List of Speakers. You can clarify it at that time. प्लीज, आपका नाम जब आए, तब बोलिएगा। आपको जिस बात पर आपत्ति हा, आप अपने समय में उसका जवाब दे सकते हैं।

श्री शिवानन्द तिवारी : मैंने जो कुछ कहा, वह अपनी ओर से नहीं कहा। मैंने एक अखबार का नाम लिया और वह अखवार मेरे यहाँ नियमित रूप से आता है। इस अखबार के साथ contradiction उस अखबार में नहीं छपा है।...*(व्यवधान)*...

उपसभाध्यक्ष (श्री तारिक अनवर) : तिवारी जी, आपका समय खत्म हो रहा है, please conclude now.

श्री शिवानन्द तिवारी : इसलिए मैं मानकर चल रहा हूँ कि इस अखबार में जो खबर छपी है, वह सही खबर है। मैं आपको बता रहा था कि किस तरह से पूर्वी बंगाल के इलाके से गरीब peasants आए, वे आकर कहाँ बसे? उनमें अधिकांश लोग Goalpara डिस्ट्रिक्ट में बसे। Goalpara डिस्ट्रिक्ट का एक सब-डिविजन कोकराझार है। जहाँ यह Tribal Council बनी है, उसकी राजधानी कोकराझार है। उसमें एक सब डिविजन था। उसी इलाके में अधिकांश मुसलमान आकर बसे। आज ग्वालपाड़ा कई जिलों में बँट गया है।

उपसभाध्यक्ष (श्री तारिक अनवर) : तिवारी जी, अब समाप्त करिए।

श्री शिवानन्द तिवारी : सर, मैं अपनी बात समाप्त कर रहा हूँ। अन्त में, मैं केवल एक उदाहरण देना चाहता हूँ। अभी 2011 का जो सेंसस हुआ है, उस सेंसस की बाजाब्ता रिपोर्ट नहीं आई है, लेकिन उसकी जो प्रोविजनल रिपोर्ट आई है, उस प्रोविजनल रिपोर्ट के हिसाब से 2001 और 2011 के बीच में कोकराझार की जो मुस्लिम आबादी है, वह घटकर 5.9 प्रतिशत हो गई है। सन् 2001 में जो आबादी 20.4 प्रतिशत थी, वह घटकर 5.9 प्रतिशत पर आ गई है। कोकराझार में 9 प्रतिशत मुसलमान घट गए हैं। क्यों घट गए हैं? जैसा मैंने आपको बताया कि वहाँ जो ट्राइबल काउंसिल बनी है, उस ट्राइबल काउंसिल के जो चेयरमैन हैं, उनका जो संकल्प है, यह उस संकल्प का परिणाम है कि वहाँ से मुसलमान हट रहे हैं। भाग रहे हैं। यहाँ उलटी बात हो रही है। जहाँ दंगा हो रहा है, उस दंगे का कारण मुस्लिम आबादी का बढ़ना नहीं है। वहाँ की मुस्लिम आबादी उल्टे घट रही है। महोदय, प्रधानमंत्री जी यहाँ मौजूद हैं। मैं उनसे विनम्र अनुरोध करूँगा कि बंगलादेशियों का इस देश में आना एक तथ्य है। इसमें कहीं कोई सन्देह नहीं है कि बंगलादेशियों की घुसपैठ हो रही है। बांग्लादेश एक गरीब इलाका है। आप देखिएगा कि अमरीका में कई अगल-बगल के गरीब लोग infiltate कर रहे हैं। हमारे देश से भी लोग वहाँ जाते हैं। सर, मुझे एक बार जापान जाने का अवसर मिला था। हालाँकि मुझे विदेश

का शौक नहीं है, लेकिन सन् 1977 में एक बार मुझे चन्द्रशेखर जी ने जापान भेज दिया था। वहाँ मैंने देखा कि हमारी जो जापानी दुभाषिया थी, उसके साथ टैक्सी ड्राइवर भिड़ गया। जापान का जो समाज है, वह अद्‌भुत किस्म का समाज है। वहाँ पर लोग बहुत शिष्टाचार मेंटेन करते हैं। हमने उस लड़की से पूछा कि वह कौन है? तब उसने बताया कि थाइलैंड वगैरह के लोग, जो मंगोलियन चेहरे वाले लोग होते हैं, वे गरीब लोग यहाँ infiltate कर जाते हैं। उसने कहा कि जापानी ऐसा व्यवहार नहीं कर सकता है। इस प्रकार हर जगह ऐसी थोड़ी-बहुत जहाँ समृद्धि है, वहाँ लोग आ जाते हैं। जहाँ दाल-रोटी की उम्मीद में लोग ऐसी जगहों पर जाते हैं। हमारे यहाँ की क्या हालत हो गई है? इससे तनाव पैदा होता है। यही तनाव असम में पैदा हुआ है। ऐसा केवल असम में नहीं है। बिहारी लोग जो असम में गए हैं, वहाँ मारे गए हैं। रवि शंकर प्रसाद जी यहाँ बैठे हैं, इनको मालूम होगा। मुम्बई में हमारे बिहार के लोग जाते हैं, उनके खिलाफ दंगा होता है। इस प्रकार आबादी का जो असन्तुलन है, जो विकास नीति चल रही है, उसके चलते बेरोजगारी पैदा हो रही है। असमी आदमी को लगता है कि बाहर से आनेवाला हमारा हक छीन रहा है। इसलिए प्रधान मंत्री जी से हम अनुरोध करेंगे कि...*(व्यवधान)*...

श्री बीरेन्द्र प्रसाद वैश्य : असमी people के बारे में आपने गलत बताया है... *(व्यवधान)*...

उपसभाध्यक्ष (श्री तारिक अनवर) : जब आपको मौका मिलेगा, तब अपनी बात कहिएगा।

श्री शिवानन्द तिवारी : हमसे अगर कोई त्रुटि हुई हो तो आप सुधार दीजिएगा।... *(व्यवधान)*...

श्री बीरेन्द्र प्रसाद वैश्य : असमी people के बारे में आपने जो कहा, वह गलत है।...*(व्यवधान)*...Don't treat the Assamese people in this way.

उपसभाध्यक्ष (श्री तारिक अनवर) : वैश्य जी, आपको मौका मिलेगा। तिवारी जी, आपका समय समाप्त हो गया है...*(व्यवधान)*...तिवारी जी, आप चेयर को एड्रेस करें।

श्री शिवानन्द तिवारी : प्रधानमंत्री जी यहाँ मौजूद हैं। मैं यह कहूँगा कि इस समस्या को लेकर देश में तनाव पैदा हो रहा है, इसमें कहीं कोई सन्देह नहीं है। इसलिए इस समस्या के समाधान के लिए जो भी उपाय सम्भव हो, सिटिजनशिप कानून में संशोधन की जरूरत हो, बांग्लादेश-बॉर्डर में जो फेंसिंग बाकी रह गई है, जिसके

बारे में श्री बलबीर पुंज जी बता रहे थे कि 50 किलोमीटर बाकी रह गया है, उससे बांग्लादेश के लोग आ रहे हैं, उसको पूरा किया जाए। यह सब करना जरूरी है। जो घटना हुई है, वह दुर्भाग्यपूर्ण है, उसकी हम निन्दा करते हैं और उम्मीद करते हैं कि असम की सरकार इस मामले में जो सिचुएशन है, उसके हिसाब से राइज करेगी और वहाँ शान्ति स्थापित करेगी। जो लोग गाँव-घर से बाहर बिखरे हैं, वे बोडो भी हैं और मुसलमान भी हैं। ऐसा नहीं है कि बोडोलैंड के खिलाफ खाली मुसलमान ही बाहर से आए हैं, दोनों कम्यूनिटीज के लोग बाहर आए हैं। सर, दंगे की जो शुरुआत हुई, उसमें सबसे पहले जो मुस्लिम ऑर्गनाइजेशन हैं, उसी के नौजवान मारे गए थे। इस प्रकार दोनों कम्यूनिटीज के लोग हैं, जो रिफ्यूजी कैम्प में आए हैं। वे बिलकुल अमानवीय हालत में रह रहे हैं। मैं उम्मीद करता हूँ कि वे सब अपने घरों में लौटें, ऐसी स्थिति असम की सरकार उत्पन्न करेगी। मैं यह भी उम्मीद करूँगा कि इस समस्या के स्थायी समाधान के लिए प्रधानमंत्री जी पहल करेंगे क्योंकि वे इस सभा में उसी राज्य का प्रतिनिधित्व कर रहे हैं। धन्यवाद।

पाकिस्तान की उदारवादी धाराएँ

Rajya Sabha

श्री शिवानन्द तिवारी : उपसभापति महोदय, इधर पाकिस्तान से लगातार निराश करनेवाली खबरें आ रही हैं । अभी कुछ दिन पहले वहाँ पंजाब के गवर्नर और माइनॉरिटी डिपार्टमेंट के मिनिस्टर की हत्या हुई। हमारे पड़ोस में पाकिस्तान है और पाकिस्तान में इस तरह की घटना होना, वहाँ fundamentalist ताकतों का बढ़ना हमारे लिए चिन्ताजनक बात है। ऐसी हालत में हमारा भी दायित्व बनता है कि वहाँ जो उदारवादी धाराएँ हैं, हम उनकी मदद करें। वहाँ सब कुछ होने के बावजूद निराश करनेवाली स्थिति हम इसलिए नहीं देखते हैं कि इन दोनों लोगों ने अपने commitment के आधार पर जान देना कबूल किया, लेकिन fundamentalist ताकतों के सामने समर्पण करना कबूल नहीं किया। मुझे इस बात की शिकायत है कि हमारा मुल्क, उस देश में जो उदारवादी धारा है, उसकी मदद नहीं कर रहा है। मैं आपको उदाहरण देना चाहता हूँ कि अभी लाहौर में एक calligrapher, एक पेंटर ने महात्मा गांधी की दो फीट और तीन फीट की तस्वीर बनाई है। उसने अपने खून से वह तस्वीर बनाई है। आप समझिए कि शरीर से निकलने के बाद खून तुरन्त जम जाता है, वैसी हालत में तस्वीर बनाना कितना कठिन होगा। जब लोगों ने उससे पूछा कि यह जो आपकी योजना है, उसकी भावना आपके अन्दर कैसे पैदा हुई, तो उसने बताया कि अभी 4-5 साल पहले जब हिन्दुस्तान और पाकिस्तान के बीच क्रिकेट मैच हो रहा था, बॉर्डर खुला था, वह इस पार आया था, तो उसने देखा कि हमारे मुल्क के समाज और संस्कृति में और हिन्दुस्तान के समाज और संस्कृति में कोई फर्क नहीं है, कोई भेद नहीं है। उसके मन में यह बात आई कि हिन्दुस्तान और पाकिस्तान के बीच जो झगड़ा है, वह सियासी झगड़ा है, राजनीतिक झगड़ा है, आम अवाम का कोई झगड़ा नहीं है। इसलिए उसने महात्मा गांधी का चित्र बनाने का निर्णय लिया। उस आदमी ने महात्मा गांधी के बारे में कुछ भी पढ़ा-लिखा नहीं है, लेकिन सिर्फ इस बात से कि महात्मा गांधी ने दुनिया में शान्ति और अमन का पैगाम दिया है, उसको इस बात की प्रेरणा मिली। वह

उस चित्र के साथ हिन्दुस्तान आना चाहता है और वह हिन्दुस्तान के प्रधानमंत्री को वह चित्र भेंट करना चाहता है, लेकिन खेद है कि भारत सरकार ने उसे वीजा नहीं दिया है। नतीजा यह है कि वह चित्र damage हो गया है, उस चित्र को नुकसान हो गया है, लेकिन वह आदमी इतना committed है कि वह कहता है कि अगर उसे हिन्दुस्तान का वीजा मिला और प्रधान मंत्री जी को चित्र समर्पित करने का मौका मिला, तो फिर से खून से उसकी मरम्मत करेगा।

उपसभापति महोदय, यह सिर्फ यहीं की बात नहीं है। अभी जयपुर में जो विश्व-साहित्यिक सम्मेलन हुआ, Literary Conference हुआ, उसमें भी पाकिस्तान से जो उदारवादी लेखक हैं, जो उदारवादी धारा के समर्थक हैं, उनको वीजा नहीं मिला...(समय की घंटी)...इसलिए मैं सरकार से और प्रधान मंत्री से माँग करता हूँ कि उस पेंटर को वीजा दिया जाए और उसकी तस्वीर को ग्रहण किया जाए, ताकि उदारवादी विचारधारा को मदद मिल सके।

उपराष्ट्रपति महोदय की सहजता और नम्रता

Rajya Sabha
[13 Aug, 2012]

श्री शिवानन्द तिवारी : सर, मैं भी आपको दुबारा उपराष्ट्रपति चुने जाने पर मुबारकबाद और बधाई देने के लिए खड़ा हूँ। प्रधान मंत्री जी और लीडर ऑफ द अपोजिशन ने जो उद्‌गार व्यक्त किया, जिस तरह की भावनाओं को व्यक्त किया, मेरी भी कुछ वैसी ही भावना है, लेकिन मेरे पास उस तरह की भाषा और क्षमता नहीं है कि मैं उस तरह से अपनी बात को व्यक्त कर सकूँ।

सर, पिछले साढ़े चार वर्षों से, जब से मैं इस सदन का सदस्य बना हूँ, मैंने जो सबसे अच्छी बात देखी है, जिसने मुझे बहुत प्रभावित किया, वह आपकी सहजता और आपकी नम्रता है। जिस सहज भाव से आप एक-एक साधारण सदस्य से, यानी हमारे जैसे सदस्य से भी आप जिस तरह मिलते हैं, बात करते हैं, समझने की कोशिश करते हैं, उसने मुझे बहुत प्रभावित किया। मुझे पूरा यकीन है कि जो दूसरा चरण आपके इस हाउस के चेयरमैन और देश के उपराष्ट्रपति बनने का है, वह उसी तरह से उज्ज्वल और निष्कलंक रहेगा, जैसे आपकी पहली पारी थी। इसी के साथ मैं फिर से आपको मुबारकबाद और बधाई देता हूँ। धन्यवाद।

समाज में पाप और भ्रष्टाचार के साथ बढ़ता भक्तिभाव

Rajya Sabha
[14 Aug, 2012]

श्री शिवानन्द तिवारी : आप मेरी बात सुन लीजिए।...*(व्यवधान)*...

श्री नरेश अग्रवाल (उत्तर प्रदेश) रार,...*(व्यवधान)*...इस पर सभी दलों को... *(व्यवधान)*...

श्री संजय राउत : मैं एक मिनट और लूँगा।...*(व्यवधान)*...

श्री शिवानन्द तिवारी : उपासभाध्यक्ष महोदय, मुम्बई में जो कुछ हुआ... *(व्यवधान)*...

The Vice-Chairman (Prof. P.J. Kurien) : What can I do?... *(Interruptions)*...

श्री संजय राउत : सर, अब सवाल इतना है कि देश की सरकार कौन चला रहा है।...*(व्यवधान)*...

The Vice-Chairman (Prof. P.J. Kurien) : No , I can't allow.... *(Interruptions)*...What can I do?...*(Interruptions)*...We can have a structured discussion...*(Interruptions)*...We can have a structured discussion....*(Interruptions)*...Yes, yes. The can be allowed... *(Interruptions)*...

श्री संजय राउत : सर...*(व्यवधान)*...यही मेरा सवाल है, सर।...*(व्यवधान)*...

श्री शिवानन्द तिवारी : उपसभाध्यक्ष महोदय, मुम्बई में जो कुछ हुआ... *(व्यवधान)*...

The Vice-Chairman (Prof. P.J. Kurien) : Now, let us take up next item that is Calling Attention on...*(Interruptions)*...

श्री संजय राउत : सर, एक मिनट।...*(व्यवधान)*...

The Vice-Chairman (Prof. P.J. Kurien) : You have finished.... *(Interruptions)*...This way, you cannot speak...*(Interruptions)*...I have allowed you to speak for three minutes.

The V. Maitreyan (Tamil Nadu) : Why not, Dir? It is not a Zero Hour discussion, Special permission has been given to raise it... *(Interruptions)*...It is not Zero Hour....*(Interruptions)*...

The Vice-Chairman (Prof. P.J. Kurien) : That is what I am snying. It is not a discussion...*(Interruptions)*...Let us hear the hon, Minster,... *(Interruptions)*...

श्री शिवानन्द तिवारी : उपसभाध्यक्ष महोदय, मैं खड़ा हूँ। आपने मेरी बात नहीं सुनी।...*(व्यवधान)*...इसका कोई मतलब नहीं है...*(व्यवधान)*...बहुत महत्त्वपूर्ण बात हुई है।...*(व्यवधान)*...इस सदन में जिस ढंग से और जिस भाषा में बात की गई है, वह बहुत गैरजवाबदेह है। मुम्बई में सड़कों पर जिन लोगों ने जिस भाषा का इस्तेमाल किया, House of Elders में भी उसी तरह की भाषा का इस्तेमाल किया गया है। यहाँ की कार्यवाही पूरे देश में प्रसारित हो रही है और पूरा देश इसे सुन रहा है।...*(व्यवधान)*...मैं चाहूँगा कि इस मामले में पूरी चर्चा हो।...*(व्यवधान)*...इस पर हम लिखकर नोटिस भी देंगे। जिस तरह की भाषा को लोगों ने यहाँ इस्तेमाल क्या है, वह कहीं से भी देश के हित में, राष्ट्र के हित में नहीं है...*(व्यवधान)*...

Dr. Chandan Mitra (Madhya Pradesh) : Sir, we have given notice.... *(Interruptions)*...The Government cannot...*(Interruptions)*...

The Vice-Chairman (Prof. P.J. Kurien) : You give a notice... आप नोटिस दीजिए।...*(व्यवधान)*...

Shri Jagat Prakash Nadda (Himachal Pradesh) : Sir, already, a notice has been given three days back...*(Interruptions)*...The Government is not responding...*(Interruptions)*...

श्री शिवानन्द तिवारी : सर, सड़क पर, फुटपाथ पर जिस तरह की भाषा का इस्तेमाल होता है, कम्यूनल भाषा का इस्तेमाल होता है, इस सदन में भी अगर उसी तरह की भाषा का इस्तेमाल होगा, तो यह देश कहाँ जाएगा...*(व्यवधान)*...

SHRI PRAKASH JAVADEKAR : Sir, this is not fair…*(Interruptions)*…

श्री शिवानन्द तिवारी : इसलिए मैं एतराज करता हूँ कि यहाँ इस तरह का भाषण हुआ और आपने उसको अलाऊ किया।…*(व्यवधान)*…मैं आपसे माँग करता हूँ कि…*(व्यवधान)*…मैं आपसे माँग करता हूँ कि नेशनल इंटरेस्ट के खिलाफ जो बात हुई है, उसको एक्सपंज किया जाए। उसको प्रोसीडिंग से एक्सपंज किया जाए। मैं यह माँग करता हूँ।…*(व्यवधान)*…उपसभाध्यक्ष महोदय, पूरे भाषण को पढ़ा जाए और…*(व्यवधान)*…

श्री विनय कटियार : सर…*(व्यवधान)*…

The Vice-Chairman (Prof. P.J. Kurien) : Let us take up 'Call Attention" Regading this important Bombay issue, you please notice… *(Interruptions)*…

Shri Jagat Prakash Nadda : Sir, Mr. Tarun Vijay gave a notice three days back. The Government is not responding to that, you say, give notice.…*(Interruptions)*…

Shri Sushil Kumar Shinde : Sir, a directed by the Chair… *(Interruptions)*…

श्री शिवानन्द तिवारी : सर,…*(व्यवधान)*…मैं आपसे डिमांड करता हूँ कि आप पूरे भाषा को, कठिन और उसमें जो ऑजेक्शनेवल है, उसको एक्सपंज कीजिए।… *(व्यवधान)*…

The Vice-Chairman (Prof. P.J. Kurien) : Let us firſt liſten to the Miniſter…*(Interruptions)*…Liſten to the Miniſter.…*(Interruptions)*…Let him say.…*(Interruptions)*…आप इनकी बात सुनिए।…*(व्यवधान)*…

श्री शिवानन्द तिवारी : सर,…*(व्यवधान)*…मैं आपसे रूलिंग माँग रहा हूँ।… *(व्यवधान)*…आप पूरे भाषण को पढ़िए और उसमें जो ऑब्जेक्शनेबल है, उसको proceedings से expunge कीजिए।…*(व्यवधान)*…

डॉ. वी. मैत्रेयन : सर आपने इनको मुझसे ज्यादा समय दिया है।…*(व्यवधान)*…

Shri M. Venkalah Naidu (Karnataka) : If anything objectionable has been raised, let the Government respond to that at a later time… *(Interruptions)*…Now, let us take up the issue of Amarnath Yatra and let the Miniſter make a ſtatement on Amarnath Yatra.…*(Interruptions)*…

The Vice-Chairman (Prof. P.J. Kurien) : Let us now take up the Calling Attention on Amaranth Yatra…*(Interruptions)*…You can give notice.… *(Interruptions)*…

श्री शिवानन्द तिवारी : सर, आप proceedings को पढ़िए और उसमें जो communal बातें हैं, उनको proceedings से निकालिए…*(व्यवधान)*…उनको expunge कीजिए।…*(व्यवधान)*…इस तरह की भाषा का इस्तेमाल भारतीय संसद में नहीं किया जा सकता है।…*(व्यवधान)*…

The Vice-Chairman (Prof. P.J. Kurien) : What do you want?…*(Interruptions)*…

श्री तारिक अनवर (महाराष्ट्र) : सर, मुझे एक मिनट बोलने का मौका दिया जाए।…*(व्यवधान)*…

श्री संजय राउत : सर, मुझे एक मिनट बोलने का मौका दिया जाए।…*(व्यवधान)*…

The Vice-Chairman (Prof. P.J. Kurien) : You can give notice.…*(Interruptions)*…

श्रीमती जया बच्चन (उत्तर प्रदेश) : सर…*(व्यवधान)*…

The Vice-Chairman (Prof. P.J. Kurien) : The point is.…*(Interruptions)*… Are we not governed by rules?…*(Interruptions)*…

श्री शिवानन्द तिवारी : सर, आपने इसको कैसे tolerate किया?…*(व्यवधान)*…

The Vice-Chairman (Prof. P.J. Kurien) : You spoke for three minutrs… *(Interruptions)*…

श्री तारिक अनवर (महाराष्ट्र) : उपसभाध्यक्ष महोदय, उन्होंने जो भी objectionable बातें कहीं हैं, उनको expunge किया जाए।…*(व्यवधान)*…

उपसभाध्यक्ष (प्रो. पी.जे. कुरियन) : आप अपनी सीट पर जाइए…*(व्यवधान)*… आप नोटिस दीजिए।…*(व्यवधान)*… I will have to ad journ the House, if it goes on this way…*(Interruptions)*…I will be forced to adjourn the House.…*(Interruptions)*…The discussion on the issue of Amarnath Yatra is also very important. I want to take up that. All of you want it to be discussed.…*(Interruptions)*…

श्री शिवानन्द तिवारी : सर, हाउस की proceedings ऐसे नहीं चलती है।...*(व्यवधान)*...आप हाउस को ऐसे नहीं चला सकते हैं।...*(व्यवधान)*...

श्री नरेश अग्रवाल : माननीय उपासभाध्यक्ष महोदय...*(व्यवधान)*...

श्री शिवानन्द तिवारी : सर, सदन में जो बोला जा रहा है...*(व्यवधान)*...

उपसभाध्यक्ष (प्रो. पी.जे. कुरियन) : आप अपनी सीट पर जाइए...*(व्यवधान)*... आप सुनिए, hon. Members why should there be...*(Interruptions)*...Why should there be a conflict between the two important subjects which have been listed?...*(Interruptions)*...You can give notice....*(Interruptions)*...

श्री शिवानन्द तिवारी : सर, हाउस ऐसे नहीं चलेगा...*(व्यवधान)*...इस सदन में क्या बोला जा रहा है, क्या आप इसको नहीं देखेंगे?...*(व्यवधान)*...

The Vice-Chairman (Prof. P.J. Kurien) : The House is adjourned for ten minutes.

The House then adjourned at thirty two minutes past twelve of the clock.

The House reassembled at forty-two minutes past twelve of the clock.

The Vice-Chairman (Prof. P.J. Kurien) : in the Chair.

श्री शिवानन्द तिवारी : उपसभाध्यक्ष महोदय, मैंने यह कहा था कि जो कुछ भी इस सदन में कहा गया है।...*(व्यवधान)*..

The Vice-Chairman (Prof. P.J. Kurien) : I heard it...*(Interruptions)*... मैं समझ गया।

श्री शिवानन्द तिवारी : सर, आप प्रोसिडिंग्स को देखिए।...*(व्यवधान)*.. यह पार्लियामेंट्री डिग्निटी के खिलाफ होगा।...*(व्यवधान)*...

उपसभाध्यक्ष (प्रो. पी.जे. कुरियन) : मैं समझ गया। Hon. Members, I will go through the card of all the statements made here in this House and if there is anything unpicli mentary or unsubstantiated, I will remove that from the record been carried out by the Government in toto. It is because the Supreme Court was concerned about the deaths that have taken place there. I want to know from the hon. Minister whether proper toilet facilities are provided in every base camp. I also want to know whether the Government would provide modern facilities like railing, and other facilities up to the glacier area in this yatra route. I am asking this question because already 100 deaths have taken place. It happned due to poor medial facilities. Despite the fact the specialists doctors have been deployed and freee medical camps have been set up, these many deaths have taken place. My concern is that the pilgrims who are visiting this Shrine are noe being proteacted properly. So, the Government should take special steps in this regard. Thank you very much, Sir.

उपसभाध्यक्ष (प्रो. पी.जे. कुरियन) : शिवानन्द तिवारी जी, बोलिए।

श्री शिवानन्द तिवारी : उपसभाध्यक्ष जी, मैं इस बार अमरनाथ की यात्रा से लौटा हूँ। मैं पहली दफा वहाँ गया था। यह बिलकुल सच है कि वहाँ इतनी भीड़ है कि हम लोग हेलीकॉप्टर से ऊपर गए। वहाँ से पैदल जा रहे थे। जो पैदल रास्ता है, हमने उस रास्ते पर आदमियों को चलते हुए देखा। हमने देखा कि जिस तरह से चींटी चलती है, उस तरह से लोग चले जा रहे हैं। इसमें कहीं कोई सन्देह नहीं है कि वहाँ अपार भीड़ थी। दूसरी बात जो मैंने महसूस की, वह यह है कि वहाँ किसी तरह की सुविधा नहीं है। सरकार ने रास्ता तक नहीं बनाया है। हेलीकॉप्टर से उतरने के बाद हम लोगों ने देखा कि अमरनाथ जाने का जो रास्ता है, वह रास्ता है ही नहीं। पता नहीं, वहाँ पर घोड़ी वाले, डोली वाले या पैदल लोग किस तरह से जाते हैं? यह उनकी हिम्मत की बलिहारी है। लोग नीचे के रास्ते का भी वही हाल बता रहे थे। वहाँ कोई सुविधा नहीं है। दूसरी बात, जो मैंने देखी, वह यह थी कि इतनी गन्दगी है कि जब हम लोग अमरनाथ की गुफा पर सीढ़ियों से चढ़ रहे थे, जो कि खड़ी और काफी ऊँची सीढ़ी थी, चूँकि हम लोग विधायक थे, एम.पी. थे, इसलिए वहाँ जो सी.आर.पी.एफ. का टैंट था, वहाँ एक डॉक्टर ने हम लोगों की हैल्थ चेक की और कहा कि आपकी धड़कन बढ़ी हुई है, लेकिन आप सीढ़ी से चढ़ सकते हैं। उस सदन के हमारे साथी श्री दिनेश यादव जी भी साथ थे, उनको कहा कि आप डोली से ऊपर जा सकते हैं, हम लोग गए, तो देखा कि वहाँ इतनी गन्दगी थी, कपड़े-लत्ते सड़क के किनारे ऐसे ही फेंके हुए थे। यह आश्चर्य है कि हम किस तरह से अपने तीर्थ स्थानों को मैनेज कर रहे हैं। जहाँ तक भीड़ का सवाल है, यह भीड़ सिर्फ अमरनाथ में नहीं जा रही है। जितने तीर्थ स्थान हैं, उन तीर्थ स्थानों पर इतनी भीड़ जा रही है, इतने लोग जा रहे हैं कि हमको तो लग रहा है कि जैसे-जैसे समाज में पाप बढ़ रहा है, भ्रष्टाचार बढ़ रहा है, वैसे-वैसे लोगों के अन्दर पूजा और भक्ति का भाव भी बढ़ रहा है। हमारे यहाँ देवघर में जाइए, देवघर में पहले काँवर लेकर कुल हजार लोग ही जाते थे। हमें याद है कि जब हम पढ़ते थे, उस समय, सावन में हमको एक बार जाने का मौका मिला था। हमने देखा...(समय की घंटी)...

उपसभाध्यक्ष (प्रो. पी.जे. कुरियन) : तिवारी जी, प्रश्न पूछिए।

श्री शिवानन्द तिवारी : उपसभाध्यक्ष जी, मैं समाप्त कर रहा हूँ। जैसाकि अरुण जी ने कहा कि वहाँ पर कोई स्थायी चीज बनाई जाए, वहाँ भी यही हालत है, इसलिए इसको किया जाए। हमें पूरी तरह से याद नहीं है, शायद कर्ण सिंह जी को याद होगा, लेकिन जहाँ तक स्मरण है, वाकया यह है कि जब एक.के. सिन्हा साहब यहाँ के गवर्नर हुआ करते थे, उन्होंने उस समय कुछ अस्थायी इन्तजाम करने के लिए, ठहरने के लिए जमीन वगैरह देने की बात कही थी, जिसको लेकर कश्मीर में भयानक आन्दोलन हुआ था। इसलिए इस मामले में कोई निर्णय लेने के पहले इन सब चीजों को ध्यान में रखना चाहिए।

मैं वहाँ गया था। मैंने भगवान शंकर से कहा कि इस युग में आप कहाँ बैठे हुए हैं, अपने भक्तों को इतना परेशान कर रहे हैं। हमारा देश इतनी तरक्की कर गया, 5 स्टार होटल, 7 स्टाल होटल खुल गए, आप आइए। आप जिस तरह की व्यवस्था कहिएगा, दिल्ली में, मुम्बई में, चेन्नई में, हम लोग करा देंगे। आप इस झंझट में स्वयं को और अपने भक्तों को क्यों डाल रहे हैं? इसलिए हम यह गुजारिश करेंगे कि भगवान शंकर, जिनके हम लोग भक्त हैं, जो हम लोगों के नायक हैं, वे वहाँ से नीचे उतरें और वे जहाँ कहेंगे, हम लोग उनका सब इन्तजाम करा देंगे।

महाराष्ट्र से, मुम्बई से भगाए जा रहे हिन्दीभाषी

Rajya Sabha
[17 Aug, 2012]

श्री शिवानन्द तिवारी : धन्यवाद सभापति महोदय। आज देश एक गम्भीर संकट में है। यह जो कुछ हो रहा है, मैं इसको एक लक्षण के तौर पर देखता हूँ। इसको अगर दो हिस्सों में बाँटा जाए तो एक हिस्सा वह है जो एसएमएस के जरिये अफवाह फैलाई जा रही है और दूसरा हिस्सा वह है जिसको हम भगदड़ के रूप में देख रहे हैं। आखिर भगदड़ क्यों हो रही है? भगदड़ इसलिए हो रही है कि जो लोग वहाँ से भाग रहे हैं, उन्हें यकीन नहीं है कि सरकार हमारी रक्षा कर सकती है। यह सबसे बड़ा संकट है कि लोगों के मन में यह अविश्वास पैदा हुआ है कि स्टेट हमें प्रोटेक्ट नहीं कर सकती है, इसलिए जान बचाने के लिए देश के अलग-अलग हिस्सों से लोग भागकर अपने घरों की ओर जा रहे हैं। महोदय, मैं यह कहना चाहूँगा कि कैसे लोगों को भरोसा होगा? असम की घटना की जब शुरुआत हुई तो जिलों में जो पदाधिकारी थे, उन्होंने देखा कि जो हमारा सामान्य प्रशासन है, उसके जरिये हम इसको नियंत्रित नहीं कर सकते हैं तो उन्होंने फौज की माँग की और चार, पाँच या छह दिन के बाद वहाँ फौज पहुँची। महोदय, देश में इस तरह की भगदड़ पहली दफा नहीं हो रही है। यह जरूर है कि नॉर्थ-ईस्ट एक संवेदनशील इलाका है। कई देशों के साथ वहाँ की सीमाएँ मिली हुई हैं। इसलिए हम ज्यादा चिन्तित हैं, लेकिन हमने देखा है कि हिन्दीभाषी लोग महाराष्ट्र से, मुम्बई से किस तरह से खदेड़-खदेड़कर भगाए गए। वहाँ जो आदमी मरे, उनकी रक्षा नहीं हो पाई। इन्हीं सब घटनाओं ने लोगों के मन में असुरक्षा का भाव पैदा किया है। मैं किसी की शिकायत नहीं कर रहा हूँ। अगर ईमानदारी के साथ रोग का विश्लेषण नहीं होगा, रोग का डायग्नोसिस नहीं होगा तो यह जो प्रस्ताव की औपचारिकता है, इसके जरिये हम समस्या का समाधान नहीं कर सकते हैं। महोदय, मैं देख रहा था कि असम की घटना की जो शुरुआत हुई, किस ढंग से उसके बारे में हंगामा किया गया। आज मैं 'इंडियन एक्सप्रेस' की रिपोर्ट देख रहा था। इसमें माइनॉरिटी कमीशन की जो

रिपोर्ट आई है, वह यह कहती है कि यह जो दंगा है, उसमें चार-पाँच लोगों की टीम असम गई थी और वे सब नामी लोग थे। उन लोगों ने इस रिपोर्ट में कहा है कि यह जो दंगा हुआ है, यह बंगलादेशी लोगों के साथ नहीं हुआ है, बल्कि जो वहाँ के स्थानीय लोग हैं, बोडो और मुस्लिम, यह उनके बीच में हुआ है। उस रिपोर्ट में यह भी कहा गया है...*(व्यवधान)*...मैं माइनॉरिटी कमीशन की रिपोर्ट की बात कर रहा हूँ।...*(व्यवधान)*...यही मानसिकता जो है...*(व्यवधान)*...हम लोग कहेंगे कि दिल्ली की सरकार...*(व्यवधान)*...अभी कर्ण सिंह जी कह रहे थे कि लॉ एंड ऑर्डर की जवाबदेही स्टेट की है। मैं यह कहना चाहता हूँ कि कई राज्यों में जो एसएमएस फैलाया जा रहा है, घृणा फैलाई जा रही है, क्या किसी एक स्टेट की पुलिस या एक स्टेट की सरकार इसका मुकाबला कर सकती है? केन्द्र सरकार पर से जवाबदेही टालने का एक तरीका बन गया है कि कानून और व्यवस्था राज्य सरकार की जवाबदेही है। इसका नेशनल कैरेक्टर है, जो कुछ भी एसएमएस, ट्विटर के जरिये या फेसबुक के जरिये हो रहा है। उसका नेशनल कैरेक्टर है, इसलिए यह जवाबदेही दिल्ली की सरकार को लेनी होगी। राम गोपाल जी बोल रहे थे। उन्होंने ठीक कहा, क्यों नहीं भारत सरकार तलाश कर रही है कि कौन लोग इस तरह का rumor फैला रहे हैं? कौन लोग समाज में इस तरह की घृणा पैदा कर रहे हैं? यह जरूरी है, लेकिन असली सवाल यह है कि लोगों के मन में जब तक यह भरोसा आप पैदा नहीं करेंगे कि सरकार हमारी रक्षा करेगी, तब तक लोगों के मन में जो डर है, उसको खत्म नहीं किया जा सकता है। आज सरकारों का रुतबा, सरकारों का एतबार खत्म हो गया है। आज इसी के चलते देश के अलग-अलग इलाकों में जो घटनाएँ होती हैं, उन घटनाओं के भय से लोग एक इलाके से दूसरे इलाके में जा रहे हैं। महोदय, एक बँटवारा हो चुका है, उस समय भी घृणा और नफरत आधार था, आज भी अलग-अलग समाज के अलग-अलग तबके में घृणा और नफरत फैलाई जा रही है और देश फिर टूट के रास्ते पर बढ़ रहा है। इसलिए मैं सदन से गुजारिश करूँगा कि सचमुच अगर हम देश को टूटने से बचाना चाहते हैं तो देश को तोड़नेवाली उसे विभाजित करनेवाली जो शक्ति है, उसको कैसे कमजोर किया जाए, इस पर गम्भीरता से विचार करना होगा और उस सम्बन्ध में कार्यवाही करनी होगी। इसी के साथ मैं अपनी पार्टी की ओर से तथा अपनी ओर से नॉर्थ-ईस्ट के लोगों को यह कहना चाहता हूँ कि पूरा देश उनके साथ है। हम सब लोग उनके साथ हैं। हम उनसे अनुरोध करेंगे कि जहाँ से वे गए हैं, अपनी उन जगहों पर वापस आएँ। इसके साथ हम यह भी कहना चाहते हैं कि वहाँ की सरकारें गम्भीरता के साथ उनकी सुरक्षा का प्रयास करें। इसी के साथ मैं अपनी बात समाप्त करता हूँ। धन्यवाद।

देश को अन्दर से खोखला करता भ्रष्टाचार का घुन

Rajya Sabha
[27 Feb, 2013]

श्री शिवानन्द तिवारी : उपसभाध्यक्ष जी, इस विषय पर मैं माननीय मंत्री जी का स्टेटमेंट पढ़ रहा था। मुझे बड़ा आश्चर्य हुआ कि यह जो Calling Attention Motion है, इसका विषय है : 'plight of Tamils in Sri Lanka' और जो जवाब है, वह 20 पैराग्राफ का है, लेकिन मुझे लगता है कि Calling Attention Motion का जवाब केवल 6 पैराग्राफ में हैं, बाकी जो 14 पैराग्राफ हैं, उनका इस मोशन से कोई सम्बन्ध नहीं है। आपने कहा कि आपने कितने मकान बनवाए, वहाँ कितना पैसा भेजा, लेकिन सदन यह जानना चाहता है कि वहाँ जो तमिल लोग हैं, उनके human rights का जो violation हो रहा है, सरकार उस दिशा में क्या पहल करने जा रही है, ताकि उनके rights की रक्षा हो सके, यही सदन जानना चाहता है, यही सदन की चिन्ता थी। माननीय मंत्री जी ने जो जवाब दिया है, उससे लगता है कि वे सारी चीजों का घोर-मट्ठा कर रहे हैं।

उपसभाध्यक्ष जी, मुझे लगता है कि श्रीलंका के मामले में शुरू से ही सरकार का जो रवैया है, सरकार का जो रुख है, उसमें कोई साफगोई नहीं है, कोई स्पष्टता नहीं है। आप लोगों ने श्रीलंका में अपनी पीस कीपिंग फोर्स भेजी। उस समय भी देश में इसका विरोध हुआ था कि सरकार जो काम कर रही है, यह बिलकुल गलत है। दूसरे देश में हम अपनी फौज भेजें, युद्ध काल में हम अपनी फौज भेज सकते हैं, लेकिन अगर शान्ति काल में हम अपनी फौज भेजते हैं, तो यह अच्छी विदेश नीति का परिचायक नहीं है। उस समय भी इसका विरोध हुआ था और इसका नतीजा क्या हुआ, हम सब जानते हैं कि किस तरह से हमारे प्रधानमंत्री जी की जान गई। इसलिए यह मामला केवल तमिलनाडु के लोगों और श्रीलंका के बीच का नहीं है, यह सारे देश का मामला है। अभी श्री वेंकैया नायडू जी बोल रहे थे। उन्होंने ठीक ही कहा कि यह बहुत संवेदनशील मामला है, बहुत delicate matter है, लेकिन

सरकार तो इस मामले में stand ले चुकी है। अमरीका का जो प्रस्ताव था, जो Human Rights Council की मीटिंग हुई थी, उसमें आपने stand ले लिया है। उस मीटिंग में आपने अमरीका के प्रस्ताव के समर्थन में जो stand लिया है, उससे श्रीलंका से आपकी दूरी बढ़ गई है और यह सबको दिखाई दे रहा है। इसलिए आपको इस मामले में एक साफ stand लेना चाहिए।

मैं देख रहा था कि United Nations का वहाँ जो delegation था, जो Tamilians के rights को watch करने के लिए वहाँ बहाल था, उसको 2008 में वापस बुला लिया गया। United Nations ने वहाँ एक कमेटी बनाई है, उसका मतलब यही है कि वह वहाँ इस विषय को देखे। 2008 में जब वहाँ सबसे ज्यादा जरूरत थी United Nations के observers की, उस समय उनको वापस बुला लिया गया। इसको लेकर United Nations में ही भारी विवाद है। खुद उस टीम के जो मेंबर थे, Edward Mortimer, मैं उनका बयान देख रहा था, उन्होंने खुद कहा कि इन अधिकारियों ने उस समय श्रीलंका को छोड़ दिया, जब श्रीलंका में उनकी सबसे ज्यादा जरूरत थी। श्रीलंका के लोगों का मानना है कि अगर उस समय United Nations के observers वहाँ होते, तो जितने तमिल लोग वहाँ मारे गए थे, उतने नहीं मारे जाते और जिस ढंग से बर्बर व्यवहार श्रीलंका की फौज ने वहाँ के नागरिकों के साथ किया, उसमें थोड़ी कमी होती।

मैं आपको बता रहा था कि United Nations ने एक इंटर्नल कमेटी बनाई है Charles Patrie की अध्यक्षता में यह देखने के लिए कि United Nations की टीम ने वहाँ किस ढंग का व्यवहार किया और उस कमेटी ने United Nations Secretary-General, Ban-Ki-moon को रिपोर्ट दी है कि वहाँ गलती हुई है। अब आपके हाथ में है, आप United Nations में दबाव बनाइए कि वहाँ के जो Secretary-General, हैं, वे आदेश दें कि एक अन्तरराष्ट्रीय कमीशन बनाकर वहाँ श्रीलंका की फौज द्वारा तमिलों के human rights का जो violation हुआ है, उसकी जाँच कराई जाए। United Nations का दबाव बने कि श्रीलंका की सरकार ने जो समझौता किया है, उसकी धारा 13 का implementation हो और नॉर्थ तथा ईस्ट में dis-solution of power हो, सत्ता का विकेन्द्रीकरण हो तथा उनके human rights की रक्षा हो। तो आपके हाथ में बॉल है और आपको मजबूती के साथ अब निर्णय लेना है। यह बहुत संवेदनशील मामला है, पड़ोसी देश का मामला है। आप कदम उठा चुके हैं, अब उस कदम को वापस लेने का कोई अर्थ नहीं है, इसलिए हमें लगता है कि आगे बढ़ना चाहिए। United Nations की Internal Committee की जो रिपोर्ट आई है, इस रिपोर्ट के आधार पर हम लोगों की एक चिन्ता है कि वहाँ human rights का violation हुआ है। पिछले साल भी, जब कृष्णा जी विदेश मंत्री थे, उस समय भी माँग उठी थी कि अन्तरराष्ट्रीय कमीशन

के द्वारा human rights violation की जाँच होनी चाहिए। अब तो खुद United Nations की Committee इस बात को कह रही है कि बहुत कठिनाई नहीं है। अगर थोड़ी-सी पहल भारत सरकार दिखाए तो उस जाति के लिए एक अन्तरराष्ट्रीय कमीशन बन सकता है और एक अन्तरराष्ट्रीय दबाव बनाकर, श्रीलंका की सरकार का तमिल लोगों के साथ जो commitment है, उसको हम लागू करा सकते हैं। अत: हम सरकार से अनुरोध करेंगे कि इन दोनों दिशाओं में कदम उठाए।

महोदय, हम इधर-उधर की बातें न करें। ठीक है, fishermen की समस्या है, लेकिन आज जो Calling Attention का विषय है, उसमें fishermen के बारे में चिन्ता नहीं की गई है। अभी 'Channel 4' में 'Human Rights Watch' में नया तथ्य उजागर किया गया है, जिसमें उन्होंने 71 लोगों का इंटरव्यू लिया है। जो लोग श्रीलंका से बाहर रह रहे हैं, कोई ऑस्ट्रेलिया में, कोई डेनमार्क में रह रहा है, उन लोगों ने बयान दिया है कि किस तरह से वहाँ औरतों को ही नहीं, बच्चों को sexually abuse किया गया। यह वहाँ की हालत है। देश इस मामले में चिन्तित है, इसलिए हम लोग चाहेंगे कि एक अन्तरराष्ट्रीय कमिशन द्वारा इस मामले की जाँच हो और श्रीलंका की सरकार का तमिल लोगों के साथ जो commitment है, वह लागू हो। इसी आग्रह के साथ आपने मुझे बोलने के लिए वक्त दिया, इसके लिए धन्यवाद।

श्री तरुण विजय (उत्तराखंड) :...

श्री शिवानन्द तिवारी : धन्यवाद उपसभापति महोदय। यह जो हेलीकॉप्टर की खरीदारी में गड़बड़ी हुई है, उसके बारे में हमको कुछ ज्यादा नहीं कहना है। इस गड़बड़ी का रेशा-रेशा हम लोगों के सामने आ चुका है, मीडिया में सारी बातें आ चुकी हैं। टेलीविज़न चैनल पर जो डिबेट हो रहा है, उसमें सारी बातें आ चुकी हैं। इस खुलासे का सेहरा हम लोगों को नहीं मिल रहा है। खुलासे का सेहरा तो इटली की सरकार का है। इटली में जो कानून है, उस कानून के तहत उन लोगों की नजर में यह बात आई कि इसमें कमीशन का लेन-देन हुआ है, जिसकी उन्होंने जाँच-पड़ताल की है, उसमें गिरफ्तारी भी हुई है। उस जानकारी के आधार पर भारत सरकार ने भी सी.बी.आई. जाँच की घोषणा की है। मैं स्पष्ट कर देना चाहता हूँ कि हम और हमारी पार्टी जे.पी.सी. के पक्ष में नहीं हैं। हम चाहते हैं कि सी.बी.आई. की जाँच हो। हम रक्षा मंत्री जी से यह भी माँग करेंगे। रक्षा मंत्री जी के बारे में जो सब लोगों की राय है, वही हमारी भी राय है। हम उनसे यह माँग करेंगे कि जो बात आपके बारे में कही जाती है, वह सच है तो आप सुप्रीम कोर्ट में अर्जी डालिए और कहिए कि जो सी.ब.ी.आई. की जाँच हो रही है, उसकी मॉनिटरिंग सुप्रीम कोर्ट करे। उपसभापति महोदय, हम क्यों जे.पी.सी. के पक्ष में नहीं हैं, उसको

हमारा क्यों समर्थन प्राप्त नहीं है, वह इसलिए कि हमने देखा है कि हर्षद मेहता कांड से लेकर अब तक कई जे.पी.सी. इस देश में बनीं, लेकिन किसी का कोई नतीजा सामने नहीं आया। इसलिए हम नहीं चाहते कि फिर से जे.पी.सी. आए।

[उपसभाध्यक्ष, डॉ. ई.एम. सुदर्शन नाच्चीयप्पन पीठासीन हुए]

2G स्कैम की जाँच एक जे.पी.सी. कर रही है। उसकी जाँच कब तक चलेगी, इसके बारे में कोई भी निश्चित रूप से नहीं कह सकता है। इसलिए हम यह चाहते हैं कि कोर्ट की मॉनिटरिंग में इसकी जाँच हो।

उपसभाध्यक्ष महोदय, अभी हमारे सुखेन्दु जी लाल बहादुर शास्त्री का किस्सा सुना रहे थे। हमारे अग्रवाल साहब बतला रहे थे कि हमारी सेना के जो चीफ थे, उन्होंने चेतावनी दी थी। परन्तु सरकार क्यों नहीं चेती? पता नहीं क्यों? आजादी के बाद से ही भ्रष्टाचार के मामले में हमारा देश बहुत नर्म रहा है। आप याद कीजिए, जो सीनियर लोग हैं, उनको मालूम होगा, इस देश में जो पहला घोटाला हुआ था, वह डिफेंस से ही सम्बन्धित था। आपको याद होगा, जब देश आजाद हुआ था और पाकिस्तान की फौज ने कश्मीर पर कब्जा करने के लिए हमला किया था, उस समय ब्रिटिश की सेना से सेकंड हैंड जीप खरीदने की बात हुई थी। तब जीप स्कैंडल हुआ था। पार्लियामेंट की जो हमारी पब्लिक एकाउंट्स कमेटी थी, उसने जाँच करके यह सिफारिश की थी कि इसकी गहराई से जाँच की जानी चाहिए। लेकिन उस समय के तत्कालीन प्रधानमंत्री ने पी.ए.सी. की रिपोर्ट को फिर वापिस किया कि आप फिर से इसके बारे में रिपोर्ट भेजिए। लेकिन इसके लिए पी.ए.सी. तैयार नहीं हुई। हमारे कहने का मतलब है कि जिस आदमी के ऊपर आरोप लगा जीप स्कैम का, वही आदमी इस देश का डिफेंस मिनिस्टर बन गया। तो आप ज़रा बताइए कि भ्रष्टाचार को जिस ढंग से हम लोगों ने बढ़ावा दिया, उसकी आज क्या हालत है? भ्रष्टाचार के घुन ने इस देश को अन्दर से खोखला कर दिया है। जहाँ भी आप हाथ डालिए, जहाँ भी उँगली डालिए, वहाँ आपको पोला दिखाई देगा। यह क्या हालत है? जिस देश के डिफेंस की यह हालत है, अभी हम लोगों ने देखा कि एक कर्नल, जो एक सीनियर ऑफिसर होता है, वह नशीली दवाइयों को अपनी फौजी गाड़ी में लेकर जा रहा था। कुछ दिन पहले हमने देखा था कि सी.आर.पी.एफ. की एक गाड़ी नॉर्थ-ईस्ट से आ रही थी, जिसमें गाँजा लदा हुआ था। तो यह हालत है। सियाचीन बॉर्डर पर हमारे जो जवान हैं, उनको जो सामान मिलता है, वह जम्मू के कबाड़ी बाजार में बिक रहा था। इस प्रकार हम लोगों ने देश की यह हालत बनाकर रखी हुई है। इसलिए उपसभाध्यक्ष महोदय, इसके बारे में ज्यादा कुछ कहना नहीं है। जैसा नरेश अग्रवाल जी ने कहा, हम भी इस बात

को लेकर चिन्तित हैं कि हमारे देश के लोकतंत्र में लोगों का भरोसा धीरे-धीरे खत्म हो रहा है। इस देश का लोकतंत्र उनसे चल रहा है जो गरीब हैं, पिछड़े हैं, दलित हैं। उनको जो सोशल स्पेस इस लोकतंत्र ने दिया है, उसी की वजह से लोकतंत्र चल रहा है, नहीं तो इस लोकतंत्र पर भरोसा नहीं है। हमारा लोकतंत्र भ्रष्टाचार का मुकाबला नहीं कर पा रहा है।

हमारा लोकतंत्र गरीबी का मुकाबला नहीं कर पा रहा है, हमारा लोकतंत्र गैर-बराबरी का मुकाबला नहीं कर पा रहा है। देश की जनता का भरोसा इस लोकतंत्र में नहीं रह गया है। मुझे ऐसा लगता है कि अगर इस मामले में हमने मजबूती के साथ स्टैंड नहीं लिया, तो लोगों के मन में यही सन्देश जाएगा कि यह सरकार भ्रष्टाचार में लिप्त है। महोदय, नि:सन्देह यह सन्देश गया है, आप इसे मानिए या नहीं मानिए, पूरे देश में यह सन्देश गया है कि यह सरकार भ्रष्टाचार में आकंठ डूबी हुई है। यह सही बात है। नरेश अग्रवाल जी की समाजवादी पार्टी, आपकी सहयोगी पार्टी है, आपको सन्देश दे रही है, मायावती जी की पार्टी आपको समर्थन दे रही है, लेकिन इन दोनों ने एक बात पर सहमति जाहिर की है कि जनता को सन्देश यही जा रहा है कि केन्द्र की सरकार भ्रष्ट है। देश की जनता भ्रष्टाचार से ऊब गई है और इसलिए जब जनता को मौका मिलेगा तो हमको इस बात का भरोसा नहीं है कि जनता फिर आपका समर्थन करनेवाली है।

अन्त में, मैं फिर एन्टोनी साहब से गुजारिश करूँगा क्योंकि मैं इनकी बहुत इज्जत करता हूँ, मैं यह नहीं माँग कर रहा हूँ कि आप इस्तीफा दीजिए जैसा कि सुखेन्दु शेखर जी ने की है, लेकिन मैं यह जरूर माँग करता हूँ कि आपने *suo motu* सीबीआई जाँच की घोषणा की है, उसी तरह से आप सुप्रीम कोर्ट में अर्जी डालिए और सीबीआई जो जाँच कर रही है, उसकी आप monitoring कीजिए। सचमुच में आपका नाम इतिहास में अमर हो जाएगा, इसी अनुरोध के साथ मैं अपनी बात समाप्त करता हूँ। बहुत-बहुत धन्यवाद।

शासनविहीन समाज

Rajya Sabha
[01 March, 2013]

श्री शिवानन्द तिवारी : उपसभापति महोदय, ऐसा लगता है कि हम लोग एक स्टेटलेस सोसायटी में रह रहे हैं। शासनविहीन समाज है। रवि शंकर जी ने ठीक कहा और जैसा कि माननीय गृह मंत्री जी ने बताया कि पिछले सात-आठ महीने से एक साधारण, अदना-सा सिपाही लीडर ऑफ अपोजिशन का, देश के एक नेता का फोन टेप नहीं कर रहा था, बल्कि वह कॉल डिटेल्स की रिपोर्ट ले रहा था। यह बात हमारी समझ में नहीं आ रही है कि जिस सिपाही के बारे में हम लोगों ने अखबारों में पढ़ा कि वह कीमती गाड़ियों में घूमता था, उसके बड़े-बड़े आलीशान मकान और होटल्स वगैरह थे, क्या यह जानकारी किसी को भी नहीं थी? उसके जो सीनियर अफसर थे, वहाँ जो दरोगा, इंस्पेक्टर और बाकी के जो सीनियर अफसर थे, क्या उनमें से किसी को इस बात की जानकारी नहीं थी या किसी के मन में यह सवाल नहीं उठा कि एक साधारण सिपाही, साधारण तनख्वाह पानेवाला यह आदमी 50 लाख-एक करोड़ की गाड़ी में कैसे चल रहा है? इस बात की जाँच क्यों नहीं की गई? इस बात का पता क्यों नहीं लगाया गया कि उसके पास इन सबका ज़रिया या साधन कहाँ से आया? यह कोई साधारण चिन्ता की बात नहीं है। इससे पता चलता है कि हम किस ढंग से लापरवाह हैं कि जिसके मन में जो आ रहा है, वह कर रहा है।

उपसभापति महोदय, यह डिवाइस, जो कॉल्स को टेप करती है, जो मोबाइल फोन्स में होनेवाली बातचीत को सुनती है, वह हमारे देश में नहीं बनती, बल्कि उसको बाहर से लाया जाता है, उसको इम्पोर्ट किया जाता है। इसके इम्पोर्ट के लिए निश्चित रूप से सरकार की इजाजत चाहिए। मैं माननीय गृह मंत्री जी से यह जानना चाहूँगा कि इस तरह का डिवाइस, जिसके सहारे मोबाइल फोन्स की बातचीत को टेप किया जा सके, वह इस देश में कितनी आई हैं और उन्हें किन-किन लोगों ने मँगाया है? आज जो परिस्थिति दिखाई दे रही है, उसको देखते हुए क्या सरकार

उनको सीज करने की कोशिश करेगी? क्या सरकार उन्हें रेस्ट्रिक्टेड ढंग से उन्हीं प्राइवेट पार्टीज को देगी, जो सरकार के साथ कोलैबरेट करके काम कर रही हैं? यह बहुत ही महत्त्वपूर्ण है, यह हमको बताया गया।

एक माननीय मंत्री ने बताया कि उस समय यह प्रस्ताव आया था कि प्राइवेट पर्सन के यहाँ भी डिवाइस गए हैं और उनको सीज किया जाना चाहिए। हम माननीय गृह मंत्री जी से जानना चाहेंगे कि इस तरह का भी कोई प्रस्ताव सरकार के सामने आया था? हम यह जरूर जानना चाहेंगे कि उस तरह के कितने डिवाइस इंपोर्ट किए गए हैं और किन-किन लोगों ने इंपोर्ट किए हैं? इस बारे में भी सरकार बयान दे। अन्त में, राम गोपाल यादव जी ने जो सुझाव दिया है कि राज्य सभा के किसी भी सदस्य का फोन टेपिंग राज्य सभा के चेयरमैन की परमिशन के बिना नहीं किया जाए, इस बात की भी व्यवस्था की जाए।

आर्थिक नीति लागू करने के तरीकों पर मतभेद

Rajya Sabha
[06 March, 2013]

श्री शिवानन्द तिवारी : उपसभापति जी, रेणुका जी ने सदन के सामने जो धन्यवाद प्रस्ताव पेश किया है, मैं उस प्रस्ताव का समर्थन नहीं कर रहा हूँ।

The Vice-Chairman, (Shri Tiruchi Siva) in the Chair

उपसभाध्यक्ष जी, हमारे माननीय Leader of the Opposition ने जिस आधार पर उस प्रस्ताव का विरोध किया है, मैं उसका भी समर्थन नहीं करता हूँ। दोनों तरफ के भाषणों को सुनने के बाद मैंने यह महसूस किया कि इस देश में जो आर्थिक नीति चल रही है, उस आर्थिक नीति पर मतभेद नहीं है, लेकिन उस आर्थिक नीति को कैसे चलाया जाए, इस पर मतभेद है। मैं यह मानता हूँ कि हमारे देश में जो आर्थिक नीति चल रही है, देश की सारी समस्याएँ इसी के कारण हैं।

उपसभाध्यक्ष महोदय, जब देश में आजादी का आन्दोलन चल रहा था, उस आन्दोलन के सर्वमान्य नेता महात्मा गांधी थे और हम लोग महात्मा गांधी का नाम बार-बार लेते हैं। अभी TMC की ओर से श्री देरेक ओब्राइन बोल रहे थे, उन्होंने भी महात्मा गांधी का नाम लिया। महात्मा गांधी के स्वतंत्रता-आन्दोलन का बीजमंत्र था स्वदेशी और देश की आजादी के बाद हम स्वदेशी के रास्ते पर देश को आगे बढ़ाएँगे, यह उस आजादी के आन्दोलन का संकल्प था। अरुण जी जिस वैचारिक परम्परा से आते हैं, उनकी भी एक बार घोषणा थी कि हम स्वदेशी के रास्ते पर देश को आगे बढ़ाएँगे। हमको याद है कि जब 1991 में आर्थिक उदारीकरण की नीति इस देश में लाई गई, तब श्री नरसिन्हा राव जी की सरकार थी और मनमोहन सिंह जी उस समय वित्त मंत्री थे। उस समय Leader of the Opposition के रूप में माननीय श्री अटल बिहारी वाजपेयी जी उस आर्थिक नीति के जबर्दस्त विरोधी थे और उनका यह मानना था कि हमारे देश की जो autonomy है, आर्थिक मामलों में निर्णय लेने की जो स्वायत्तता है, उसको यह नीति compromise करेगी।

उपसभाध्यक्ष महोदय, मुझे याद है कि जब माननीय श्री अटल बिहारी वाजपेयी जी की सरकार बनी थी, उस समय भारतीय जनता पार्टी के एक नेता थे—श्री दत्तोपन्त ठेंगड़ी। वे मजदूर संघ के नेता थे और उस दरमियान जो आर्थिक नीति चलाई जा रही थी, वे उसके कटु आलोचक थे।

उपसभाध्यक्ष जी, जब आजादी की लड़ाई चल रही थी, तो आधुनिक सभ्यता के बारे में महात्मा गांधी जी का यह कहना था कि हिन्दुस्तान अंग्रेजों से नहीं, बल्कि आजकल की आधुनिक सभ्यता से कुचला जा रहा है। गांधी जी इतने मजबूत विरोधी थे कि उन्होंने उस सभ्यता को अंग्रेजों द्वारा चलाई जा रही सभ्यता को कहा कि यह अधर्म है। जोहान्सबर्ग में 1908 में भाषण देते हुए गांधी जी ने कहा था : "आधुनिक पश्चिमी सभ्यता दो सिद्धान्तों पर आधारित है। पहला सिद्धान्त है—जिसकी लाठी उसकी भैंस अर्थात् 'might is right' और दूसरा सिद्धान्त है—'survival of the fittest' यानी यह सभ्यता शक्ति और भौतिक ताकत पर दुनिया में अपना राज स्थापित करना चाहती है, यह हिंसक सभ्यता है और अन्तत: यह विनाश की ओर ले जाएगी!"

उपसभाध्यक्ष जी, जिस विकास नीति पर हमारा देश चल रहा है, दुनिया चल रही है, अगर गौर किया जाए, तो जिस GDP growth की बात हो रही है, जिसकी बात इस पक्ष की ओर से भी की गई, उस पक्ष की ओर से भी की गई, इस देश को उस ग्रोथ रेट की क्या कीमत चुकानी पड़ रही है? अभी परसों हमारे साथी श्री रवि शंकर प्रसाद जी एक Calling Attention Motion पर सारे दलों के साथियों से दस्तखत करा रहे थे। गंगा और यमुना की जो गन्दगी है, उसको साफ करने के बारे में और आज दिन में भी नरेश अग्रवाल जी यमुना की सफाई को लेकर हल्ला कर रहे थे। तो आज गंगा और यमुना की ऐसी हालत क्यों हो गई है? क्या जो विकास नीति हम चला रहे हैं, वह तो इसका कारण नहीं है?

उपसभाध्यक्ष महोदय, आप देखिए कि दुनिया की तमाम सभ्यताओं का विकास नदियों के किनारे हुआ—चाहे हमारे देश की सभ्यता हो, चाहे अन्य देशों की सभ्यता हो। सारे देशों की सभ्यताओं का—मिस्र की सभ्यता का विकास नील नदी के किनारे हुआ। सुमेरु सभ्यता—जहाँ का केन्द्र इराक हुआ, वहाँ नदियों के किनारे सभ्यता का विकास हुआ, लेकिन आज की सभ्यता उन नदियों को ही नष्ट कर रही है। क्या हम यह afford कर सकते हैं?

महोदय, अभी हमने श्याम शरण जी, जो हमारे देश के विदेश सचिव थे, उनका एक लेख Business Standard में पढ़ा। उसमें उन्होंने कहा कि देश के वित्त मंत्री fiscal deficit से और current account deficit से चिन्तित हैं, लेकिन इन दोनों deficit से भी ज्यादा चिन्ताजनक Ecological deficit है। Ecological deficit के बारे में उन्होंने कहा कि पूरे देश में जो water lable है, यह धीरे-धीरे नीचे जा रहा

है। उसका नतीजा यह है कि धरती से पानी निकालने के लिए और ज्यादा गहरी drilling करने की जरूरत पड़ रही है और वहाँ से पानी निकालने के लिए और ज्यादा ताकतवर बिजली या डीजल की मोटर की जरूरत पड़ रही है। जिस तरह से डीजल के दाम बढ़ रहे हैं, जिस तरह से बिजली के दाम बढ़ रहे हैं, क्या यह सामान्य आदमी, सामान्य किसान के बूते में है कि वह डीजल और बिजली की कीमत अदा कर सके? उसका क्या होगा?

महोदय, अभी डीजल के दाम सरकार ने बढ़ाए। काफी हो-हल्ला हम लोगों ने मचाया, आज भी उसकी चर्चा हुई, लेकिन मैं पूछना चाहता हूँ कि क्या कोई भी व्यक्ति, सरकार के पक्ष का या उस पक्ष का, इस बात का दावा कर सकता है कि अगर हमें मौका मिलेगा और हमारी सरकार बनेगी, तो डीजल और पेट्रोल के जो दाम इन्होंने बढ़ाए हैं, उनको roll back करेंगे? किसी की हिम्मत नहीं है कि जो दाम बढ़े, उनको वापस घटा दें। आप याद कीजिए, 1960 के दशक में प्रति बैरल पेट्रोलियम का दाम एक डॉलर, दो डॉलर था, लेकिन आज वह सौ डॉलर तक बढ़ गया है। क्यों? यह पेट्रोल तो प्रकृति की देन है और जो कोयला है, उसको प्रकृति ने बनाया है, इनसान ने नहीं बनाया है। इनसान उसका creator नहीं है, इनसान उसका transformer है और जिस चीज को आप बना नहीं सकते हैं, जिस चीज का सृजन नहीं कर सकते हैं, create नहीं कर सकते हैं, वह चीज जैसे-जैसे घटेगी, वैसे-वैसे उसकी कीमत बढ़ेगी। आज डीजल और पेट्रोल का जो दाम है, आप दस साल क्या, पाँच साल के बाद देखिएगा, आज का जो भाव है, उससे कहीं आगे वह भाव जाएगा। कैसे चलेगी जिन्दगी? इसलिए गांधी जी ने कहा था कि यह जो सभ्यता है, वह हिंसक सभ्यता है।

महोदय, आप गौर से देखिए, हम लोगों ने विकास का जो लक्ष्य हासिल किया है, यूरोप को हम लोग मॉडल मानते हैं, अमरीका को मॉडल मानते हैं और हम यह मानते हैं कि विकास का असली मतलब यह है कि यूरोप के लोग जो उपभोग करते हैं, consume करते हैं, अमरीका के लोग जो consume करते हैं, उसी तरह के consumption का standard हमारा बने। आप देखिए, अमरीका और यूरोप की जो economy है, वह economy हिंसा पर आधारित है। अमरीका में क्या हुआ? अमरीका में जो local population थी, उसका mass-scale पर annihilation हुआ, नरसंहार हुआ, जनसंहार हुआ और अमरीका की भूमि पर कब्जा किया गया। वही हाल ऑस्ट्रेलिया में हुआ। दुनिया भर में जो colonies बनाई गईं, उनकी बदौलत अमरीका और यूरोप आज यहाँ तक पहुँचे हैं। आज अगर हम उनकी नकल करते हैं, तो क्या यह नकल सम्भव है? हम आपसे जानना चाहते हैं, 18वीं और 19वीं शताब्दी में जिस समय industrial civilisation का उदय हुआ, उस समय दुनिया पर यूरोप का, अमरीका का कब्जा था। उस समय के सारे natural resources

और पूरी दुनिया का बाजार उनके हाथ में था, जिस आधार पर उस industrial economy का development हुआ। आज आपके पास क्या है? हमें याद आता है, 1943 में डॉ. राममनोहर लोहिया ने एक किताब लिखी थी : 'Economics After Marx' और उस समय यह चर्चा हो रही थी। मार्क्स ने भविष्यवाणी की थी कि इंग्लैंड में सबसे पहले क्रांति आएगी, सर्वहारा की क्रांति होगी, लेकिन सर्वहारा की क्रांति नहीं हुई। लेनिन ने उसका स्पष्टीकरण दिया। लेनिन ने कहा कि वहाँ का जो capitalism है, वह imperialism में ट्रांसफॉर्म हो गया, इसीलिए वहाँ क्रांति नहीं हुई। डॉ. लोहिया ने कहा कि नहीं, capitalism में imperialism inherent है। Capitalism को अगर बाहर का साम्राज्य नहीं मिलता है तो वह अन्दर साम्राज्य तैयार करता है। हिन्दुस्तान का जो अभी तक विकास है, उस विकास पर अगर आप गौर करेंगे तो पाएँगे कि यहाँ जो पूँजीवादी ढंग से विकास हो रहा है, इसको बाहर कहीं और उपनिवेश बनाने का मौका नहीं मिला, इसने अन्दर उपनिवेश बनाया, यहाँ internal colony का निर्माण किया और हम लोग उसी internal colony के रहनेवाले हैं। आज इस देश का आधे से अधिक इलाका ऐसा है जो इस देश का उपनिवेश बना हुआ है।

उपसभाध्यक्ष महोदय, अंग्रेजों के जमाने में किन इलाकों का विकास हुआ? मद्रास शहर को अंग्रेजों ने बसाया, मद्रास प्रेजीडेंसी बनी : बॉम्बे को अंग्रेजों ने बसाया, बॉम्बे प्रेजीडेंसी बनी; कलकत्ता को अंग्रेजों ने बसाया, बंगाल प्रेजीडेंसी बनी, जिसके अन्तर्गत हम लोग भी आते थे, लेकिन बंगाल जाने से पहले अंग्रेजों ने सूरत में अपना स्थान बनाया था। इस प्रकार से चार जगहें अंग्रेजों की थीं। इन्हीं इलाकों का विकास हुआ क्योंकि सत्ता का केन्द्र बना मद्रास, सत्ता का केन्द्र बना बॉम्बे, सत्ता का केन्द्र बना कोलकता, सत्ता का केन्द्र बना गुजरात। इन इलाकों में infrastructure बना, वहाँ पानी का इन्तजाम हुआ, बिजली का इन्तजाम हुआ, सड़कें बनीं। आजादी के बाद आप देखिए कि उन्हीं इलाकों का विकास हुआ, जो इलाके समुद्र के किनारे बसे हुए थे। बाकी पूरी की पूरी जो हिन्दी पट्टी है, जो landlocked area है, उस इलाके का दरिद्रीकरण हुआ है। अंग्रेजों ने उस इलाके में खेती को चौपट किया। अंग्रेजों ने उस इलाके में जो cottage industry थी, उसको चौपट किया। आज भी उन्हीं इलाकों में सबसे ज्यादा गरीब रहते हैं। उन्हीं इलाकों में सबसे ज्यादा कुपोषित बच्चे पैदा हो रहे हैं। यह हालत है। इसलिए हमारे जैसे लोग यह माँग करते हैं कि बिहार और बाकी सारे जो पिछड़े हुए इलाके हैं—इस देश की जो विकास नीति चली है, आजादी के बाद कुछ इलाकों को जो उपनिवेश बनाकर रखा गया है, उनको आगे बढ़ाने के लिए विशेष श्रेणी के राज्य का दर्जा दीजिए या उनके लिए कोई विशेष नीति बनाइए। यही कारण है कि हम यह माँग करते हैं। आप देखेंगे कि जो विकसित राज्य हैं—महाराष्ट्र सबसे

ज्यादा विकसित राज्य माना जाता है, आज वहाँ भी internal colony बनी हुई है। जो विदर्भ का इलाका है, वहाँ क्या हालत है? इस देश में विदर्भ के इलाके में सबसे ज्यादा किसान आत्महत्या कर रहे हैं। महाराष्ट्र सबसे विकसित इलाका है, लेकिन वहाँ पर ऐसी हालत है कि किसान सबसे ज्यादा आत्महत्या कर रहे हैं। पूरे हिन्दुस्तान में अगर आप नजर दौड़ाएँगे तो आप देखेंगे कि जो विकसित प्रदेश हैं, उन प्रदेशों में भी अविकसित इलाके हैं जो आन्तरिक उपनिवेश बने हुए हैं। इसलिए हम यह गुजारिश करना चाहते हैं कि यह जो आर्थिक नीति है, वह बहुत ही गलत नीति है।

उपसभाध्यक्ष महोदय, जो ग्लोबलाइजेशन की बात होती है, 1991 में उसकी शुरुआत हुई। आप याद कीजिए, 1991 बहुत ऐतिहासिक वर्ष है। कम्यूनिस्ट पार्टी की सरकार खत्म हो गई थी, रूस टूट गया था, बिखर गया था और जो बर्लिन की दीवार थी, वह दीवार भी टूट गई थी। उसी के बाद जब रूस में कम्यूनिस्ट पार्टी फेल हो गई, सीनियर बुश उस समय राष्ट्रपति थे। उसी समय न्यू डील की बात हुई थी, तय हुआ कि दुनिया में ग्लोबलाइजेशन शुरू किया जाए। ग्लोबलाइजेशन को क्यों शुरू किया गया? इन मुल्कों के जो मल्टीनेशनल कॉर्पोरेशंस थे, इन मल्टीनेशनल कॉर्पोरेशंस को यह लग रहा था कि अमरीका और यूरोप की जो economy है, वहाँ का जो डेवलपमेंट है, वह saturate कर गया है, उसमें अब दम नहीं है। आप वहाँ पर उसे आगे नहीं बढ़ा सकते हैं। वहाँ गुड्स और सर्विस का पर्याप्त इन्तजाम हो गया है। वहाँ की आबादी धीरे-धीरे बूढ़ी होनी लगी है। अब वहाँ पूँजी-निवेश में फायदा नहीं है, इसलिए ग्लोबलाइजेशन की बात चली। हिन्दुस्तान में भी 1991 में आर्थिक सुधार हुए। 1991 में देश की आर्थिक स्थिति क्या थी? हमारा बैलेंस ऑफ पेमेंट कुछ नहीं था। हमारे पास इम्पोर्ट करने का हफ्ते-दस दिन का फॉरेन एक्सचेंज था। उससे पहले इस देश का सोना गिरवी रखा जा चुका था। उस माहौल से, उस स्थिति से निकलने के लिए सोच-समझकर हम लोगों ने ग्लोबलाइजेशन को या जिसे आर्थिक सुधार कहा जाता है, आर्थिक सुधार को सुविचारित ढंग से इस देश में नहीं लागू किया। एक इमरजेंसी की सिचुएशन, एक आर्थिक स्थिति इस देश में पैदा हुई और उस आर्थिक स्थिति के दबाव में यह ग्लोबलाइजेशन की नीति इस देश में शुरू हुई। यह ग्लोबलाइजेशन की नीति क्या है? यूरोप और अमरीका के जो विकसित इलाके हैं, ये पूरी दुनिया को अपनी मुट्ठी में रखना चाहते हैं। आप कल्पना कीजिए कि दुनिया के बीज पर, दुनिया के एग्रीकल्चर पर ये कब्जा करके रखना चाहते हैं। आज हम लोग क्या कर रहे हैं? लोग कहते हैं कि आज जो देश की इकोनमी है, वह 1991 वाली हालत में पहुँच गई है। इसलिए वित्त मंत्री जी धड़ाधड़ आर्थिक सुधार का कार्यक्रम लागू कर रहे हैं। देश की जनता पर उसका क्या असर पड़ेगा? देश की जनता भूखों

मरेगी या आधा पेट खाना खाएगी, इसकी चिन्ता उनको नहीं है। उनकी चिन्ता यह है कि जो goodwill है, जो निवेशक देश हैं, जो यहाँ इन्वेस्ट कर सकते हैं, जो इन्वेस्टर हैं, उनका confidence कैसे हासिल करें, उनकी goodwill हम कैसे हासिल करें और इसके लिए रिटेल सेक्टर में FDI लाने की बात, पेंशन में FDI लाने की बात, हर क्षेत्र में FDI लाने की बात हो रही है। लेकिन क्या सचमुच में इन्वेस्टर इस देश में इन्वेस्ट कर रहे हैं? जो primary economy है, उसमें इन्वेस्टमेंट नहीं हो रहा है? आप देखिएगा कि इन्वेस्टमेंट कहाँ हो रहा है, यह तो ग्लोबल फाइनेंस है। उसका जो दुनिया भर में flow है, उसका जो ट्रेड है, दुनियाभर का जो जीडीपी है, उससे कहीं ज्यादा ग्लोबल फाइनेंस का flow हो रहा है। हमारे मुल्क में इन्वेस्टमेंट कहाँ हो रहा है? हमारे मुल्क में जो मुम्बई का स्टॉक एक्सचेंज है, वहाँ इन्वेस्टमेंट हो रहा है। आप देखिएगा कि दुनियाभर में जो स्टॉक एक्सचेंज है, वहाँ इन्वेस्टमेंट हो रहा है। आप देखिएगा कि दुनियाभर में जो स्टॉक मार्केट ज्यादा सक्रिय हैं, सबसे ज्यादा functional हैं, वे डेवलपिंग कंट्री में हैं, डेवलप्ड कंट्री में नहीं हैं। जो पूँजी हमारे यहाँ आ रही है, वित्त मंत्री जी यह तो बताते हैं कि इतना निवेश हुआ, उतना निवेश हुआ, लेकिन जिन लोगों ने निवेश किया, वे उस पर मुनाफा कितना परसेंट कमाकर ले गए, यह कोई नहीं बताता है।

उपसभाध्यक्ष महोदय, मैं आपको एक आँकड़ा सुनाता हूँ। यह एक नई किताब आई है। ये दो नौजवान लेखकों—श्री असीम श्रीवास्तव और आशीष कोठारी—ने लिखी है, जिसका नाम 'Churning the Earth : The Making of Global India' है। हमने इस किताब को अभी हाल ही में देखा और इसे ठीक से अभी पढ़ा नहीं है। लेकिन जितना कुछ तथ्य, जो पहले से हमारा वैचारिक आधार था, गांधी-लोहिया की जो सोच थी, उसको तर्क और तथ्य से इस किताब में मजबूती प्रदान की गई है। गांधी जी की उस सभ्यता के बारे में जो धारणा थी, उसको और तथ्यों से तथा तर्कों से बल दिया गया है। यह किताब क्या कह रही है : "Today's globalization is a definitive prescription not just for certain arrangement of economic affairs, but for a way of life at the root of which is the thinly concealed, perpetual quest for control and dominance by the elite of the world." यह बहुत dangerous चीज है। According to one estimate, such country, यहाँ यह आया, "It has nothing to do with the benign mingling of cultures. Its drive comes from the needs of financial capital. Today the volume of international financial flow is in orders of magnitude greater than the volume of international trade and the global GDP itself. The tail of finane wags the dog of the real economy. What is more, such financial flows which, of course, include debt sold to the Third World are crucial to what is a growing and massive volume of debt-servicing, repayment of debts and interests by poor, developing countries. According to one estimate, such countries transferred 550 billion dollars to the affluent world in 2006." यह हालत है। जिस ढंग से यहाँ से पूँजी का पलायन हो रहा है, जिस ढंग से गरीब मुल्कों की पूँजी धनी देशों में जा रही है, यह बहुत ही खतरनाक स्थिति है। आज देश की क्या हालत है? हमने प्रदूषण के बारे में कहा।

The Vice-Chairman (Shri Tiruchi Siva) : Mr. Tiwari, you have one more speaker from your party and only seven more minutes are left.

श्री शिवानन्द तिवारी : Yes, Sir, I know. I am just concluding. मैं यह कहने जा रहा था कि जो हमारी नदियों की स्थिति है, हमने उनके बारे में कहा है। आज उनकी क्या हालत है? हमारे साथी 'सामयिक वार्ता' नामक एक पत्रिका निकालते हैं। इस पत्रिका में स्मिता और सुनील के नाम से 'कचरे का विज्ञान' नामक लेख छपा है। दुनिया में एक नई साइंस 'कचरे का विज्ञान' का उदय हुआ है। महोदय, 'Garbology' एक बहुत प्रतिष्ठित पत्रिका है और उसका नाम साइंस है जिसके 10 अगस्त, 2012 के अंक में लिखा है, कचरे की क्या हालत है? हमारी यह सभ्यता जिस ढंग से चीजों को बर्बाद कर रही है और जिस ढंग से garbage पैदा कर रही है, waste पैदा कर रही है, क्या इस धरती में उसको पचाने की capacity है? एक कचरा ऐसा होता था, जो सड़ जाता था और उसका कम्पोस्ट बन जाता था। आज जो कचरा पैदा हो रहा है, वह सड़ने-गलनेवाला नहीं है, यह तो ई-कचरा है। एक अनुमान के अनुसार सन् 2005 में ई-कचरा 1,46,180 टन था। यह ई-कचरा 2012 में 8,00,000 टन हो गया। क्या यह धरती इस ई-कचरे को सँभाल पाएगी? महात्मा गांधी जी ने जो भविष्यवाणी की थी कि यह जो सभ्यता है, यह जो हमारी विकास की नीति है, यह नीति हमें विनाश की ओर ले जा रही है, यह बात बिलकुल सही साबित हो रही है। दुनिया के अन्दर जो पर्यावरण का संकट है, जो कार्बन फूड प्रिंट कहलाता है, जो बॉयो कैपेसिटी कहलाता है, उससे दुनिया धीरे-धीरे छुप रही है। जैसा कि रेणुका जी ने कहा है कि हमें यह अमानत अगली पीढ़ी को सौंपनी है। मैं कहना चाहता हूँ कि हम अगली पीढ़ी को किस तरह की अमानत सौंपने जा रहे हैं, हम अपनी अगली पीढ़ी को किस तरह की दुनिया देकर जा रहे हैं, यह सोचने की बात है। इसलिए मैं गुजारिश करूँगा कि जो यह विकास नीति है, इसके बारे में चिन्तन हो। मैं खास कर अरुण जी से कहना चाहूँगा कि आपके संगठन का जो वैचारिक मूल आधार था—स्वदेशी के जरिये देश का विकास हो,

नहीं तो देश की जनता के सामने कोई विकल्प नहीं है। इस पक्ष से नाराज होकर उस पक्ष में जाना, आर्थिक नीतियाँ भी इसी तरह की चलेंगी, तो इस पक्ष से नाराज होकर फिर उस पक्ष में जाना, ठीक नहीं है। इसलिए, इस देश को बचाना है, इस विकास की नीति को छोड़िए और एक नया रास्ता बनाइए। उस नये रास्ते के जरिये दुनिया को नई दिशा दीजिए, इसी अनुरोध के साथ मैं अपनी बात खत्म करता हूँ। बहुत-बहुत धन्यवाद।

भूजल, नदियाँ और प्रदूषण

Rajya Sabha
[11 March, 2013]

श्री शिवानन्द तिवारी : उपसभापति महोदय, माननीय मंत्री महोदया यहाँ बैठी हैं, हालाँकि बेहतर होता कि प्रधानमंत्री जी खुद यहाँ उपस्थित रहते। ऐसा मैं इसलिए कह रहा हूँ कि अभी कुछ दिन पहले हम लोगों ने अखबारों में पढ़ा था कि प्रधानमंत्री जी की अध्यक्षता में मंत्रिमंडल की एक नई कमेटी बनी है और उस कमेटी को इसलिए बनाना पड़ा कि जयन्ती जी का जो विभाग है, वह infrastructure का जितना project है, उसको पास करने में बहुत डिले कर रहा है। पर्यावरण का सवाल, ecology का सवाल उठाकर वह डिले कर रहा है, इसलिए जल्दी से जल्दी, बड़े-बड़े projects को पास करने के लिए प्रधानमंत्री जी की अध्यक्षता में मंत्रिमंडल की एक कमेटी बनी है, जिसमें वित्त मंत्री जी भी हैं। इसलिए मैंने कहा कि यदि प्रधानमंत्री जी भी यहाँ रहते, तो बहुत अच्छा होता।

महोदय, दूसरे कारण से भी हम प्रधानमंत्री जी की मौजूदगी चाहते थे, इसलिए कि जिस सवाल पर हम लोग बहस कर रहे हैं, वह सवाल एक बहुत बड़ी आबादी के जीवन और मरण का सवाल है। यह सिर्फ राम और कृष्ण का ही सवाल नहीं है, जैसा कि अभी हमारे रवि शंकर जी ने कहा और कांग्रेस पार्टी की ओर से भी कहा गया, ये राम और कृष्ण का नाम लेनेवाला कौन बचेगा? तो हालत ऐसी है कि राम और कृष्ण के जो भक्त हैं, उन्हीं के जीवन पर संकट है। मैं कोई हल्की-फुल्की बात नहीं कर रहा हूँ, मैं यह सोच-समझकर कह रहा हूँ। महोदय, आप देखिए, जो आँकड़े लोगों ने बताए, अभी हम देख रहे थे और जयन्ती जी भी यह जानती होंगी, NERI (National Environment Research Institute) का एक आँकड़ा है कि देश में जो ग्राउंड वाटर है, उसका 85 प्रतिशत हिस्सा, देश की जो 14 महत्त्वपूर्ण नदियाँ हैं, उन नदियों से आता है। उनकी हालत आज क्या है? NERI, का कहना है कि इन नदियों का जल भयानक ढंग से प्रदूषित हो गया

है। कई जगह जब आप इन नदियों में स्नान करते हैं, तो इसका मतलब यह है कि आप Skin diseases को न्योता दे रहे हैं। तरह-तरह के रोग हो रहे हैं। इसका मुख्य कारण क्या है? इसका मुख्य कारण है industrial waste। महोदय, गंगा नदी की बात हो रही थी। आप दूसरी जगहों की बात छोड़ दीजिए, इलाहाबाद की बात छोड़ दीजिए, पटना की बात छोड़ दीजिए, ऋषिकेश से जब गंगा नदी निकलती है तो वहाँ आईडीपीएल की दवा बनाने की फैक्टरी है। उसका जो residue है, उसका जो chemical है, वह गंगा नदी में आ रहा है। वहाँ BHEL, की फैक्टरी है। उसकी जो गन्दगी है, वह गंगा के पानी में आ रही है। वहीं अगल-बगल से गंगा निकली है। इस प्रकार जहाँ से गंगा निकल रही है, वहीं पर उसको मैला किया जा रहा है। जब ऐसी हालत है तो फिर मनुष्य कैसे बचेगा? महोदय, अभी मुझसे पहले दर्शन बाबू बोल रहे थे। उन्होंने 'कुरान' का उदाहरण दिया, हिन्दू धर्मग्रंथ 'यजुर्वेद' का उदाहरण दिया। सारे ग्रंथों में जल को ही सबसे महत्त्वपूर्ण माना गया है। जितनी भी दुनिया की सभ्यताएँ बनी हैं, वे सभ्यताएँ प्रकृति ने जो साधन और संसाधन प्रदान किए हैं, उन्हीं के आधार पर बनी हैं। उनमें जो पानी है, जल है, वह सबसे महत्त्वपूर्ण चीज है। आज उसकी क्या हालत हो गई है? इसलिए, जब ग्रोथ रेट की बात होती है, जीडीपी की बात होती है, राष्ट्रपति के अभिभाषण पर धन्यवाद प्रस्ताव के दरमियान मैंने इस ओर ध्यान आकर्षित किया था। जीडीपी की जो ग्रोथ हो रही है, उससे जो ecological footprint है, जो ecological deficit है, उस पर क्या प्रभाव पड़ रहा है? मैंने उस दिन कहा था कि श्याम सरन जी, जो Ministry of External Affairs के सेक्रेटरी थे, उनका लेख छपा, जिसमें उन्होंने कहा कि देश चिन्ता कर रहा है, प्रधानमंत्री और वित्त मंत्री चिन्ता कर रहे हैं, fiscal deficit की बात कर रहे हैं, current account deficit की बात कर रहे हैं, लेकिन देश में development के मॉडल के चलते जो ecological deficit क्रिएट हो रहा है, वह सबसे ज्यादा चिन्ताजनक बात है।

उपसभाध्यक्ष महोदय, इस देश में आज के दौर में मारा-मारी चल रही है कि हम देश को आगे ले जाएँगे, हम देश के जीडीपी को और तेजी से आगे बढ़ाएँगे। यह सरकार ग्रोथ को नहीं बढ़ा रही है। यह जो competition, की बात हो रही है, इससे मेरे जैसा आदमी डर रहा है क्योंकि हम देख रहे हैं कि आज जीडीपी की जो कीमत हमें चुकानी पड़ रही है, वह इतनी जबरदस्त है कि आदमी के जीवन पर ही संकट आ गया है। इसलिए हम यह गुजारिश करेंगे कि यह कोई साधारण बात नहीं है। आप इन नदियों को तब तक साफ नहीं कर सकते, जो अंडरग्राउंड पानी है, उसको आप तब तक साफ नहीं कर सकते, जब तक आप विकास की नीति को नहीं बदलेंगे। दर्शन बाबू ने कहा कि यह विकास की नीति नहीं है, हम विनाश की दिशा में जा रहे हैं। यह गांधी का देश है। हमें याद है, हमने उस भाषण

में सुना था, 1890 में गांधी जी ने जो किताब लिखी, उनका जो बीजमंत्र है, उसमें उन्होंने लिखा कि कोई अंधा आदमी भी यह बता सकता है कि यह जो औद्योगिक सभ्यता है, यह जो विकास का तथाकथित मॉडल है, यह विनाश की ओर ले जा रहा है। आज यह साफ दिखाई दे रहा है कि दुनिया विनाश के कगार पर पहुँच रही है। जो पश्चिम के देश हैं, अमरीका है, उसकी बात आप छोड़ दीजिए। आज वहाँ जो global warming हो रही है, उसका उन्हें फायदा हो रहा है। हमने कहीं पढ़ा कि North Pole पर जो बर्फ पिघल रही है, उसमें एक नया रास्ता बन रहा है। अभी रूस ने एक लाख बीस हजार टन का एक तेल का जहाज चीन भेजा। उपसभाध्यक्ष महोदय, जो स्वेज नहर से होकर चीन जाने का रूट है, वह 17 हजार किलोमीटर से ज्यादा का है, लेकिन यह नया रूट, जो नॉर्थ पोल पर बर्फ के पिघलने से बना है, उससे वह सीधे 6 हजार किलोमीटर कम हो जाता है। इस तरह से जो यूरोप के लोग हैं, जो अमरीका के लोग हैं, जो कनाडा के लोग हैं, उनको फायदा होता हुआ दिखाई दे रहा है। आज रूस को दिखाई दे रहा है कि साइबेरिया का जो इतना बड़ा भूक्षेत्र है, वहाँ जमीन के अन्दर भूगर्भ में नए-नए खजाने उन्हें मिलनेवाले हैं। इन सब लोगों को यही दिखाई दे रहा है, इसलिए उनकी बात अलग है। लेकिन जो गर्म प्रदेश हैं, जो विषुवत रेखा के नीचे रहनेवाले प्रदेश हैं, जिसमें हम हैं, हम लोग privileged लोग हैं, हम लोग बोतल का पानी पीते हैं। हम ब्रह्मपुत्र अपार्टमेंट में रहते हैं, जहाँ हर घर में प्लांट लगा हुआ है। जयन्ती जी भी वहीं रहती हैं। वहाँ पर हमारे घेरों में काम करनेवाले जो कर्मचारी हैं, वे कहते हैं कि नल का पानी पीने से रोग हो जाते हैं। वे हमारे घर से या उनके घर से फिल्टर पानी लेकर जाते हैं। इस देश की जो प्रिवलेज क्लास हैं, उसको उतना डर नहीं है, लेकिन जिसको बोतल का पानी नहीं मिलता है, जिसके घर में फिल्टर नहीं है, वह पानी पीकर बीमार हो जाता है। गंगा-यमुना के किनारे बहुत बड़ी आबादी बसी हुई है, अकेले गंगा के बेसिन में 40 करोड़ लोग बसते हैं, वे उसी पानी को पी रहे हैं और उसी से उनका जीवन चल रहा है। उनकी जिन्दगी के बारे में किसी को चिन्ता नहीं है। चिन्ता इस बात की है कि हमको गद्दी दो, हम जीडीपी को बढ़ाएँगे। हमने इस देश की आजादी के समय संकल्प लिया था कि हम देश की तरक्की स्वदेशी के रास्ते से करेंगे।

The Vice-Chairman (Dr. E.M. Sudarsana Natchiappan) : Thank you.

श्री शिवानन्द तिवारी : स्वदेशी ही बीज मंत्र था, आज हमने उसको छोड़ा है और आज हम दूसरों की नकल कर रहे हैं, यह साधारण बात नहीं है। यह सिर्फ राम और कृष्ण की बात नहीं है, यह सिर्फ धर्म की बात नहीं है। जो साधु-संत लोग हैं, वे क्यों नहीं गंगा-यमुना के किनारे लाश जलानेवाले लोगों को समझाते हैं? वहाँ

पर 24 घंटे शव जलते रहते हैं। इससे बहुत गन्दगी फैल रही है। बहुत-से साधु-संत जलते नहीं हैं, वे गंगा में ही समाधि ले लेते हैं, इस कारण से भी प्रदूषण फैल रहा है। हमारे समाज में परम्परा है कि पाँच वर्ष से कम उम्र के बच्चे को जलाया नहीं जाता है, उसको ऐसे ही नदी के पानी में प्रवाहित कर दिया जाता है।

The Vice-Chairman (Dr. E.M. Sudarsana Natchiappan) : Please conclude.

श्री शिवानन्द तिवारी : जो गरीब लोग हैं, वे पूरी लकड़ी का इन्तजाम नहीं कर पाते हैं और वे अधजली लाश को गंगा नदी में फेंक देते हैं। जो लोग हरिद्वार और कुम्भ में पूजा करने जाते हैं, वे पॉलिथिन में फूल वगैरह लेकर जाते हैं, इससे भी प्रदूषण फैलता है। ये साधु-संन्यासी गंगा-यमुना को प्रदूषित करने से लोगों को रोकने के लिए नहीं निकलते हैं, बल्कि ये साधु-संन्यासी प्रधानमंत्री बनाने के लिए निकलते हैं। इनको देश की जनता को जागरूक करना चाहिए। जब तक हम अपनी आदतें नहीं बदलेंगे, जीवनचर्या नहीं बदलेंगे, तब तक हम प्रदूषण को नहीं रोक सकते हैं।

The Vice-Chairman (Dr. E.M. Sudarsana Natchiappan) : Please conclude. You time is over.

श्री शिवानन्द तिवारी : उपसभाध्यक्ष महोदय, मैं अपनी बात को खत्म कर रहा हूँ। आज सुबह हमारा अपनी पत्नी के साथ झगड़ा हो रहा था। हम लोग कल ही कुंभ में स्नान करने के लिए गए थे। हमने कहा कि हम लोग वहाँ जाकर थोड़ा प्रदूषण वहाँ छोड़ आएँ। इसी पर बहस निकली और कहा कि 20-30 साल पहले का समय याद कीजिए। उस समय घर में चार कमरे और एक पाखाना होता था। आज जमाना बदल गया है, आगे बढ़ गया है।

The Vice-Chairman (Dr. E.M. Sudarsana Natchiappan) : Thank you.

श्री शिवानन्द तिवारी : आज हर कमरे में बाथरूम है। हमारे पास पहले पहनने के लिए इतने कपड़े नहीं होते थे। हम लोग एक कपड़े को दो दिन, तीन दिन तक पहनते थे। आज हम रोज कपड़े बदलते हैं। यहाँ पर बहुत लोग हैं जो दिनभर में दो-तीन बार कपड़े बदलते हैं, इससे कपड़े ज्यादा धुलते हैं, उनमें डिटर्जेंट इस्तेमाल होता है और हम ज्यादा डिटर्जेंट सीवरेज के जरिये छोड़ते हैं। यह जो हमारा लाइफ स्टाइल बदला है, यह जो नया जमाना आया है, यह जो कंज्यूमरिस्ट कल्चर आया है, इसने पूरे जीवन की शैली को बदल दिया है। अगर आप सचमुच गंगा-यमुना

को बचाना चाहते हैं, अगर आप सचमुच राम-कृष्ण की स्मृति को कायम रखना चाहते हैं, तो विकास की जो नीति है, इसको छोड़िए। हम रवि शंकर जी से यह कहेंगे कि याद कीजिए, एक बार आपका नारा था कि स्वदेशी के रास्ते इस देश का विकास होगा और आपको मौका मिला तो आप विदेशी के कार्बन कॉपी बन गए। इसके रहते हुए न गंगा को बचा पाएँगे, न यमुना को बचा पाएँगे और अगर गंगा-यमुना नहीं बचेगी, तो राम-कृष्ण भी नहीं बचेंगे। इन्हीं शब्दों के साथ मैं अपनी बात समाप्त करता हूँ। बहुत-बहुत धन्यवाद।

भारत-नेपाल सम्बन्ध और बाढ़ की समस्या

Rajya Sabha
[18 March, 2013]

Mr. Chairman : None of this is going on record. **Shri Shivanand Tiwari**.

श्री शिवानन्द तिवारी : शुक्रिया, जनाब। माननीय मंत्री जी ने अपने जवाब में कबूल किया है कि...*(व्यवधान)*...

श्री प्रेमचन्द गुप्ता : हमको भी मौका दीजिए।

श्री सभापति : आने दीजिए, I can take only one question at a time. Why are we displaying this amazing impatience?

श्री शिवानन्द तिवारी : सभापति महोदय, माननीय मंत्री जी ने कबूल किया है कि बिहार में बाढ़ एक समस्या है। उस समस्या के समाधान के लिए वाटर मैनेजमेंट करने के लिए 9 समितियाँ हिन्दुस्तान और नेपाल के बीच में बनाई गई हैं। एक नई समिति अभी हाल में बनी है, जिसकी 15 फरवरी, 2012 को बैठक हुई। सभापति महोदय, दुर्भाग्य की बात है कि आजादी के 66 वर्षों के बाद भी आज तक भारत सरकार और नेपाल के बीच में इस तरह का कोई समझौता नहीं हुआ, जिससे बिहार को और उत्तर प्रदेश को बाढ़ से मुक्ति मिल सके। मैं माननीय मंत्री जी से यह जानना चाहता हूँ कि क्या आपने कोई आकलन किया है कि 10 वर्षों के दरमियान बिहार में जो फसलों का नुकसान हुआ है, कृषि फसलों का नुकसान हुआ है तथा इन्फ्रास्ट्रक्चर का जो नुकसान होता है, वह कितना नुकसान होता है और उस नुकसान की भरपाई आप कितना करते हैं, यह मैं आपसे जानना चाहता हूँ।

औरत सेक्स ऑब्जेक्ट नहीं

Rajya Sabha
[21 March, 2013]

श्री शिवानन्द तिवारी : उपसभाध्यक्ष महोदय, मैं अपनी ओर से और अपनी पार्टी की ओर से इस बिल का समर्थन करने के लिए खड़ा हुआ हूँ। महोदय, दिल्ली में जो घटना हुई, वह बर्बर घटना थी और उस घटना के परिणामस्वरूप यह बिल हम लोगों के सामने आया है। महोदय, वर्मा साहब की अध्यक्षता में जो कमेटी बनी, उसको मैं मुबारकबाद देना चाहता हूँ कि उसने तीन महीने के कम समय में अपनी रिपोर्ट दी और इस देश में आजादी के बाद पहली दफा जेंडर इक्वलिटी के आधार पर कोई रिपोर्ट दाखिल की गई है। संविधान में औरत को जो अधिकार है, उस अधिकार को ध्यान में रखकर पहली दफा यह सिफारिश की गई है।

उपसभाध्यक्ष महोदय, यह कानून बना रहे हैं, इसकी जरूरत थी, इसमें कहीं कोई सन्देह नहीं है, लेकिन क्या कानून बनाने से औरतों के खिलाफ जो हिंसा है, उसको हम रोक सकते हैं? यह एक बड़ा जबरदस्त सवाल आज के दिन मेरे मन में है। नजमा जी ने दो-तीन दिन पहले हमको यह बतलाया कि अमरीका जैसे मुल्क में औरतों के खिलाफ हिंसा काफी बड़े पैमाने पर होती है। हमको इस बारे में कोई जानकारी नहीं थी। हम बहुत चौंके कि अमरीका, जिसको हम लोग एक आदर्श देश के रूप में जानते हैं और जिसका हम अनुकरण कर रहे हैं, उस देश में औरतों के खिलाफ इतनी हिंसा होती है? मैंने सुना है कि वहाँ की पुलिस भी बहुत सक्षम है। हालत ऐसी है कि वहाँ आप पुलिस को खबर कीजिए, तो वह मिनटों में हाजिर हो जाती है, जबकि हमारे यहाँ की पुलिस में हम उस एफिशएन्सी की कल्पना भी नहीं कर सकते हैं। मैंने देखा कि अमरीका में एक साल में दो-दो लाख, ढाई-ढाई लाख औरतों के खिलाफ वायलेंस का केस होता है, जो दर्ज नहीं होता है। वहाँ 20 परसेंट महिलाएँ ऐसी हैं, जिनके साथ उनके जीवन में कभी-न-कभी सेक्सुअल वायलेंस होता है। उसके बाद भी औरतों के खिलाफ वहाँ जो वायलेंस है, उसमें कोई कमी नहीं आ रही है।

उपसभाध्यक्ष महोदय, मेरी उम्र 70 साल की है। हमको बचपन की याद है और हमने यह देखा है कि समाज में औरतों के खिलाफ हिंसा बराबर होती रही है, लेकिन पिछले 15-20 वर्षों से हमारे मुल्क में औरतों के खिलाफ हिंसा जिस तरह से बढ़ी है, इसका कोई जवाब नहीं है। वह डरावने ढंग से बढ़ी है। हमको लगता है कि देश जो तरक्की कर रहा है, इस तरक्की के साथ-साथ कहीं औरतों के साथ हिंसा तो नहीं बढ़ रही है? इसके पीछे कारण क्या है? इस सदन में एक बार पहले भी चर्चा हुई थी और तब मैंने कहा था कि हमारे देश में आर्थिक सुधारीकरण के बाद जो कंज्यूमरिस्ट कल्चर आया, उसने औरत के शरीर का व्यापारीकरण कर दिया। आज यह हम विज्ञापनों में देखते हैं। आप शहरों में बड़े-बड़े बिलबोर्ड्स देखिए, उनमें औरत कम कपड़े पहने हुई दिखाई देती है। आज हम टेलीविजन पर औरत को गंजी का विज्ञापन करते हुए देखते हैं, जिसका पूरा का पूरा रोल ललचानेवाला होता है, जिसमें औरत को हम सिडक्टिव रोल में देखते हैं। आज यह स्थिति है।

महोदय, हमने एक बार पढ़ा था कि चेन्नई में एक हिन्दी सिनेमा गया था, जिस पर एक तमिलियन ने अखबार में एक आर्टिकल लिखा था। महोदय, तमिलनाडु बहुत कंजर्वेटिव शहर है और वहाँ औरतों की इज्जत का बहुत ध्यान रखा जाता है। उस आदमी ने लिखा कि उस सिनेमा में जब डांस का दृश्य आया, तो पूरा का पूरा हॉल इस तरह उफान में आ गया कि जिसका कोई हिसाब-किताब नहीं था। लोग चौंक गए। जो छोटे-छोटे बच्चे हैं, ये औरतों को विज्ञापन में जिस ढंग से देख रहे हैं, उनसे उनकी क्या मानसिकता बनती है? वे औरत को सिर्फ एक ही रूप में देखते हैं, वे उसे सेक्स के ऑब्जेक्ट के रूप में देखते हैं। यह हालत है। इसलिए मेरा कहना यह है कि आप सख्त कानून बनाइए, इसमें कहीं कोई शुबहा नहीं है, लेकिन इस पर विचार करने की जरूरत है। कानून हम रोज बनाते जा रहे हैं, उसमें सख्ती लाते जा रहे हैं, लेकिन औरतों के खिलाफ वॉयलेंस बढ़ता जा रहा है। इसके पीछे हमारे देश के कल्चर में जो चेंज आ रहा है, हम तथाकथित आधुनिकता की ओर बढ़ रहे हैं। आधुनिकता के साथ जो सेक्सुअल क्राइम है, औरतों के खिलाफ जो वॉयलेंस है, वह भी बढ़ता जा रहा है। इसलिए सिर्फ अगर कानून बना करके हम चुप बैठ जाएँगे, उससे औरतें सुरक्षित नहीं रहेंगी। औरतों को सेक्स का ऑब्जेक्ट बनाकर जो हम समाज में परोस रहे हैं, उसको हम जब तक नहीं रोकेंगे, तब तक हम औरतों को सुरक्षा प्रदान नहीं कर सकते हैं। इसी चेतावनी के साथ मैं इस बिल का समर्थन कर रहा हूँ।

देश का सामाजिक और सांस्कृतिक पतन

Rajya Sabha
[22 March, 2013]

श्री शिवानन्द तिवारी : उपसभापति महोदय, परसों पटना से दिल्ली आने के लिए जब मैं अपने कमरे में तैयारी कर रहा था, तो मेरी पोती और पोता मेरे कमरे में आ गए।

[उपसभाध्यक्ष (डॉ. ई.एम. सुदर्शन नाच्चीयप्पन) पीठासीन हुए]

महोदय, मेरी पोती की उम्र ग्यारह-बारह साल है। उस समय मेरे कमरे में टी.वी. चल रहा था, जिसमें दिल्ली में पाँच वर्ष की लड़की के साथ जो घटना हुई, उसके बारे में दिखाया जा रहा था। तब मेरे मन में यह बात आई कि मेरी पोती उस खबर को न देखे, कम-से-कम मेरे सामने तो न देखे। मुझे शर्म आ रही थी कि वह देखेगी कि पाँच वर्ष की लड़की के साथ किसी पुरुष ने ऐसा अकल्पनीय, अविश्वसनीय काम किया है और उस समय मुझे अपने पुरुष होने पर शर्म आ रही थी। यह घटना ऐसी है, जिसकी जितनी भी निन्दा की जाए, वह कम है।

उपसभाध्यक्ष महोदय, मैं इसको कानून और व्यवस्था का सवाल मानकर नहीं देखता हूँ। मुझे तो यह लगता है कि हमारे देश का सामाजिक और सांस्कृतिक पतन हो चुका है। हमारे समाज का शरीर बिलकुल सड़ चुका है। इस पर जब तक हम विचार नहीं करेंगे, आप पुलिस के द्वारा इस तरह की घटनाओं को कैसे रुकवा सकते हैं?

घर में बाप अपनी बेटी के साथ बलात्कार करता है, पुलिस इसमें क्या कर सकती है? मैंने अभी कुछ दिन पहले अखबारों में एक खबर पढ़ी कि एक लड़कियों के स्कूल में उनसे पूछा गया कि इस मामले में उनका क्या तजुर्बा है? वहाँ एक-तिहाई लड़कियों ने यह कहा कि उनके घर के जो पुरुष सदस्य हैं, वे उनके साथ दुराचार करने की कोशिश करते हैं। यह हालत है। इस हालत में अगर हम यह स्कोर करें कि साहब, यहाँ हो रहा है, वहाँ हो रहा है, तो पुलिस से इस समस्या का समाधान

होनेवाला नहीं है। आप उन इलाकों में देख लीजिए, जिन इलाकों में पुलिस कम है। हम जिस इलाके से आते हैं, बिहार है, उड़ीसा है, राजस्थान है, मध्य प्रदेश है, इन इलाकों में प्रति दस स्क्वेयर किलोमीटर आप देखेंगे कि कहीं एक पुलिसकर्मी है, कहीं दो पुलिसकर्मी हैं, तो कहीं तीन पुलिसकर्मी हैं। दूसरी तरफ यहाँ दिल्ली में आप देखिए कि प्रति दस स्क्वेयर किलोमीटर पर चार सौ पुलिसकर्मी हैं, लेकिन फिर भी बलात्कार की घटनाएँ नहीं रुक रही हैं। क्यों? ऐसा इसलिए हो रहा है कि यह सिर्फ कानून और व्यवस्था का सवाल नहीं है। यह मूल्य का संकट है। यह हमारे ऊपर वैल्यू का संकट है। इस बात को जब तक हम नहीं पहचानेंगे, तब तक कुछ नहीं हो सकता। महोदय, आज हालत क्या है? आज समाज में व्यक्ति की सिर्फ दो पहचान हैं। एक तो हम उसको वोटर मानते हैं और दूसरा, उसको कंज्यूमर मानते हैं। इसके अलावा व्यक्ति का कोई रोल नहीं है। यहाँ व्यक्ति को बताया गया है कि तुम्हारे जीवन का आदर्श, तुम्हारे जीवन का परम लक्ष्य यह होना चाहिए कि तुम कैसे अधिक से अधिक पैसा बटोरो और उसका भोग करो। भोग करने के लिए क्या है? हमारे समाज में जिस ढंग का मूल्य बना हुआ है, पुरुषवादी मूल्य बना हुआ है, अगर औरत के साथ कोई दुर्घटना होती है, दुराचार होता है तो मर्द के खिलाफ उँगली नहीं उठती है, औरत के खिलाफ उँगली उठती है। हम लोगों ने औरत को सिर्फ भोग की वस्तु बनाकर रखा हुआ है। आप सब कुछ देखिए। सुश्री मायावती जी विज्ञापनों के बारे में कह रही थीं। चाहे विज्ञापन हों या फिल्में हों, जो गॉसिप है, जो चुटकले आते हैं, उन सबको आप देखिए, औरत को किस नज़र से देखा जाता है? जब तक हमारी यह नज़र रहेगी, क्या यह सम्भव है कि हम औरतों की सुरक्षा कर सकेंगे, लड़कियों की सुरक्षा कर सकेंगे? इसलिए माया सिंह जी जो बोल रही थीं, मेरी उनके साथ पूरी सहानुभूति है, मैं उनकी भावना की कद्र करता हूँ, लेकिन यह पुलिस का मामला नहीं है। जब से आप उपभोक्तावादी संस्कृति इस देश में ले आए हैं, तब से औरतों के साथ इस तरह की घटनाएँ बढ़ी हैं।

महोदय, मैं अपनी बात खत्म करूँगा, मुझे कुछ लम्बा-चौड़ा नहीं कहना है। मुझे याद आ रहा है, इस देश में एक बहुत बड़े साहित्यकार हुए, जिनका नाम है, सच्चिदानन्द हीरानन्द वात्स्यायन अज्ञेय। वे बहुत नामी साहित्यकार थे। उन्होंने एक लाइन लिखी है, जिसको मैं यहाँ सुनाना चाहता हूँ। उन्होंने कहा था : "यह मूल्यों की समस्या उठाए बिना केवल अपराधों की चर्चा करना अपने-आपमें अपराध है। जिस समाज में कोई ऐसा मूल्य नहीं है, जिनके लिए जिया जाता है, जिनके लिए मरा जाता है, वह समाज अपने मन के साथ बलात्कार की स्थिति को कबूल कर चुका है।" आज देश की यही स्थिति है। चारों तरफ जो संकट दिखाई दे रहा है, जो सोशल क्राइसिस् दिखाई दे रही है, हर जगह जो भ्रष्टाचार दिखाई दे रहा है, हिंसा दिखाई दे रही है, उसके पीछे मूल्य ही कारण है। हमारे समाज में जो संस्कृति का

पतन, जो मूल्यों का पतन हो चुका है, उसके बारे में गम्भीरता से अगर हम विचार नहीं करेंगे तो कुछ होनेवाला नहीं है।

उपसभापति महोदय, मैं माननीय गृह मंत्री जी से अनुरोध करूँगा कि इस तरह की घटनाओं में जो लोग इन्वॉल्व्ड हैं, उनका आप साइकलॉजिकल अनेलिसिस करवाइए। इस तरह की प्रवृत्ति उनके अन्दर कैसे पैदा होती है, क्या कारण है कि उनके अन्दर इस तरह का वहशीपन पैदा होता है? हमने कई जगह देखा है कि गाँव-देहात से आनेवाले जो लड़के हैं, वे गाँव-देहात का मूल्य छोड़कर शहर में आते हैं। एक तो वे अपनी जमीन से, अपनी जड़ से उखड़कर आते हैं और उसके बाद वे जब यहाँ की जिन्दगी देखते हैं, यह चमकीली जिन्दगी देखते हैं, जिस तरह के विज्ञापन, जिस तरह के होटल देखते हैं, अपने बड़े लोगों का जिस तरह का व्यवहार देखते हैं, उससे उनके अन्दर भी एक हिंसक भाव पैदा होता है। अगर हम इन सारी चीजों का अध्ययन नहीं करेंगे, जब तक हम इनको नहीं समझेंगे, तब तक हम इस समस्या का समाधान नहीं कर पाएँगे। हम लोग केवल यहाँ बैठे रहेंगे। इधर के लोग उन पर आरोप लगाएँगे और उधर के लोग इन लोगों पर आरोप लगाएँगे, जब तक हम इसके डाइग्नोसिस तक नहीं पहुँचेंगे, यह बहस नकली साबित होगी। इसलिए मैं इस सदन से अनुरोध करूँगा और सदन के माध्यम से देश से अनुरोध करूँगा कि एक दूसरे पर, पुलिस प्रशासन पर तोहमत डालने का जो रिवाज़ चला आ रहा है, उस रिवाज को छोड़िए। हम अपने अन्दर झाँकें, हमारे अन्दर जो सड़ाँध है, हमारे अन्दर जो रोग है, जब तक उससे मुक्ति पाने का हम उपाय नहीं करेंगे, तब तक हम अपनी लड़कियों को नहीं बचा सकते। इसी के साथ मैं अपनी बात समाप्त करता हूँ। बहुत-बहुत धन्यवाद।

विकास का भ्रष्टाचार आधारित मॉडल

Rajya Sabha
[2 May, 2013]

श्री शिवानन्द तिवारी : धन्यवाद उपसभापति महोदय। महोदय, नेता प्रतिपक्ष ने जो कुछ भी कहा है, मैं उसका समर्थन करता हूँ। आज देश के अन्दर एक हताशा का भाव है, गुस्से का भी भाव है। हताशा और गुस्से का भाव इसलिए है कि जैसा अन्य सदस्यों ने भी बताया, सरबजीत का मामला हम लोगों ने देखा। उसका परिवार और उसकी बहन किस ढंग से टेलीविजन पर सरकार पर हमला बोल रही है, आरोप लगा रही है कि सरकार ने कोई ऐसी कार्यवाही नहीं की जिससे उसको देश में वापस लाया जाता। उसी तरह से हम देख रहे हैं, पूरा देश देख रहा है कि पिछले कई दिनों से लगातार चीन हमारी सीमा में कई किलोमीटर अन्दर आकर कैम्प लगाए हुए है। तीन-तीन, चार-चार बार वहाँ दोनों मुल्कों के अफसरों के बीच बातचीत हुई, लेकिन उस बातचीत का कोई नतीजा नहीं निकलकर आया। चीन के मामले में 1962 हमेशा याद आ जाता है। आपको याद होगा कि उस समय वहाँ क्या हालत हुई थी। हमारे देश के जो सबसे लोकप्रिय प्रधानमंत्री रहे हैं, पंडित जवाहरलाल नेहरू, उन पर उसका इतना बड़ा सदमा लगा था कि उस लड़ाई के कुछ ही दिनों के बाद उनका इंतकाल हो गया था। आज 700 किलोमीटर की बात हो रही है। 1962 से कितने हजार स्क्वेयर किलोमीटर में चीन ने हमारी जमीन पर कब्जा जमा कर रखा है। उस समय संसद के दोनों सदनों ने सर्वसम्मति से प्रस्ताव पास किया था और संकल्प लिया था कि चीन से हम अपनी जमीन को वापस छुड़ाएँगे। वह जमीन तो नहीं मिली, उसके अलावा अतिरिक्त जमीन जा रही है। ऐसी हालत में भी जब हम कुछ नहीं कर रहे हैं तो देश के मन में अगर गुस्सा पैदा नहीं होगा, हताशा का भाव पैदा नहीं होगा तो दूसरा क्या भाव पैदा हो सकता है?

उपसभापति महोदय, भ्रष्टाचार की जितनी कहानियाँ और खबरें देश में आ रही हैं, उन्होंने हमें डिमॉरलाइज करके रखा है। एक के बाद एक, इस सदन में कई बार चर्चा हुई। हमें याद है, जिस समय कॉमन वेल्थ गेम्स हो रहे थे, रोज

अखबारों में इलेक्ट्रॉनिक मीडिया में भ्रष्टाचार की खबरें आ रही थीं। हमें याद है, यहीं प्रधानमंत्री जी बैठे थे, उनसे मैंने कहा था कि ये जो भ्रष्टाचारी हैं, वे आपकी छाती पर चढ़कर देश को लूट रहे हैं और आप चुपचाप बैठे हुए हैं, कोई कार्यवाही नहीं कर रहे हैं। आज यह हालत है कि चाहे कोलगेट का मामला हो या कोई अन्य मामला हो, कोलगेट के मामले में जिस तरह से देश के विधि मंत्री ने जो कार्यवाही की, उससे हम सब लोग आश्चर्यचकित हैं। हमारे जैसा आदमी, जो इस देश के अन्दर जो जूडिशियल प्रणाली है, उसके बारे में कुछ नहीं जानता। अगर उससे यह गलती होती तो बात समझ में आती, लेकिन हमारे जो विधि मंत्री हैं, लॉ मिनिस्टर हैं, वे प्रैक्टिसिंग लॉयर हैं। उनके जैसा आदमी जो जूडिशियल प्रोसेस को जानता है, जूडिशियल डिग्निटी को समझता है, उसने यह हिम्मत कैसे की कि सीबीआई जो स्टेटस रिपोर्ट सुप्रीम कोट में जमा करनेवाली है, उसको बुलाकर देखे और उसमें संशोधन करने की बात करे?

जो कुछ देश में हो रहा है, हम उससे स्तब्ध हैं इसीलिए सदन की कार्यवाही बाधित है। इसमें अपोजिशन की भूमिका नहीं है, प्रतिपक्ष की कोई जबावदेही नहीं है, जबावदेही सरकार की है। जो सरकार का दायित्व है, वह उसका ठीक से निर्वहन नहीं कर रही है।

उपसभापति जी, मैं आपके माध्यम से केवल एक ही बात कहना चाहूँगा कि आपने जो विकास का मॉडल अपनाया है, जो उदारीकरण की आर्थिक नीति चला रहे हैं, इससे देश में बड़ी भयंकर गैर-बराबरी बढ़ी है, गरीब और अमीर के बीच में बड़ी जबरदस्त खाई पैदा हुई है। दुनिया इस तथ्य से अवगत है कि जिस देश में जितनी गैर-बराबरी होगी, उस देश में उतना ही भ्रष्टाचार पनपेगा। हमारे देश में जो इतना भ्रष्टाचार हो रहा है, आप यह समझ लें कि एक प्रकार से पूरे देश में कुएँ में भाँग घुल गई है, ऐसी स्थिति पैदा हो गई है। आपने जो उदारीकरण की नीति चलाई है और आपने जो आदमी के अन्दर भोग की लिप्सा पैदा की है, इसका यही कारण है। बाजारों में हर रोज एक से बढ़कर एक नया सामान आ रहा है और हमारे मन में उसको खरीदने का लालच विज्ञापनों के जरिये पैदा किया जा रहा है, ताकि हम उसको खरीदें। हमारा साध्य क्या होगा, किस तरीके से हम उस सामान को खरीदें, इसके बारे में कोई परवाह नहीं है। अगर तुम्हारे पास सामान नहीं है, तो तुम्हारी जिन्दगी व्यर्थ है। यह गाड़ी ले लो, यह सामान ले लो तो तुम्हें मोक्ष मिल जाएगा, यही सन्देश दिया जा रहा है। आप इस माहौल में कैसे भ्रष्टाचार पर नियंत्रण कर सकते हैं? आप किस प्रकार से भ्रष्टाचार को कंट्रोल कर सकते हैं, यह असम्भव दिखाई देता है। इसलिए मैं सरकार से गुजारिश करूँगा, वित्त मंत्री जी से गुजारिश करूँगा कि जो देश के विकास का मॉडल है, आप इस पर पुनर्विचार कीजिए। हमारी आजादी की लड़ाई में हमारे

पुरखों ने संकल्प लिया था, देश के संविधान में संकल्प है कि हम गैर-बराबरी को मिटाएँगे, आदमी-आदमी के बीच में जो गैर-बराबरी है, उसको मिटाएँगे, हम मजदूरों को डिग्निफाइड लाइफ व्यतीत करने का वातावरण देंगे, आज हम उसके विपरीत जा रहे हैं। इसलिए उस पर फिर से विचार होना चाहिए। आज मुल्क जिस रास्ते पर चल रहा है, उस रास्ते पर विनाश है।...(समय की घंटी)... आज वित्त मंत्री जी फाइनेंशियल डेफिसिट के बारे में, करंट अकाउंट डेफिसिट के बारे में चिन्ता करते हैं। आज देश में जो एक नई चिन्ता पैदा हो रही है, वह इकोलॉजिकल डेफिसिट की चिन्ता है। आप हमारे प्रदेश बिहार में चले जाइए, उत्तर प्रदेश में चले जाइए, आज वहाँ पर सूखे के कारण चापाकल नहीं चल रहे हैं, जिसकी वजह से लोगों को पीने के लिए पानी नहीं मिल रहा है। दूसरी तरफ भोगी लोगों की सुविधा के लिए पानी की बर्बादी हो रही है। इसलिए मैं आपके माध्यम से सरकार से यह गुजारिश करूँगा कि वह इस विकास के मॉडल पर फिर से विचार करे।...(समय की घंटी)...इसके साथ ही मैं यह कहकर सदन का बहिष्कार करता हूँ कि सरकार को कुर्सी पर बने रहने का कोई हक नहीं है। इस सरकार ने भ्रष्टाचार का सारा रिकॉर्ड तोड़ा है। इस सरकार ने गरीब और अमीर के बीच में खाई पैदा की है इसलिए इस सरकार को रहने का अधिकार नहीं है। फाइनेंस बिल पास करने में कोई संवैधानिक संकट न हो इसलिए हमारी पार्टी सहयोग करती है और इसी के साथ हम सदन से बहिर्गमन करते हैं।

अमरीका के सामने घुटने टेकेंगे तो पाकिस्तान, चीन इज्जत कैसे करेगा?

Rajya Sabha
[06 Aug, 2013]

श्री शिवानन्द तिवारी : धन्यवाद उपसभापति जी। कल जो पुँछ सेक्टर में भारतीय फौज के पाँच जवान मारे गए, वे बिहार रेजिमेंट के जवान थे। उनकी हत्या पर देश के अन्दर गुस्सा है, क्षोभ है। इसके साथ हम और हमारी पार्टी अपने गुस्से और क्षोभ को जोड़ते हैं। उपसभापति महोदय, सारी बातें आ गई हैं। मुझे यह लगता है कि हमारे देश की हालत जो है वह...जैसी हो गई है। इसके पहले दो जवानों के सिर काटे गए, उस समय हमारे नेताओं का बयान आया कि दो के बदले 20 सिर काटो। आज पाँच जवान मारे गए, आज यह बात हुई कि 50 सिर काटे जाएँ।...*(व्यवधान)*...

श्री रवि शंकर प्रसाद (बिहार) : सर, मैं शिवानन्द तिवारी जी से आग्रह करूँगा कि वह बहुत अनुभवी हैं, शब्द उचित नहीं है। इसलिए वे इस शब्द को वापस ले लें।...*(व्यवधान)*...

श्री बलबीर पुंज (ओडिशा) : सर, यह ऐंटी-वीमेन है। यह महिला विरोधी है।...*(व्यवधान)*...

श्री शिवानन्द तिवारी : मैं उसको वापस लेता हूँ।

श्री रवि शंकर प्रसाद : ठीक है।

श्री शिवानन्द तिवारी : मैं वापस लेता हूँ। मैं यह कह रहा हूँ कि कितनी बेचारगी वाली स्थिति हमारी हो गई है! हमने आपको बताया कि दो जवानों के सिर काटे गए, तो देश ने गुस्से का इजहार किया और आज भी हम गुस्से का इजहार कर रहे हैं।

लेकिन हमारे गुस्से को कोई गम्भीरता से नहीं लेता है। मैं डिफेंस मिनिस्टर साहब को कुछ स्मरण कराना चाहूँगा। अभी आप चीन गए थे और जिस समय

आप चीन पहुँच रहे थे, उससे पहले चीन के एक सीनियर फौजी अफसर का बयान आया। यहाँ की चौकी पर कई दिनों से चीन के फौजी कब्जा करके बैठे थे और देश के अन्दर चिन्ता थी तथा मीडिया उस बात को उठा रहा था। उस बात को लेकर चीन के उस फौजी अफसर ने हमारे ऊपर व्यंग्य किया और अपमानजनक भाषा का इस्तेमाल किया। वहाँ के कुछ बड़े लोगों ने डिफेंस मिनिस्टर साहब को बाद में सफाई दी। आज हमारी यह स्थिति हो गई है कि हमें कोई भी गम्भीरता से लेने के लिए तैयार नहीं है। श्रीलंका के बारे में भी लोगों से कहा है। आप लंका की बात छोड़ दीजिए, बल्कि जो हमारा पड़ोसी देश मालदीव है, जहाँ पर कुछ लाख की ही आबादी है, वहाँ पर भी हमारी क्या स्थिति है? जो वहाँ के पुराने राष्ट्रपति थे, वे भारत के समर्थक माने जाते थे, उनको हटाकर बाहर कर दिया गया। उन्होंने कुछ दिनों तक भारत के दूतावास में शरण ली। मालदीव ने यह परवाह भी नहीं की कि हम जो यह कार्यवाही कर रहे हैं, इसका भारत पर क्या असर पड़ेगा। हम लोगों की ऐसी स्थिति हो गई है।

उपसभापति महोदय, हमारी ऐसी स्थिति क्यों हुई है, इस पर भी विचार करने की जरूरत है। हमें लगता है कि हम लोगों ने अपने-आपको अपनी नजरों में गिरा लिया है। हमें याद है कि अमरीका के एक राष्ट्रपति यहाँ आए थे, तब पार्लियामेंट के एक मेम्बर का बयान छपा था कि मैंने जब उनसे हाथ मिलाया तो मैंने तीन महीने तक अपने उस हाथ को साबुन से इसलिए नहीं धोया कि कहीं उनका स्पर्श मिट न जाए। हमारे देश के लोगों की यह हालत है। हमारे देश के लोगों को अमरीका इस ढंग से बेइज्जत करता है कि जब हमारे एम.पी. और मिनिस्टर वहाँ जाते हैं, तो कपड़े उतरवाकर उनकी तलाशी ली जाती है। मैं कहता हूँ कि लोग अमरीका क्यों जाते हैं? लोग अमरीका के वीजा के लिए भी परेशान रहते हैं कि हमें अमरीका अपने देश में जाने के लिए वीजा दे दे और हम अमरीका चले जाएँ तथा हमें गंगा स्नान जैसा पुण्य प्राप्त हो जाए। हमारे देश की तथा हमारे देश के नागरिकों की यह हालत है, तो फिर हमारी इज्जत कौन करेगा, कौन हमें प्रतिष्ठा देगा और कौन हमें गम्भीरता से लेगा?

उपसभापति महोदय, अपने डिफेंस मिनिस्टर साहब और विदेश मंत्री साहब के बारे में मैं क्या कहूँ? अभी एक स्नोडन का मामला आया था, अमरीका के बगल में जो लेटिन अमरीका देश थे, वेनेजुएला और अर्जेन्टीना जैसे देश उसको शरण देने के लिए तैयार हो गए। हमारे विदेश मंत्री जी का जो बयान आया है कि अमरीका बहुत अच्छा, पाक व पवित्र काम कर रहा है और जिस ढंग से उन्होंने बयान दिया है, वह इतना अपमानजनक था, जिसका कोई हिसाब-किताब नहीं है। आप अमरीका के सामने घुटने टेक दीजिए और उम्मीद करिए कि आपकी इज्जत श्रीलंका करे, पाकिस्तान करे और चीन करे, तो यह होनेवाला नहीं है। आप दुनिया

की मजबूत ताकत के सामने नाक रगड़िए, आपकी कोई इज्जत नहीं करेगा। आप अपनी नजरों में अपनी इज्जत को बढ़ाइए।...(समय की घंटी)...

श्री उपसभापति : तिवारी जी, अब आप समाप्त कीजिए।

श्री शिवानन्द तिवारी : हम चाहे कितना भी हल्ला करते रहें; पचास नहीं, पाँच सौ लोगों की गर्दन उतारने की बात करते जाएँ, सब कहेंगे कि यह 'नपुंसक गुस्सा' है।

श्री उपसभापति : समाप्त कीजिए। प्लीज कन्क्लूड।

श्री शिवानन्द तिवारी : हिन्दुस्तान और हिन्दुस्तानी संसद का। इसलिए हम पहले अपने-आपको बदलने की कोशिश करें—लोग हमें गम्भीरता से लेंगे, हमारी बातों को गम्भीरता से लेंगे। इसी के साथ मैं आपको धन्यवाद देते हुए, अपनी बात समाप्त करता हूँ।

श्री रवि शंकर प्रसाद : आज की घटना के आलोक में पूरा देश संसद की ओर देख रहा है। 'नपुसंक गुस्सा' शब्द संसद के लिए समझा जाएगा, मेरे ख्याल में,...*(व्यवधान)*...

श्री शिवानन्द तिवारी : सर, मैंने अपने गुस्से को नपुंसक कहा है, संसद को नहीं कहा है।...*(व्यवधान)*...

श्री रवि शंकर प्रसाद : मैं यह आपके ऊपर छोड़ता हूँ। वे वरिष्ठ मेम्बर हैं, उन पर छोड़ता हूँ। आज के अवसर पर ये शब्द मेरे सुविचारित मत में उचित नहीं हैं, यह मैं उनसे आग्रह करता हूँ।

हिन्दू राष्ट्रवादियों ने अंग्रेजों का साथ दिया था

Rajya Sabha
[26 Aug, 2013]

श्री शिवानन्द तिवारी : उपसभापति महोदय, यह देश बहुत पुराना है। यहाँ हिन्दुओं की तरह-तरह की परम्पराएँ हैं। इनकी तरह-तरह की परिक्रमाएँ होती रहती हैं, लेकिन सबके लिए एक निश्चित समय होता है, एक निश्चित अवधि हुआ करती है। मैंने अखबारों में पढ़ा है, मैं पूजा-पाठ और इस सब चीजों में शामिल नहीं होता हूँ, इसलिए मुझे मालूम नहीं था, लेकिन मैंने अखबारों में पढ़ा कि चैत्र और बैशाख महीने के बीच में चौरासी कोसी परिक्रमा होने की एक बहुत पुरानी परम्परा है। इसमें लोग आते हैं, परिक्रमा करते हैं, चले जाते हैं और किसी को पता भी नहीं चलता, लेकिन यह तो अचानक विश्व हिन्दू परिषद् ने निर्णय किया। इसके बारे में नरेश अग्रवाल जी अभी बता रहे थे कि भादों के महीने में इस तरह का कोई धार्मिक शुभ काम नहीं होता है, लेकिन इन लोगों ने यह शुरुआत की है। इसका एकमात्र मकसद यह है कि चुनाव का समय आ रहा है, इनके पास वोट माँगने का कोई आधार नहीं है और इसलिए यह कोशिश हो रही है। केवल इस परिक्रमा के जरिये ही नहीं, इनके नेताओं का जो भी भाषण हो रहा है, जिस तरह के सिम्बल का इस्तेमाल भाषण में हो रहा है, उसका एकमात्र मकसद यही है कि कैसे इस देश के अन्दर साम्प्रदायिक ध्रुवीकरण करके वोट हासिल करें । मैं यह कहना चाहता हूँ कि यह जो हिन्दू राष्ट्रवाद की बात हो रही है, हिन्दुत्व की बात हो रही है, इसने कभी देश का साथ नहीं दिया। 1942 में अंग्रेजों के खिलाफ जो क्विट इंडिया मूवमेंट चला था, आप उस समय का इतिहास देखिए। उस समय हिन्दू राष्ट्रवादियों ने अंग्रेजों का साथ दिया था।...*(व्यवधान)*...

श्री रवि शंकर प्रसाद : यह बिलकुल गलत है।...*(व्यवधान)*...

श्री थावर चन्द गहलोत (मध्य प्रदेश) : यह गलत है।...*(व्यवधान)*...

Mr. Deputy Chairman : That is expunged...*(Interruptions)*...That is expunged...*(Interruptions)*...That is expunged...*(Interruptions)*...

श्री शिवानन्द तिवारी : यह इतिहास का फैक्ट है।...*(व्यवधान)*...हिस्टॉरिकल फैक्ट है।...*(व्यवधान)*...

श्री धर्मेन्द्र प्रधान (बिहार) : ये क्या बोल रहे हैं?...*(व्यवधान)*...

श्री शिवानन्द तिवारी : यह हिस्टॉरिकल फैक्ट है।...*(व्यवधान)*...

Mr. Deputy Chairman : No, no. That is a wild blanket allegation... *(Interruptions)*...मैंने एक्सपंज कर दिया है।...*(व्यवधान)*...I have expunged it.

श्री शिवानन्द तिवारी : उपसभापति महोदय, मैं चुनौती देता हूँ, अगर मेरी बात गलत हो...*(व्यवधान)*...

Mr. Deputy Chairman : That is expunged...*(Interruptions)*...That is a wild blanket allegation, so I am expunging it...*(Interruptions)*...

श्री शिवानन्द तिवारी : अगर मेरी बात गलत हो तो ये लोग उसे प्रमाणित करें, मैं माफी माँगने के लिए तैयार हूँ।...*(व्यवधान)*...

Mr. Deputy Chairman : That is expunging it. That is a wild blanket allegation. You can't do that.

श्री शिवानन्द तिवारी : यह इतिहास का फैक्ट है।...*(व्यवधान)*...1942 के मूवमेंट का विरोध किया...*(व्यवधान)*...

श्री उपसभापति : मैंने एक्सपंज कर दिया है। I have expunged it. I have expunged it immediately.

श्री शिवानन्द तिवारी : यही नहीं, हिन्दू महासभा और मुस्लिम लीग के साथ मिलकर तीन-तीन राज्यों में इन लोगों ने सरकार चलाई...*(व्यवधान)*...

Mr. Deputy Chairman : Don't make wild allegations.

श्री शिवानन्द तिवारी : बंगाल में फजल उल हक साहब की सरकार में श्यामा प्रसाद मुखर्जी शामिल थे। 1942 में कांग्रेस पार्टी के नेतृत्व में जो आन्दोलन चल रहा था, उस समय के सारे के सारे लोग जेल में बन्द थे और तीन-तीन राज्यों में... *(व्यवधान)*...फख्र के साथ सावरकर साहब ने अपने भाषण में कहा है, मेरे आई पैड में है, मैं उस भाषण को पढ़कर सुना सकता हूँ।...*(व्यवधान)*...

श्री धर्मेन्द्र प्रधान : आप कुछ भी बोलते है?...*(व्यवधान)*...

श्री शिवानन्द तिवारी : उन्होंने खुले आम कहा है कि तीन-तीन राज्यों में हिन्दू महासभा के लोग...*(व्यवधान)*...

Mr. Deputy Chairman : Please conclude.

श्री शिवानन्द तिवारी : कभी देश का साथ नहीं दिया।...*(व्यवधान)*...

श्री उपसभापित : तिवारी जी, अब कनक्लूड करिए।

श्री शिवानन्द तिवारी : इन्होंने देश का बँटवारा किया।...*(व्यवधान)*...इस तरह का माहौल पैदा कर रहे हैं, घृणा और नफरत का माहौल पैदा कर रहे हैं। इसी माहौल में गांधी जी की हत्या हुई थी। सरदार पटेल ने आर.एस.एस. को बैन किया था और आरोप लगाया था कि...*(व्यवधान)*...

श्री उपसभापति : बस, हो गया, अब बैठिए।

श्री शिवानन्द तिवारी : जो घृणा और नफरत का माहौल बन रहा है...*(व्यवधान)*...

श्री उपसभापति : बस, हो गया, तिवारी जी, अब बैठ जाइए।

श्री शिवानन्द तिवारी : उसी के तहत गांधी जी हत्या हुई। जो परिक्रमा है, उसका मकसद समाज में घृणा और नफरत पैदा करना है...*(व्यवधान)*...इसलिए सरकार को इस पर सख्त कार्यवाही करनी चाहिए।

Mr. Y.S. Chowdary (Andhra Pradesh) : Sir, I want to……

Mr. Deputy Chairman : I will call you later. **Shri Sitaram Yechury**.

Shri Sitaram Yechury (West Bengal) : Mr. Deputy Chairman, Sir, I rise with a sense of very deep concern and anguish because what has been happening in the name of this Parikarma is actually a sort of sharpening of communal polarization that we are seeing in the country, which has not been for the good of the country ever in the past. In the last five years, we have never heard of thei Parikarma. Yes, religious freedom is there. People can do what they want to do.

That is something that we will respect and we will, according to law, allow that to happen. But the fact that on the eve of the coming General Elections, 2014 to have this sort of polarization which is sought to be whipped up for political purposes, this has destroyed the secular fabric and the unity and integrity of our country in the past. As far as Ayodhya is concerned, we have seen the sort of communal polarization that has happened in the past, we have seen what led to the destruction of the Babri Masjid, we have seen what happened as the divide among the people through communal polarization…*(Interruptions)*…and that is not…*(Interruptions)*…

श्री विनय कटियार : बाबरी मस्जिद तो है ही नहीं। वह तो राम जन्मभूमि है। बाबरी मस्जिद कभी नहीं रही।…*(व्यवधान)*…

श्री सीताराम येचुरी : सर, ये कह रहे हैं कि राम जन्मभूमि है।…*(व्यवधान)*…

Mr. Deputy Chairman : Vinayji, please sit down…*(Interruptions)*… They heard you in patience and silence. They heard you in silence. Why don't you hear them.

श्री सीताराम येचुरी : वहाँ पर जो इमारत खड़ी थी, वह बाबरी मस्जिद थी। उसके नीचे क्या रहा, उसके बारे में इनका कहना है कि वहाँ पर मन्दिर था। खोदिए, खोदकर देखिए कि क्या है।

श्री शिवानन्द तिवारी : खुदाई में नहीं निकला।

सफाई कामगारों की मजबूरी

Rajya Sabha
[7 Sept., 2013]

श्री शिवानन्द तिवारी : उपसभापति जी, मैंने पहली दफा इस समस्या के बारे में मुल्कराज आनन्द द्वारा लिखी गई एक किताब 'अनटचेबल' पढ़ी थी। उस किताब से ही हमें, यह जो समाज है, इस समाज के बारे में विस्तार से जानकारी मिली थी। यह आश्चर्य की बात है कि आजादी के इतने दिनों के बाद भी हमारे देश में यह प्रथा अभी भी चल रही है। मुझे इससे बहुत आश्चर्य हुआ है। मैंने 2007 या 2008 में 'टाइम्स ऑफ इंडिया' में एक खबर पढ़ी थी कि हमारे देश के एक राज्य के मुख्यमंत्री हैं, उनको शौक है, वे अपने राज्य के अफसरों के बीच महीने में एक बार भाषण देते हैं। उन्होंने उस भाषण के दरमियान इस मसले पर जो बयान दिया है, वह एक चिन्ताजनक स्थिति को दर्शाता है। उन्होंने भाषण दिया है कि मैं इस बात को मानने के लिए तैयार नहीं हूँ कि ये जो सफाई वाले कामगार हैं, माथे पर मैला ढोनेवाले लोग हैं, जो पुश्त-दर-पुश्त इस काम को करते चले आ रहे हैं, ये किसी मजबूरी से ऐसा काम करते हैं। उन्होंने कहा है कि मैं इस बात को मानने के लिए तैयार नहीं हूँ कि ये लोग पीढ़ी-दर-पीढ़ी इस काम को इसलिए कर रहे हैं क्योंकि उन्हें कोई अल्टरनेटिव काम नहीं मिला या ये लोग मजबूरी में यह काम कर रहे हैं। ऐसा उन माननीय मुख्यमंत्री जी ने कहा है। उन्होंने यह कहा है कि वे लोग यह काम इसलिए करते हैं, क्योंकि उनको इस काम में आध्यात्मिक आनन्द मिलता है, स्प्रिचुअल प्लेजर मिलती है। उनको लगता है कि शायद भगवान ने सफाई का यह काम उनके जिम्मे सौंपा है। आपको आश्चर्य होगा कि वह मुख्यमंत्री कौन हैं? यह खबर 2007 या 2008 में 'टाइम्स ऑफ इंडिया' में छपी थी। उस खबर के छपने के बाद तमिलनाडु वगैरह में शैड्यूल्ड कास्ट के संगठन के लोगों ने उस मुख्यमंत्री का पुतला जलाया। उनके जितने इस तरह के भाषण थे, उनको एक किताब में छपवाया गया था। उसको बाजार से उन्होंने वापस लिया। वे

मुख्यमंत्री हैं—*उन्होंने इस तरह का भाषण दिया है। (समय की घंटी) 'टाइम्स ऑफ इंडिया' में इस तरह की खबर छपी है।

*Expunged as ordered by the Chair.

Mr. Deputy Chairman : Please conclude.

श्री शिवानन्द तिवारी : खबर के बाद हंगामा मचा। उसके बाद हमारे मित्र, गहलोत साहब 370 को लेकर कश्मीर के बारे में चिन्ता कर रहे हैं। जहाँ 370 नहीं है, वहाँ इस तरह का चिन्तन करनेवाले लोग मौजूद हैं।

श्री उपसभापति : तिवारी जी, बस, हो गया।

श्री शिवानन्द तिवारी : बताइए, अगर ऐसे दिमाग के लोग देश में कहीं गलती से (समय की घंटी) उस कुर्सी पर बैठ गए, तो क्या होगा?

श्री उपसभापति : तिवारी जी, बस, हो गया। आप बैठिए। धन्यवाद।

श्री शिवानन्द तिवारी : मैं इस बिल का समर्थन करता हूँ।